CULINARY HERBS FOR MAGIC, BEAUTY, AND HEALTH

女巫安娜的

魔藥草
配方書

THE HEARTH WITCH'S
Kitchen Herbal

安娜·富蘭克林
Anna Franklin

" Translated from "
The Hearth Witch's Kitchen Herbal：
Culinary Herbs for Magic, Beauty, and Health
Copyright © 2019 Anna Franklin
Published by Llewellyn Publications
Woodbury, MN 55125 USA
www.llewellyn.com
Chinese complex translation copyright © Maple Publishing Co., Ltd., 2020
Published by arrangement with Llewellyn Publications, a division of Llewellyn
Worldwide LTD. through LEE's Literary Agency

女巫安娜的魔藥草配方書

出　　　版／楓樹林出版事業有限公司
地　　　址／新北市板橋區信義路163巷3號10樓
郵 政 劃 撥／19907596　楓書坊文化出版社
網　　　址／www.maplebook.com.tw
電　　　話／02-2957-6096
傳　　　真／02-2957-6435
作　　　者／安娜·富蘭克林
翻　　　譯／鄭百雅
企 劃 編 輯／王瀅晴
港 澳 經 銷／泛華發行代理有限公司
定　　　價／420元
出 版 日 期／2021年1月

國家圖書館出版品預行編目資料

女巫安娜的魔藥草配方書 / 安娜·富蘭克林作
; 鄭百雅翻譯. -- 初版. -- 新北市：楓樹林出
版事業有限公司, 2021.01　面；　公分

譯自：The hearth witch's kitchen herbal

ISBN 978-986-5572-02-0（平裝）

1. 巫術　2. 藥用植物

295　　　　　　　　　　　　109018519

正文之前

　　你可以把這本書視為一本藥草配方指南，也可以就這麼用，但我希望，它還能激勵你踏上女巫的道路，因為那將為你帶來更多更多。或許你正開始學著如何與本書（或其他類似的書）裡提到的天然資源共同合作，但真正的學習，永遠是從真正傾聽這片土地上的動物和植物開始。

　　當你心中的神性認出了周遭萬物的神聖，一種更深的靈性實相便就此展開：所有的空間都成了神聖的空間，所有的時光都成了神聖的時光，而所有的行動也都成了神聖的行動。這就是女巫的真實道路。帶著你的美，踏上這段旅程吧！

安娜・富蘭克林

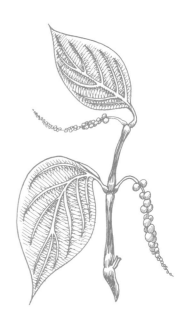

其他藥草簡述

introduction
前言

《女巫安娜的魔藥草配方書》是一本不一樣的藥草書：它把焦點放在家家戶戶廚房裡早已具備的香草和香料，示範如何製作居家療方、個人保養品，甚至用於靈性與魔法儀式。

我經常在神祕學與靈性活動的集會、市集和營期活動中，看到人們尋找各種最新、最熱門的魔法和療癒材料，越是稀有、越是昂貴，人們就認為一定越神奇、越有用。這可不是什麼新鮮事。現在我們每天用來料理的調味料，也曾經是要價不菲、來自異國遠方的罕見珍寶；也因為如此，人們極盡所能想擁有它們，深信這些寶貝，比自己庭院裡種的香草還要神奇奧妙，療癒力也更為強大——有時候，確實是這樣沒錯。或許你很難想像，但每天晚上我們在餐桌上撒用的黑胡椒，曾經一度是全世界最有價值的商品。黑胡椒的藥用效果和料理時的辛辣香氣，使得它身價非凡。哥倫布之所以踏上探險旅程，就是為了找到能更便宜獲取黑胡椒的新路徑，只不過最後他在新世界靠岸，帶回了辣椒。其他的香料更是神祕，被認為有魔法的淵源。例如，人們認為肉桂長在由致命毒蛇看管的深谷裡，傳說中的鳳凰在肉桂樹上築巢並獻上生命，而後才能自灰燼中再次誕生[1]。這樣的故事，自然使得肉桂的價格被商人抬得水漲船高。

植物對人類祖先來說，是美妙的**寶藏**。這些自然資源可以用來食用、治療，也可以製作衣服、家具，或作為建造房子的材料。但除此之外，人們也相信植物具有靈性特質，因此在魔法和宗教上的使用，就和上述用途一樣重要。

---

1. 泰奧弗拉圖（Theophrastus），《植物史》（*Enquiry into Plants*）。

千年以來，人們已對香草和香料做過無數探究、測試、分類，並寫下相關紀錄。早期的藥典，多半會記載植物的靈性和魔法用途、療癒功效，以及現在我們知道祖先使用這些植物的方式。就目前所知，人類最早的藥典，是中國的《神農本草經》，在西方也稱為「藥典大全」（Great Herbal）（西元前 2700 年）；印度的《妙聞集》（Sushruta Samhita）大約出現在西元前 2000 年，其中記載了關於傳統印度醫學阿育吠陀的相關知識；埃及的《埃伯斯紙草文稿》（Papyrus Ebers）出現在西元前 1550 年左右，但人們認為，其中的資料內容，有兩千多年的歷史。幾本來自古希臘和羅馬時期的藥典至今仍在，而現代醫師宣誓的希波克拉底誓詞，就是來自人稱醫學之父的古希臘藥草學家希波克拉底（Hippocrates，西元前 460 至 377 年）。另一位希臘偉人泰奧弗拉圖（Theophrastus，西元前 371 至 287 年），則根據自己對植物生長、棲息、散布的詳細觀察，為植物科學建立了雄厚的根基，並記錄在《植物史》（Historia Plantarum）和《植物的生成》（De Causis Plantarum）等著作中。羅馬軍醫迪奧斯科里德斯（Dioscorides）在西元 65 年左右完成的《藥物論》（De Materia Medica），後來成為人們沿用千年的藥草誌和藥典，一直到文藝復興時期都是重要的藥草參考文獻。還有一本詳述古典世界植物儀式用途的珍貴資源，是老普林尼（Pliny the Elder，西元 23 至 79 年）的《博物誌》（Naturalis Historia），內容包羅萬象，不僅有植物的藥理用途，還有各種相關的神話與傳奇故事。

後來，西方修道院承襲了種植和運用香草的傳統，基督教的修士和修女，運用庭園中的植物與自身的相關知識療癒自己，也救治當地居民。其中，修道院長聖賀德佳·馮賓根（Hildegard von Bingen，西元 1098 至 1179 年）透過研究經典古籍和實際的運用經驗，展現了出色的藥草療癒能力，並記錄在《博物學》（Physica）和《醫療學》（Causae et Curae）這兩本著作中。當印刷術出現，書籍成為人們可負擔的收藏，就連平民百姓也能買下藥草書為己所用，製作屬於自己的療癒解方。英國藥草師約翰·傑拉德（John Gerard）在 1597 年出版的《藥草簡史》（Herball），以及尼可拉斯·卡爾佩伯（Nicholas Culpeper）在 1653 年問世的《卡爾佩伯藥草全書》（Culpeper's Complete Herbal），至今都仍在市面上流通。

如何使用本書

你將透過本書，明白如何運用自家材料，製作各種居家療方。包括製備藥草茶、酊劑、浸泡油、藥草蜜、藥草醋蜜劑和油膏。此外，書中也包含臉部和頭髮護理等個人保養品製作配方，以及用在魔法和靈性儀式的獨特方式。

在「魔法藥草錦囊」的部分，我們將一一談到多數人廚房櫃子裡就有的香料，或是窗台邊正種著的常見香草。這個段落記載了這些藥草的民俗傳說與魔法、靈性特質；除此之外，也包括它們在料理和藥學上的用途，並說明居家療癒的使用指引；最後則收錄了療癒、料理、薰香、美容和魔法產品的配方。你會發現，即使是簡單的藥草茶也大有妙用，從療癒到魔法不一而足。段落中提到的藥草製品，如有附上配方，就會以粗體標示。大部分配方的製備方式都非常簡單，只需要一種或兩種材料，但如果你有興趣深究，也有更複雜的配方可以參考。本書是一本入門的參考指引，幫助你在藥草使用的這門藝術中，發展出自己的道路。

本書最後收錄了幾則實用的附錄，主題包括：藥草名詞、顏色與魔法意義的對應、美容保養和藥用治療的速查表、其餘廚房藥草簡述，以及計量換算表等等。

關於植物學名的說明

許多植物的名稱都很類似，如想確認你使用的是正確的植物種類，唯一的方式就是參照標準植物學名——通常以拉丁文或希臘文標示。一般來說，植物的學名包含兩部分，第一個字是植物的屬名（genus），第二個字是植物的具體種名（species）。植物的種名通常是對植物的描述，因此，像 *Quercus rubra* 就可以直譯為「紅色的橡樹」，*quercus* 是「橡樹」的意思，而 *rubrus* 指的是「紅色」。植物學名的第二個字能

透露出許多訊息：例如，*officinalis* 表示這是正式藥典中收錄的藥用植物，*vulgaris* 則是「常見」的意思，*sylvestris* 指的是「樹木之中」，而 *sativa* 表示是「經過栽培的」。認識植物學名不表示絕對萬無一失，因為當植物被重新分類，學名就會改變，而現代使用的學名和古書中標示的也可能有所不同。我盡量在本書中列出同一植物的新舊學名，過去的舊名前面會附加 *syn.* 這個字，表示是「同義名」。

CHAPTER

1.

廚房裡的
藥草學

自製藥草療方

　　在你廚房櫥櫃裡的香草和香料，是帶著珍貴療癒特質的材料，可以用來處理和預防許多常見的健康問題。大多數時候，我們用它們來料理食物，但我們也可以將它們視為幫助我們維持健康、處理常見不適的好朋友。使用的方式可以很簡單，泡杯花草茶就可以辦到。

　　由於這些香草和香料一直是我們用來料理的調味料，因此你可以放心，它們本身並不會為人體帶來傷害，不過，還是有一些使用禁忌需要注意：

◆ 請記得，每個人都可能對任何東西過敏。
◆ 如果你正在服用處方藥物，可能就不適合大量使用某些香草和香料。如果你想定期規律地使用藥草療方，請務必先與你的醫療服務提供者進行確認。
◆ 如果有任何急性或持續不見好轉的健康問題出現，請務必向醫師尋求諮詢。
◆ 請確保你已查看配方的製作方式，了解安全劑量。
◆ 任何藥草都不可長時間大量使用。

需要的工具

◆ 平底鍋或小湯鍋（非銅製或鋁製）

◆ 隔水加熱鍋（或取小碗放在裝著滾水的鍋子中）

◆ 燒水壺

◆ 棉布

◆ 廚房計量秤

◆ 量杯

◆ 瓶子與廣口罐

◆ 杵臼

藥草製備方法

根據內用或外用等用途，製備藥草的方式可以有很多變化。接著，我們就來看看幾
個基本的製備方式。

內用療方

藥草茶與藥汁 *Infusions and Decoctions*

　　藥草中的許多成分，例如礦物質、維生素、糖分、澱粉、荷爾蒙、單寧、揮發油，以及某些生物鹼，都能良好地溶解在水中。這是為什麼，人們經常用藥草茶或涼茶的方式使用藥草。鮮嫩的細葉和開花的部位，也可以泡成藥草茶飲用。

　　「濃茶」指的是在水中加入更大量的花草。例如，用兩倍濃度的茶來漱口，以緩解喉嚨痛的問題。有些藥草性質特殊，例如帶有黏液或苦味，遇高溫可能受到破壞，此時就需要以冷水浸泡。

　　廚房中的香料，也有些來自較堅硬、木質的植物部位，例如種子、根部、芽苞和樹皮，像這樣的材料就需要在滾水中滾煮一會兒。滾煮所得的汁液，就叫做藥汁（decoction）。如果是乾燥的藥草，需要先搗成粉末。此外，不可使用鋁質或銅質的鍋具，因為這些金屬可能會和熬煮的藥汁產生反應，使湯液出現變化。

藥草茶基本配方

2小匙新鮮藥草或1小匙乾燥藥草
250㎖（1杯）清水

　　將藥草放在茶壺或帶蓋的壺中，注入滾水，靜置 10 到 20 分鐘。濾出茶液，用蜂蜜調味。一天飲用 1 到 3 次。泡製雙倍濃茶，就是將 4 小匙新鮮藥草或 2 小匙乾燥藥草加入 250 毫升（1 杯）的清水中。也就是將配方中藥草的量加倍。

....

冷泡茶基本配方

2小匙新鮮藥草或1小匙乾燥藥草
250㎖（1杯）清水

　　取一非金屬容器，放入藥草和水。蓋上蓋子，或用保鮮膜覆蓋，放置過夜。濾出茶液。一天服用1到3次。

....

藥汁

2小匙新鮮藥草或1小匙乾燥藥草
250㎖（1杯）清水

　　將藥草放在鍋中，注入清水直到蓋過所有材料。蓋上鍋蓋；如果可以的話，先讓材料在冷水中靜置幾小時。開火煮滾後，改以小火滾煮15到20分鐘。濾出藥汁。一天服用1到3次。

酊劑與食用級植物甘油溶液　*Tinctures and Glycerites*

　　酊劑與食用級植物甘油溶液是透過酒精或食用級植物甘油萃取植物中的化學成分，並且用能簡單取用、方便儲存的方式來保存它們。相較於水，植物成分通常更容易溶於酒精中，酒精能溶解並萃取樹脂、油、生物鹼、糖分、澱粉與荷爾蒙，但不能萃出如維生素和礦物質等養分。用酒精萃製的成品就叫做酊劑。一般使用白蘭地或伏特加等烈酒。千萬別用外用的消毒酒精。

　　如果你因為任何原因而不想使用酒精，或你是要準備孩子使用的療方，你可以用食用級植物甘油來取代酒精。在本書中，我沒有特別收錄任何使用食用級植物甘油的配方，但請明白，你可以用以酒精製作酊劑的方式，透過食用級植物甘油萃取植物化合物。也就是說，你可以將所有酊劑配方中的酒精，替換成食用級植物甘油使用。在藥房或網路上都可以買到食用級植物甘油，這是一種以植物油製成的糖漿，它非常甜，但不會提高血糖，所以糖尿病患者也可以安心使用。

　　比起酒精，甘油的溶解力比較弱，所以甘油溶劑不會像酊劑那麼強烈，也因此你會需要用更大的劑量，才能達到同樣的療癒效果。食用級植物甘油溶劑的保存期限不像酊劑那麼長，同時，堅硬的樹皮與樹根也不容易萃取。請務必使用可食用的植物甘油。

酊劑（民間製法）tincture（folk method）

　　以下是製作酊劑的方法：將 100 克的乾燥藥草或 200 克的新鮮藥草放入乾淨的廣口瓶中，再注入 500 毫升的伏特加或白蘭地。上蓋密封，在溫暖的地方靜置 2 到 4 週，每天搖晃一下。用棉布濾出汁液，裝進深色瓶中。在陰涼處保存，可存放 2 至 6 年。由於酊劑比藥草茶或藥汁都濃烈許多，作為藥劑使用時，在一杯水中只需要滴入幾滴就可以了。或者，也可以加幾滴在油膏，或滴入泡澡水使用。

食用級植物甘油溶液（民間製法）clycerite (folk method)

　　以下是製作食用級植物甘油溶液的方法：將 100 克的乾燥藥草或 200 克的新鮮藥草放入乾淨的廣口瓶中，再注入 500 毫升微溫的食用級植物甘油。上蓋密封，在溫暖的地方靜置 2 到 4 週，每天搖晃一下。用棉布濾出汁液，裝進深色瓶中。在陰涼處保存，可存放約 1 年。如果在食用級植物甘油中兌入水，或者你浸泡的新鮮藥草含有大量水分，那麼甘油溶液會變質得更快。每次服用 1 小匙，一天 3 次。食用級植物甘油本身就有舒緩喉嚨痛的效果，同時也是美妝產品中用來柔軟、滋潤、增加肌膚彈性的材料，所以你也可以透過外用方式來使用你的藥草甘油溶液。你可以用玫瑰花水稀釋作為肌膚調理液，或是加進油膏、乳霜和清潔液中使用。

藥草糖漿　*Syrups*

　　有些藥草帶有苦味，以糖漿的形式會更好入口，尤其對孩子來說。糖分能帶來防腐保存的效果，稠稠的糖漿會附著在組織上，讓藥草為疼痛的喉嚨和咳嗽帶來助益。

藥草糖漿（民間製法）syrup (folk method)

　　以下是製作藥草糖漿的方法：先將你選擇的藥草做成藥草茶或藥汁（做法請參見前文），接著，在每 250 毫升的藥草茶或藥汁中，加入 250 克的糖，緩緩加熱直到糖完全溶解，並慢慢變稠。倒入消毒過的瓶子，貼上標籤。如果一直未打開使用，放在清涼陰暗處可以保存 6 到 12 個月。一旦開過，就請放入冰箱冷藏，約可保存 1 到 2 個月。如果你偏好蜂蜜，也可以用蜂蜜取代糖，但蜂蜜大部分的有益成分，都會在加熱過程中被催毀。

藥草醋　*Herbal Vinegars*

　　只要在醋裡放進幾支香草，就成了可以撒在沙拉上的藥草醋，不僅美味，還能帶來治療效果。

　　然而，你同樣可以用製作酊劑的方式，做出濃度更強的藥草醋。醋是酒精的另

一個替代品。雖然醋從植物中汲取的化學成分不像酒精那麼多，但它能萃出植物的維生素與礦物質。醋劑（aceta）或藥醋不像酊劑那麼強烈，因此使用的劑量也需要提高。每次服用2小匙，每天3次。你可以用水稀釋藥草醋服用，也可以加入泡澡水或敷包來外用。醋劑通常有清涼消炎的作用，所以對於喉嚨痛和皮膚發炎等情況特別有用。存放在清涼陰暗處，可以保存1到2年。

註：如果可以的話，請使用蘋果醋原液（raw cider vinegar）[2]。蘋果醋原液（含有母液的蘋果醋，不是經過消毒滅菌的那種）當中含有抗氧化物、維生素和鎂與鉀等礦物質，還有有益人體的益生酶與益生菌。它能刺激消化，經實驗證實可降低血壓，增加 HDL（也就是「好」膽固醇）。雖然醋是酸的，服用蘋果醋卻能為身體帶來鹼性的影響，許多人認為，這樣的效果能改善關節炎的情況。

藥草蜜　　*Electuaries (Herbal Honey)*

藥草蜜就是把藥草或香料混在蜂蜜裡，所以製作起來非常簡單。如果使用乾燥香草，可以存放1到2年，如果用新鮮香草，可以存放6個月（新鮮香草中的水分會縮短保存期限）。蜂蜜能萃取出藥草中水溶性與油溶性的成分，加在療方中，能帶來舒緩、安撫的效果。每次服用1小匙，每天1到4次。

藥草醋蜜劑　　*Oxymels*

醋蜜劑混和了蜂蜜和醋，吃起來酸酸甜甜的，也同時帶有醋劑與蜜劑的功效。要是你曾經喝過加了蜂蜜的蘋果醋，那就是醋蜜劑了。製作醋蜜劑最簡單的方法，就是把做好的藥草蜂蜜和藥草醋混和在一起，一般來說，按1:1的方式調和。我在本

---

2. 你可以在我的《廚房女巫手冊》（*Hearth Witch's Compendium*）（Llewellyn, 2017）中找到自己製作蘋果醋原液的簡單配方。

書中收錄了幾個醋蜜劑的配方，但你只需要把不同的藥醋和藥蜜加在一起，就能做成你自己的醋蜜劑，例如把鼠尾草蜂蜜和迷迭香醋混在一起。

另一個製作醋蜜劑的方式，是在消毒過的玻璃罐裡，放入乾燥藥草至 1/4 處，或新鮮香草至 1/2 處，然後以 1:1 的比例加入蜂蜜與微溫的醋。蓋上蓋子，放在清涼陰暗處，每天搖晃一下。（請避免使用金屬蓋子，因為金屬可能被醋侵蝕，進而浸染汁液）。2 到 4 週後用棉布濾出汁液，放進消毒過的罐子保存。

如想更快做出醋蜜劑，也可以透過加熱法。用小火慢慢熬煮藥草和醋，不可開至大滾，持續 10 到 20 分鐘。用棉布濾出汁液，趁著醋還溫熱的時候，調入蜂蜜拌勻。

一般來說，醋蜜劑的服用方式，是在需要的時候（例如感冒時）一次服用 1 到 2 小匙，每天 3 或 4 次。你可以將醋蜜劑調入溫水中服用，或甚至舀一大匙到杯中，注滿氣泡水或通寧汽水，做成無酒精的藥草調酒。

將醋蜜劑放在冰箱裡冷藏，一般可保存 6 到 9 個月。如果發現有任何發霉的地方，就請丟棄不用。

外用療方

藥草浴　*Baths*

在泡澡水中加入藥草，是善用藥草療效、幫助身體放鬆的極佳方式（藥草的療效可以透過皮膚吸收，同時藉由吸聞香氣進入身體），此外，也可以改善皮膚問題和肌肉痠痛等情況。你可以將藥草放進襪子或棉布袋中，再將這個藥草包放入泡澡水中。但事實上，泡澡水的溫度並不足以釋出藥性。最好的方式是先將藥草煮成藥草茶或煎出藥汁，再取 500ml 加入泡澡水中浸泡。

蒸氣嗅聞　*Steam Inhalations*

透過蒸氣嗅聞藥草的香氣，可以緩解感冒症狀（例如用胡椒薄荷、百里香或薑）。

蒸氣嗅聞基本方式

1ℓ　滾水
2小匙　藥草（可以的話，請使用新鮮藥草）

將滾水沖入藥草，在頭上覆蓋一條大浴巾，嗅聞飄散的蒸氣。

藥草膏　*Salves*

藥草也可以製成霜膏或油膏，隨時塗抹在需要的地方。

藥草膏（民間製法1）

200g　凡士林

2大匙　藥草

　　將材料放入隔水加熱鍋中，讓藥草在凡士林中浸製加熱 20 分鐘。濾出油液，注入溫暖的玻璃罐中。

藥草膏（民間製法2）

250ml　油

2大匙　藥草

150g　蜂蠟（磨成碎塊）

　　將藥草和油放進隔水加熱鍋中，浸製加熱 20 至 40 分鐘。濾出油液，倒回鍋內，加入蜂蠟至完全溶化。完成後注入溫暖的玻璃罐中。我個人更建議這個做法。

　　你也可以用藥草浸泡油（製作方式請見本章後續內容）來製作藥草膏。製作方式同上，先將準備好的浸泡油加溫，再加入蜂蠟。比例上，每 500ml 浸泡油（濾除藥草後的油液分量），加入 2 大匙磨碎的蜂蠟。溶化後注入小罐子，等待靜置成形。

藥草椰子油膏　*Coconut Balms*

　　室溫下的椰子油呈固體狀，因此很適合用來製成簡單的油膏。你可以用小火，以非常低溫的方式，將藥草放在椰子油中浸煮 1 到 2 小時。隨後濾出油液，注入一個小罐子裡，等待靜置成形。（最近我在超市買到一個插電式的巧克力鍋，用它來製作油膏真是再合適不過，價錢不過幾英鎊而已）。椰子油的功效，還能讓油膏效果更如虎添翼：椰子油本身有消炎的作用，還可以緩和疼痛、消除腫脹。此外，它也非

常保濕，並含有具抗微生物效果的脂質、月桂酸、癸酸與辛酸等成分，能發揮抗真菌、抗細菌和抗病毒的作用。

藥草敷包與敷料　*Compresses and Poultices*

敷包和敷料是以外用方式，讓肌膚吸收藥草療效的方法。

如要製作敷包，請取一塊乾淨的棉布，浸泡在濃藥茶或濃藥汁中。將敷包敷在患部，溫度越熱越好（但請小心別燙到自己）。敷上敷包之後，再蓋上一條溫暖的浴巾，靜置30分鐘。當敷包回復常溫，就更換為熱的敷包。每天敷1到2次。

敷包是將棉布浸泡在藥草液中，敷料則是直接將藥草敷在皮膚上，再蓋上一塊溫暖的棉布。將新鮮的藥草搗碎，直接敷在肌膚上，然後蓋上一塊溫暖的棉布。每天敷1到2次。

藥草浸泡油　*Infused Oils*

固體脂和油液，都能將藥草中的油質與樹脂成分萃取出來，而這些成分通常有抗細菌、抗真菌和修復傷口的作用。浸泡油可以外用，它們不像精油一樣必須先稀釋才能使用。

冷製浸泡油 cold infused oil (folk method)

冷製浸泡油的方法，首先採集需要的新鮮藥草，然後放入玻璃瓶或罐子裡，注入植物油（橄欖油、葵花油、甜杏仁油等）。放在陽光充足的窗台，每天搖晃，持續2週。濾出油液，注入乾淨的罐子裡。完成的浸泡油放在清涼陰暗處，可保存1年。

熱製浸泡油 heat-macerated oil (folk method)

熱製可以加速浸泡油完成的速度，所需的時間不像冷製那麼長。將切碎的藥草放入隔水加熱鍋，注入植物油以蓋過藥草。蓋上蓋子，用非常小的火慢慢浸煮 2 小時。關火放涼，然後濾出油液。如果想要油的濃度更高，可以不斷替換新鮮的材料重複浸煮。

美容保養

自己製作保養品是非常簡單又有成就感的事。你可以做出有機、無化學添加，且對環境友善的個人美容保養產品。製作天然保養品和化妝品時，新鮮藥草的成分效用會用比乾燥藥草更濃縮，但兩者都可以使用。除了香草和香料之外，廚房中還有其他東西可以派上用場，例如橄欖油、蜂蜜、牛奶、蘋果醋等。

安全第一

即便使用最純淨、最天然的成分來製作產品，還是可能有某些使用者產生過敏或刺激等反應。在使用任何新的產品或材料之前，建議先進行皮膚測試。皮膚測試的方法如下：取少量產品塗抹在手臂內側，看看是否有任何不良反應出現，例如發癢、發紅、痛，或是起疹子。如果出現不良反應，就別使用這個產品。

頭髮沖洗

藥草不僅有益身體健康，也能為頭髮帶來極佳的效用。只要選對藥草，就能滋養頭髮和頭皮、增進頭皮血液循環、改善頭皮屑、清潔、滑順頭髮毛幹、增加頭髮亮澤、保濕、降低多餘油脂、回復酸鹼平衡、去除異味，以及促進毛髮生長。某些藥草甚至能帶出頭髮天然的顏色及光亮。

頭髮沖洗劑其實很容易製作。只要你會泡茶，就一定知道怎麼製作沖洗劑。只需要將 250ml 的水放入小鍋中，加熱至水滾，然後加進 1 大匙藥草，關火。在室溫中

靜置放涼，讓藥草浸置過夜，或至少等待幾個小時。濾出汁液，將藥渣丟棄，只留下液體部分備用，就完成了。沖洗劑一旦製作完成，可以冷藏保存3至4天。

使用時，首先像平常一樣洗頭，並用溫水仔細將洗髮精沖洗乾淨。事先把沖洗劑裝在小壺裡，如果能裝進噴霧瓶會更好。將沖洗劑噴在頭髮上，手指穿過髮絲，輕輕按摩頭皮。讓沖洗劑停留至少5分鐘。

如果你的沖洗劑中只使用藥草，那麼就不需要再洗掉，可以直接像平常一樣吹頭髮。但如果沖洗劑中添加了蘋果醋或檸檬汁，那麼就必須再一次用溫水沖洗掉。

沖洗劑除了可以用香草和香料製作之外，也可以試著加入蘋果醋，它能把頭髮上殘留的產品成分洗得非常乾淨。只要在1品脫（473毫升）的水中加入幾大匙的蘋果醋，就可以使用了；或者，也可以在你製作好的沖洗劑中，加入1大匙的蘋果醋。含有蘋果醋的沖洗劑，能有效去除油性髮質的多餘油脂，但同時讓頭髮保持閃亮、柔軟且順滑。或者，你也可以在一杯水中加入1大匙檸檬汁，或把檸檬汁加入已經製作好的沖洗劑中。檸檬汁可以調理油性髮質、刺激毛髮生長。長時間使用也會讓髮色變淡。

臉部去角質

去角質是改善膚質最重要的步驟之一。這麼做能帶走讓肌膚暗沉、阻塞的老廢細胞，促進皮膚再生，讓膚質顯得光亮。去角質也會讓後續的滋潤和保養程序，更容易被皮膚吸收。磨成粉的香料、香草、杏仁、燕麥片和穀糠，甚至是咖啡粉（其中的單寧能幫助臉部消腫），都是比市售化學產品更溫和且同樣有效的替代產品。但請注意別用鹽進行臉部去角質，用在身體沒有問題。你可以自己實驗看看，讓基底油、蛋液、蜂蜜和少量的精油，帶來額外的效果。在臉部做去角質的時候，請務必避開嬌弱的眼周部位。

蒸臉

　　蒸氣會使臉部的毛孔打開，因此能去除汙垢，達到深層清潔的效果。當你感覺臉部肌膚暗沉無光、有粉刺、毛孔阻塞時，蒸臉能帶來很大的幫助；要是蒸完臉後立刻敷面膜，再接著上爽膚水和乳液就更好了。單用熱水就可以蒸臉，但如果加入藥草，效果會更好。首先把臉洗乾淨，接著取一個耐熱的容器，底部墊上毛巾，然後注入滾燙的熱水、加入你選用的藥草。取一條浴巾蓋住頭，臉部湊近碗面，讓蒸氣運作十分鐘左右。中間可以視需要暫停、休息。蒸完臉後，可以馬上接著敷面膜，或是用冷水洗臉，幫助毛孔閉合。

面膜

　　面膜能幫助深度清潔和排毒，同時去除汙垢和老廢細胞、清除毛孔阻塞。面膜還可以改善膚質、讓肌膚光亮，是熟齡抗老或肌膚粉刺過盛時的重要保養程序之一。敷過面膜之後，其他滋潤的保養品也才更能被肌膚吸收。藥草面膜是將藥草和其他材料混合在一起使用，因為這麼一來，藥草才能「黏」在肌膚上。可以使用的材料包括蜂蜜或優格（用豆漿優格或椰子優格也沒問題）。此外，你也可以用藥草茶加上礦泥粉（網路上可買到）調成面膜。敷面膜的時候，尤其當你使用的是天然面膜，很容易會弄得到處都是。所以我更建議一邊泡澡一邊敷。首先把臉洗乾淨，如果可以的話，就用藥草蒸氣蒸臉，幫助毛孔打開。接著，將面膜塗在濕潤的臉部與頸部肌膚上，小心避開嬌嫩的眼周部位。敷好面膜後，就好好放鬆，等時間到，就用足夠的溫水和洗臉布把面膜洗淨。接著用你喜歡的保養品進行保養程序。

爽膚水

　　肌膚徹底清潔後，用爽膚水能去除洗臉產品留下的任何油質殘留物，同時調理肌膚、讓肌膚更細緻。你可以將藥草茶、香料茶或藥汁調和在一起，再加上金縷梅純路、玫瑰純露或蘋果醋來製作。

你的魔法工作室

　　正趕著施作魔法或儀式，卻發現缺了一些魔法材料嗎？廚房裡的香草和香料，也都可以用來做魔法和靈性工作喔！

需要的工具

◆ 杵、臼

◆ 瓶子與罐子

◆ 廚房秤

◆ 量杯

◆ 緞帶、繩子、線

◆ 布料、布袋

◆ 蠟燭

◆ 碳片

植物的魔法屬性

　　每一種材料都有自己的屬性和能量特質。它們各自獨特的振動頻率，來自自身的特性、成分組成和生長環境。包括從環境周遭吸收的養分，以及來自太陽的能量，都造就了它獨一無二的特質。因此，當你透過使用藥草來達到想要的目的時，無論是為了召喚某個神靈的能量、為了達到保護、清理、愛、淨化或豐盛等目標，請永遠記得，你在運用的是植物本身就具有的優點。以上用途是植物的對應屬性，在本書接下來的「魔法藥草錦囊」當中，在開頭就會針對每一種藥草，列出對應的行星、元素、神靈，以及魔法屬性。

　　接下來，我們就先來看看，這些項目分別代表什麼意思：

行星

太陽 Sun： 太陽充滿活力，普照大地。太陽掌管的藥草有向陽生長的習性，或是開著黃色的花朵。太陽掌管豐饒，並帶來一般性的保護。

火星 Mars： 火星是戰爭之星，因此，火星掌管的植物都有戰鬥的精神，一般來說，表面上長著刺或棘。火星的能量是堅定、自動自發、勇往直前的。

土星 Saturn： 土星代表老去、限制和死亡，因此，土星掌管的植物生長較為緩慢，也可能是長壽的木本植物；這些植物在陰暗處也能生長良好，可能有深長的根；也或者有毒、有臭味或被視為是有害的植物。土星的能量，和限制、改變、努力的成果以及結束有關。由於本書介紹的是廚房藥草，因此書中談到的植物裡，並沒有多少是由土星掌管的植物。

水星 Mercury： 水星是溝通之星，因此，水星掌管的植物通常是生長快速的野草、鋪地植物和爬藤植物，也可能是植株上有纖毛、絨毛，或葉片細如羽絲的植物。這些植物可能氣味芬芳。水星能量掌管的是頭腦與心智。

金星 Venus： 金星是愛與美之星，因此，金星掌管的植物會用香甜的芬芳氣味，和美麗可人的花朵、紅色果實或毛茸茸的柔軟葉片，為你我帶來一場感官饗宴。金星的能量是陰性、創意、和諧、有愛的能量。

月亮 Moon： 月亮掌管潮汐，因此月亮掌管的植物通常生長在水邊，或者植株含水量高、葉片多汁液。這些植物可能會開白色花朵，或有月亮型的葉片或種莢。月亮的能量是細微、陰性、向內看。月亮也掌管直覺、情緒和通靈能力。

木星 Jupiter： 木星帶來豐盛，因此，木星掌管的植物通常大而醒目，大部分都可以吃。木星是和善、廣闊而樂觀的。

元素

土元素 Earth：土元素的力量和顯化、物質、修復、固體、實際和紮根有關。土元素的魔法和顯化、事業、健康、實際、財富、穩定、紮根和回到中心、生育與農耕有關。土元素型植物通常很滋補，或帶有泥土的氣味。

風元素 Air：風元素的力量和智力、心智的力量、知識（相較於智慧）、邏輯、靈感、資訊、教誨、記憶、念頭和溝通有關。風元素的魔法通常和智力或精神有關，用於儀式時，燃燒焚香或噴灑香水，就是風元素的象徵。風元素型植物通常帶有清新的香氣，例如薄荷。

水元素 Water：水元素和情緒、感覺和潛意識有關。水元素的魔法通常和預測及占卜有關。水元素型植物汁液豐富、肉質肥厚，或者生長在水邊。

火元素 Fire：火元素的魔法與創意、生命力和熱情有關。火帶給我們活力，它燃起動能、生機與行動；它觸發勇氣，讓人勇敢地行動；它為熱情和熱誠加溫。火元素的力量，是屬於內在視野和創造願景的力量。導引並控制火元素的力量，就能讓內在的願景被顯化於真實世界。火元素型植物通常有熾熱的汁液，或熱辣的味道（例如薑），也可能有溫暖的香氣，像丁香或肉桂。

對應神靈

　　許多宗教中的神靈，都有對應的特殊植物。人們用這些植物來禮敬神，或是在神話故事中能看到這些植物與神靈的淵源。本書在談論植物時，也提到植物對應的神或女神，這是因為人們在神話故事或禮敬儀式中，曾經用這些植物來代表這些神靈。在這部分，本書提供的資訊不是一種隨意的斷言，雖然我知道坊間許多書籍的內容實是如此。

藥草魔法

想利用藥草的能量來進行魔法或靈性儀式，方法非常多。以下是其中幾種：

生命力的展現

光是在廚房窗邊種一盆香草，就能透過植物，為家帶來生命力。人們甚至認為，某些植物本身就是一種守護靈，羅勒就是其中一個例子。

透過陳列帶來魔法效用

藥草的能量可以透過護身符或魔法香包的形式，被帶入環境中。製作類似產品時，請記得專注在你的目標和意圖上，完成後掛在最需要的地方，例如廚房或臥室。你可以在廚房掛一串乾辣椒或大蒜，為家帶來保護，或是讓一束蒔蘿為你帶來平靜，或者用檸檬插上香料做成香丸（pomander），達到驅魔的效果等等。

藥草花環

花環就是把花朵和葉片綁成環狀。你可以用鐵絲、柳枝或保麗龍環作為環形框的基本材料（這些材料在花店或網路上都買得到），也可以直接把比較堅硬的木質藥草扭成環狀，再用鐵絲或緞帶固定。在家門前掛上藥草花環，可以保護阻隔內外空間的魔法結界，防止負能量進入家中。你可以使用不同花草種類，製作儀式、慶典和宴會用的藥草花環，可以掛在床上或留在墓碑上。

帶在身上

長久以來，當人們想要帶著某種藥草的能量在身上，就會將藥草葉片放在口袋或包包裡隨身攜帶。例如帶著「好運羅勒」吸引更多的豐盛，或讓迷迭香幫助轉念、鼠尾草帶來保護等等。

放在枕頭下

自古以來，人們就懂得把藥草放在枕頭下，吸收藥草的能量。人們會在枕頭下放芫荽以幫助催情、透過大蒜帶來保護，或者讓迷迭香帶來預知夢境。

魔法香包

這是最簡單的一種藥草魔法。把乾燥的藥草放進布袋裡，魔法香包就完成了。你可以直接購買市售的小布袋（例如婚禮用的小禮袋就很合適），但是自己做會更好。自製的布袋不是非要做得像藝術品一樣，重要的是注入意圖。你會需要一塊長方形的布料，在對折後縫起來，因此它的大小要能裝下你想放入的所有材料。選擇強韌的布料，對的顏色能更增強魔法的效力（可以參考附錄二）。將這塊布對折起來，對齊邊線。把三個邊都縫好，每縫一針都注意強化你的意圖（你可以一邊縫，一邊重複誦念）。接著把整個布袋從內向外翻過來。將材料一樣一樣放入袋中，每放進一種材料，就複述一遍你的祈願。根據你的願望性質，可以混和不同藥草一併放入。最後再把開口也縫緊，香包就完成了。這個香包可以隨身攜帶、放在合適的房間，或是放在枕頭下伴你入眠。你可以根據願望調整使用的方式。

灑水枝

灑水枝是藥草較硬的木質部分，常用的材料有鼠尾草、迷迭香或薄荷。灑水枝主要用來抖灑聖水或藥草茶，為空間或人消除負能量，達到淨化效果。要製作灑水枝，只要摘下大約 15 公分長的新鮮藥草枝，用一條白線在末端綁成一束就可以了。使用的時候，將灑水枝浸入液體，灑在需要淨化的人或空間各處（例如魔法陣、聖壇、房子或店舖等）。

魔法藥水

根據一定儀式程序備製的藥草製劑，就是一般所稱的魔法藥水。藥水的做法和用來療癒的藥草茶和藥汁無異，只是熬煮時帶著魔法的意圖，並且最好在對應的月相日和季節製作，也可能搭配特定的語句或象徵動作。

製作魔法藥水最簡單的方法，就像煮一杯藥草茶一樣。首先將藥草放入小鍋，而後注入滾水。握持小鍋，將你的意圖傾注其中，再濾出汁液，便可以使用。有些藥水用於物品，有些則需飲用。藥水的用途和用來製作的植物材料有關，你可以用神聖的藥草來為魔法物品加持；或者製作淨化藥水，用灑水枝沾取淨化聖壇和工作區域；也可以製作驅魔藥水，來淨化某處的負能量等等。

吃下或喝掉

當你將藥草咀嚼吞嚥下肚，就是和它建立起親密的連結，將它的振動能量吸收進入你的身體和你的能量體當中；你的振動頻率因此改變了，這一刻起，藥草便永遠成為你的一部分。只要你帶著特定的意圖這麼做，無論是出於靈性活動或儀式的目的，它便成為一種靈魂與靈魂之間的交流。藥草可以透過茶、魔法藥水的方式被飲用，可以作為食物吃下，也可以製成藥酒。

愛情靈藥

愛情靈藥（philtre）是戀愛藥水的專有名詞，用來讓某個人對特定對象墜入愛河。現代女巫普遍認為，支配他人的意念是相當不當的做法。因此，我們可以請求愛情進入生命，而究竟誰該出現，則交由宇宙來決定。愛情靈藥可以是一份簡單的藥草茶，或者混和幾種不同的愛情藥草來製作，也可以將對應的藥草浸泡在葡萄酒或蜂蜜酒中。

聖酒

奧祕儀式裡，最重要的程序之一，就是獻上麵包和酒。過去，人們相信酒代表「神在其中」，因此共飲聖酒，意味著人們能共享神的意識。盛裝酒液的酒杯，則象徵女巫的灶鍋或聖杯，飽含著智慧與靈感。人們會在儀式進行時，沿著圍成圈圈的方向，一邊互道「祝福」（Blessed Be），一邊傳遞酒杯和麵包盤，讓所有在場的人，都共享這份愛與祝福。這親密的舉動，不僅為在場每一個人建立起連結，也成為每一個人與神溝通的管道。藥草浸泡的酒，或藥草釀成的酒，都可以作為儀式使用的聖

酒。你會需要根據不同的集會目的或活動主題（例如婚約），選取最合適的藥草來製作聖酒。

藥草粉

藥草、樹皮和根都可以磨成粉，作為魔法用品使用。你可以在住家或物品周圍灑一些保護藥粉、在錢包中灑一點招財藥粉，也可以用藥粉製作魔法香包、灑在蠟燭上，或者用來為工具和護身符注入神聖的能量。

儀式用品

進行儀式時，你可以透過穿戴花環，或在魔法陣中擺放草枝等做法，將對應的藥草能量帶入儀式中。

供品

施作魔法和儀式時，經常會準備供品獻給神靈。像這樣的供品，可以是將合適的藥草烤成麵包和蛋糕，留在儀式場地中；也可以是焚香、用藥草製成的奠酒，或者就只是留下幾束藥草，謝謝神靈的幫忙。不過請記得，不要把綁束藥草的線、繩或塑膠製品一併留下，這些只是垃圾，神靈並不喜歡。

結合蠟燭使用

我們可以將藥草浸泡油塗在蠟燭上，作為魔法蠟燭使用；也可以直接在製作蠟燭時覆以藥草點綴，例如丁香（但請小心使用，因為燃燒到藥草時可能爆開來）；或者，也可以讓燭身表面稍微加熱變軟，滾過乾燥的藥草，讓藥草覆蓋在周圍。這麼做可以為儀式或魔法增添藥草的能量，或者，你也可以單純用蠟燭來施作魔法，方式如下。首先決定你想達到的魔法效果，根據魔法的性質選擇蠟燭的顏色。到了晚上，將蠟燭放在矮桌上，熄滅大部分的燈光。選擇對應的藥草浸泡油，塗抹在蠟燭上：先從中間向上，再從中間向下，把意念集中在你想達到的效果上。當你覺得夠了，就把這個帶著你意念的蠟燭點燃。放著讓蠟燭燃燒到最後（請注意火燭安全）。

焚香

　　大家都知道，女巫和魔術師會在舉行儀式時焚香——強大的香氣能更助魔法一臂之力。這些香氣可以達到激勵或安撫、舒緩或注入活力，以及提升或抑制神靈的作用。而光是廚房裡的香草和香料，就可以作為你的儀式焚香。香粉大概是最容易製作的一種焚香了，它也是各種魔法儀式都可以用上的多用途材料。本書的所有計量方式，都是用體積表示，而非重量。一般來說，製作一小罐香粉的話，我會拿一支小湯匙來計算分量，如果要製作大量，我就會用杯子來算。因此，如果配方寫著3份迷迭香、½份百里香和1份奧勒岡，就表示你可以用湯匙取3匙迷迭香、½匙百里香和1匙的奧勒岡。如果使用的材料包括樹脂和精油，請先將這些材料用杵輕輕混拌在一起（這麼做會出現一點黏稠感），再加入木質、樹皮或壓碎的莓果，接著放入香草、粉類，最後才放入花朵類的材料。

　　要燃燒焚香，需要準備能自燃的碳片（可以在各種神祕學或教會材料商店找到）。用火柴點燃碳片。碳片的表面會逐漸冒出火光，最後燒成紅色。將碳片放在耐燒的淺盤上，下面墊一塊墊子（燃燒過程將會非常燙）。在燃燒的碳片上，灑一些焚香粉：只要一點點就夠了。如果是在戶外舉行慶祝儀式，也可以直接把更大分量的材料丟入火中。

　　如果是在室內焚香，一般我會建議加入像乳香或沒藥等樹脂，那不僅能讓香氣更加好聞，燃燒的情況也會更好。然而，如果在室外使用，我會直接把準備好的混和藥草丟入篝火中。

煙燻

　　如果你感覺家中累積了負能量，或者在爭吵過後，環境中遺留下不好的氣氛，有好幾種方式都能幫助你清理淨化。（但無論如何，定期淨化空間都是一件好事）。清理居家能量最簡單的方式，就是手持煙燻棒走過家中的每一個空間。煙燻法也可以用來淨化氣場，以及所有的魔法器具與儀式用品。

聖油

用藥草和香料製作的浸泡油，可以用來施作魔法、舉行儀式。可以將聖油點塗在人或蠟燭上，或是為工具、護身符與聖物注入神聖的能量。

花精

花精是在日光照射下，由花朵傳遞至水中的生物能量印記，這些印記攜帶著植物生長過程中的振動精華。花精能透過能量的途徑，在情緒、心理和靈性層級帶來療癒，其中的靈性作用，是我特別在這個段落介紹花精的原因。花精的始祖是來自英國的愛德華·巴赫（Edward Bach）醫師。巴赫醫師認為，疾病是內在情緒、心理和靈性衝突導致的結果，因此，要想治癒疾病，勢必不可忽視此一面向。巴赫醫師創造出 38 種花精（在那之後，人們又製作並研究了更多種類的花精），並用這些花精作為溫和、天然的振動催化劑，幫助人們的靈魂回到和諧。

製作花精的方式相當簡單，使用起來也很安全。首先，採集一些盛開的花朵，取一個小碗，放入 150 毫升的泉水，讓花朵漂浮在水面。放置在太陽底下 3 至 4 小時，期間注意維持陽光照射，不能有任何遮蔽。完成後，將花朵取出。將水液注入瓶子裡，再加入 150 毫升的白蘭地或伏特加酒。這就是你的母酊液。接著製作實際使用的花精。在 10 毫升的滴管瓶中，加入 7 滴母酊液，注入白蘭地或伏特加酒至滿，這就是你的花精原液。使用時，每次在一杯水裡滴入 4 滴花精原液，每天服用 4 次。製作花精很重要的一點，是不要用手觸碰花朵——水中要留下的是花朵的振動印記，可不是你的振動印記喔！

結合冥想

藥草的振動能量可以幫助冥想練習與脈輪運作。在你冥想的同時，可以試著在氣場中手持特定藥草的一片葉子或枝條。

CHAPTER
2.

魔法藥草
錦囊

羅勒 *Basil*

Ocimum spp.

掌管行星：火星

代表元素：火元素

相關神靈：海地巫毒教愛神——爾茲麗（Erzulie）、希臘愛與美的女神——阿芙蘿狄忒（Aphrodite）、印度黑天神——克里希那（Krishna）、印度豐盛女神——拉克希米（Lakshmi）、印度三主神之一——毗濕奴（Vishnu）、耶穌（Jesus）、聖母瑪利亞（Virgin Mary）、耶穌養父——聖約瑟（Saint Joseph）、印度醫神——曇梵陀利（Dhanvantari）。

魔法屬性：祝福、平靜、和諧、保護、重生、驅除負能量、驅魔、療癒、愛情、好運、財富。

在印度教裡，神聖羅勒（又稱為突西羅勒，英文寫做 *tulsi* 或 *tulasi*）是最神聖的植物，也象徵從地球通往天堂的入口。[3] 關於突西羅勒怎麼出現在這世界，有許多不同的故事版本。然而，無論是哪一個故事，其中的突西羅勒，都來自某種神聖的源頭。例如，一個印度傳說就提到，突西羅勒是醫神曇梵陀利（Dhanvantari）喜極而泣的眼淚。[4] 突西羅勒最常被視為是印度財富女神拉克希米（Lakshmi）的化身，也因此，突西羅勒在印度是家家戶戶崇敬的聖草，有神靈般的地位；人們認為，突西女神（Tulasi Devi）出現的地方，就是福氣、平靜和豐饒的所在之處；[5] 只要種著突西女神，任何鬼魂與魔鬼都不敢接近；只要靠近突西女神，所有惡念惡行都會被消滅。[6] 種植羅勒，就能把神聖能量帶入家中。根據印度教的說法，神聖羅勒就是化身為植物的母神（Mother Goddess）；因此，羅勒就是一種守護之靈，能改變周遭環境的負能量，帶來平靜、繁盛與祝福。

希臘東正教（Greek Orthodox Church）也將羅勒視為最神聖的一種藥草。據說，

羅馬君士坦丁大帝的母親海倫娜（Helena），曾經在西元326年尋找耶穌受難的真十字架（True Cross）時，在耶穌殉難地各各他（Golgotha），看到一叢羅勒長在廢棄的阿芙蘿狄忒（Aphrodite）神廟一隅。[7]由於羅勒這個字，在希臘是「王者之物」（of the king）的意思，當時她正尋覓耶穌的蹤跡，而耶穌是基督徒口中的「王中之王」（the king of kings），因此，她將這叢羅勒視為重要的徵兆，命人開始在此地進行挖掘。士兵果然挖出一塊木頭，上面長著一枝羅勒。為了測其真假，海倫娜讓患病的人觸碰這塊木頭，當人們一個個痊癒，海倫娜便確信這就是真十字架的遺跡。[8]

每年1月6日，虔誠的東正教徒會參加神顯節慶典，並收到一罐裝在小瓶子裡的聖水。之後，他們會請牧師用這罐聖水祝福自己的家，方法是用一枝羅勒沾取聖水，灑在家中各處。人們相信，這儀式有莫大的神力，能將家中的邪靈驅趕出去；甚至在神顯節前夜，牧師就會用羅勒與聖水[9]，把聖誕日的12天之間可能出沒的搗蛋惡靈（Kallikantzaroi）[10]，也趕出家門。

在家種植羅勒，能去除家中的負面能量；羅勒純淨的能量，本身就能為空間帶來清理。人們用羅勒來驅趕有害的靈性能量、惡靈、黑魔法和靈媒的攻擊。在前門種一棵羅勒，可以防止不想要的能量入侵，種在廚房則能幫助家庭和樂。若想清理居家環境或神聖空間，可以製作**羅勒葉片茶**，然後用一支新鮮的羅勒沾取，灑在每

3. 西穆斯（Simoons），《植物之生，植物之死》（*Plants of Life, Plants of Death*）。

4. 阿魯納‧戴敘潘德（Aruna Deshpande），《印度：神聖的探尋之地》（*India: A Divine Destination*）（Crest Publishing House, 2005）。

5. Swami Vibhooti Saraswati, *Tulasi—India's Most Sacred Plant*, http://www.yogamag.net/archives/2006/koct06/tulsi.shtml，擷取日期：2017年4月11日。

6. http://www.gutenberg.org/files/44638/44638-h/44638-h.htmchapter-5，擷取日期：2017年4月11日。

7. https://orthodoxwiki.org/Elevation_of_the_Holy_Cross，擷取日期：2017年4月11日。

8. 布蘭農‧帕克（Brannon Parker），《蛇、老鷹、獅子與圓》（*The Serpent, the Eagle, the Lion and the Disk*）（Lulu.com, 2012）。

9. 西穆斯（Simoons），《植物之生，植物之死》（*Plants of Life, Plants of Death*）。

10. 安娜‧富蘭克林（Anna Franklin），《冬至的歷史、傳說與慶典》（*Yule, History, Lore and Celebration*）（Lear Books, 2010）。

個房間的各個角落。當你剛入住新家，感覺到空間中有前屋主留下的不良能量時，這麼做或許就能幫助到你。

羅勒也很適合用來消除心理和精神上的負能量。每天喝一杯**羅勒葉片茶**，連續7天；或者連續21天使用**羅勒花精**。你也可以在泡澡水中滴幾滴**羅勒花精**。當你知道自己即將遇到困難，可以沾一點**羅勒浸泡油**點在額頭，為自己帶來保護。

在歐洲，羅勒的名聲似乎毀譽參半。17世紀英國藥草學家尼可拉斯·卡爾佩伯（Nicolas Culpeper）[11]建議人們在被毒獸咬傷時，用羅勒來吸出毒液。然而，這是基於一種「以毒攻毒」的邏輯，因為卡爾佩伯認為羅勒就是一種有害的惡草，並將它歸為一種對應到火星和天蠍座的植物。這或許是因為，在熱帶國家，人們發現蠍子喜歡棲息在羅勒盆底下，因此，迷信的念頭逐漸成形，認為放在盆栽底下的羅勒會變成蠍子，搗傷羅勒也會招引蠍子到來。雖然卡爾佩伯在書中對羅勒留下這番評價，羅勒在英國都鐸王朝時期，卻被視為一種幸運之草與保護之草。人們通常將羅勒當作禮物送給剛搬新家的新人，或是作為送客時的伴手禮。[12]如果你想跟隨這項傳統做法，可以在朋友搬進新家時送上一盆羅勒，同時捎上你的祝福。

羅勒在愛情與催情方面，也有諸多用途。印度阿育吠陀療法將羅勒視為一種催情劑，而羅馬作者普林尼（Pliny），則建議人們在為馬和驢交配時使用羅勒。在義大利托斯卡尼，人們將羅勒稱為 *amorino*，也就是「小可愛」（little love）的意思，而在義大利中部，羅勒則被稱為 *Bacia-nicola*（「吻我吧！尼可拉斯」之意）。義大利某些地區的女孩，在會情人時，會於耳後佩戴羅勒。[13]羅勒共振著愛的能量，可以用來施作愛情魔法，或製成戀愛香粉與香包。塗擦**羅勒浸泡油**可以吸引戀人到來。羅勒是少數能平衡所有脈輪的藥草，此外還能淨化氣場、整合身體的能量場。每天靜心時把**羅勒浸泡油**塗在每一個脈輪，掌心放一片羅勒葉，在心輪合十冥想幾分鐘，這麼做可以幫助你敞開心扉，讓心對愛與慈悲更加敞開。

人們也相信羅勒有招財的作用。在印度，羅勒就是財富女神拉克希米的代表。在西印度群島，人們會在公司或商店新開張時，將羅勒灑在周圍，保障公司財源滾

滾。有些墨西哥人到現在都還會在口袋或皮包裡放著「好運羅勒」，吸引財富到來。羅勒能與豐盛之流共振。當你準備找新的工作，或開始一份新的事業，都可以在皮包裡放一片羅勒葉、吃一片羅勒葉，或是在額頭上點塗一些**羅勒浸泡油**。如果你自己經營店面，可以在收銀機裡放一片羅勒葉，讓它為你吸引更多財富，此外，也可以在門檻上灑一些**羅勒葉片茶**或由乾羅勒葉磨成的粉，吸引更多客人上門。

料理用途

羅勒被人們稱為「料理香草之王」（the king of the culinary herbs）。早在久遠的古代，它就是人們烹調食物時使用的香草；在古希臘和羅馬時期，也是香草園中主要常見的香草植物。[14]羅勒可以用來燉菜，製作沙拉、湯品、醬料、蔬食餐點和青醬。這特別的植物有超過 150 個品種，但大部分料理用的羅勒，都是甜羅勒（*Ocinum basilicum*）的栽培種，包括熱那亞羅勒（Genovese basil，*O. basilicum* 'Genovese'）、泰國羅勒（*O. basilicum* var. *thyrsiflora*）和肉桂羅勒（*O. basilicum* 'Cinnamon'）。其他的羅勒品種還包括：神聖羅勒（也叫做突西羅勒，*O. sanctum* syn. *O. tenuiflorum*），以及檸檬羅勒（*O. americanum*）。如果你想用羅勒來料理，最好使用新鮮羅勒，並且在即將起鍋時才加入，這麼做能最大程度留住羅勒葉揮發出來的香氣和味道。

美容保養用途

羅勒富含抗氧化物，能防止肌膚承受氧化壓力、出現自由基損傷，以及隨之而來的細紋和皺紋生成。羅勒也能緊實肌膚、改善膚質，促進皮膚細胞新生。要享受羅勒的以上功效，只要每天將**羅勒葉片茶**塗在肌膚上按摩吸收，然後再用溫水洗淨就可以了。你還可以用**羅勒浸泡油**來滋潤肌膚。每週做一次羅勒面膜，將一把新鮮

11.《卡爾佩伯的藥草大全》（*Culpeper's Complete Herbal*）。

12. http://www.gardenersworld.com/plants/plant-inspiration/fact-file-basil，擷取日期：2017 年 4 月 11 日。

13. Angelo de Gubernatis, La Mythologie Des Plantes: Ou, Les Legendes Du Regne Vegetal (Scholar's Choice edition, 2015).

14. 老普林尼（Pliny the Elder），《博物誌》（*The Natural History*）。

羅勒葉片搗成泥，敷在臉部和脖子上，如果想要的話，也可以調入蜂蜜或優格。敷在臉上15到20分鐘，再用微溫的水清洗乾淨。然後按正常方式為肌膚保濕。

治療用途

作用：驅蟲、上呼吸道消炎、抗經痛、抗真菌、消炎、抗微生物、抗氧化、抗痙攣、抗病毒、消脹氣、緩和炎症、幫助消化、祛痰、降血壓、殺蟲。

千年以來，羅勒一直是傳統民俗療法使用的藥草。突西羅勒（神聖羅勒）在阿育吠陀療法中，是最強大的一種藥草。印度神話故事裡，甚至連死神閻摩（Yama）遇到神聖羅勒也得讓路。記載突西羅勒神奇藥效的文章多不勝數，不過事實上，神聖羅勒與甜羅勒的藥用效果也相當接近。

羅勒氣味辛辣強烈，可想而知，其中含有許多揮發油。各種羅勒的揮發油含量和成分比例，會因品種而有不同：例如，甜羅勒帶有強烈的丁香氣味，因為甜羅勒含有高濃度的丁香酚，而檸檬羅勒帶有強烈的柑橘氣息，這是來自其中的檸檬烯。目前已有許多研究針對羅勒和羅勒精油的藥用價值進行探討，結果令人可期。實驗已證實，羅勒有抗微生物、抗病毒、抗真菌、殺蟲、抗氧化、抗老和消炎等作用。[15]因此，在日常飲食中加點羅勒雖是隨手之舉，卻可能為健康帶來很大的助益！

研究發現，幾種具有消炎特質的藥草，能改善關節炎的症狀，其中甚至有某些藥草，已被證實效果和非類固醇抗發炎藥（NSAID）無異。羅勒就是其中之一。[16]每天喝一、兩杯**羅勒葉片茶**，用**羅勒熱敷包**敷在患部，或用溫熱的羅勒浸泡油塗在疼痛的部位，都能改善關節炎的情況。

羅勒當中含有百里酚和樟烯等止癢成分（樟烯同時有清涼的效果），能有助於改善濕疹。羅勒搭配植物油，能讓肌膚滋潤柔軟，這對濕疹肌膚來說，也是相當重要的一環。因此，可以用**羅勒浸泡油**來舒緩濕疹不適，或將搗碎的新鮮羅勒葉片調入

等比例的植物油，塗敷在患部。

羅勒也是溫和的抗憂鬱劑和適應原，這意味著它能幫助身體從有害的壓力影響，回到正常狀態。[17] 因此，當你感覺壓力龐大，不妨為自己泡一杯**羅勒葉片茶**，在白天慢慢啜飲；或者在泡澡水裡倒入一杯**羅勒茶**，讓自己在辛苦了一天之後，好好放鬆休息。

羅勒也有溫和的鎮定效果。睡前喝一杯**羅勒葉片茶**，能幫助你更好入眠。

研究發現，羅勒有抗細菌的特質。因此，用**羅勒茶**作為外用洗劑，可以改善潰瘍、刀切傷與傷口。由於羅勒有抗真菌的作用，因此也很適合作為漱口水來改善鵝口瘡（口腔念珠菌感染）。

---

15. H. R. Juliani and J. E. Simon, "Antioxidant Activity of Basil" in J. Janick and A. Whipkey (eds.), *Trends in New Crops and New Uses* (Alexandria, VA: ASHS Press), 575–579, https://hort.purdue.edu/newcrop/ncnu02/v5-575.html，擷取日期：2017年2月29日。

16. Jürg Gertsch, Marco Leonti, Stefan Raduner, Ildiko Racz, Jian-Zhong Chen, Xiang-Qun Xie, KarlHeinz Altmann, Meliha Karsak, and Andreas Zimmer, "Beta-caryophyllene Is a Dietary Cannabinoid," *Proceedings of the National Academy of Sciences 105, no. 26* (July 2008): 9099–9104, DOI: 10.1073/pnas.0803601105. A. Vijayalaxmi, Vasudha Bakshi, and Nazia Begum, "Anti-Arthritic and AntiInflammatory Activity of Beta Caryophyllene Against Freund's Complete Adjuvant Induced Arthritis

in Wistar Rats," *Journal of Bone Reports and Recommendations*, http://bone.imedpub.com/antiarthritic-and-anti-inflammatory-activity-of-beta-caryophyllene-against-freunds-complete-adjuvant-induced-arthritis-in-wistar-rats.php?aid=7220，擷取日期：2017年3月29日。

17. S. Joti, S. Satendra, S. Sushma, T. Anjana, and S. Shashi, "*Antistressor Activity of Ocimum sanctum(Tulsi) Against Experimentally Induced Oxidative Stress in Rabbits*," https://www.ncbi.nlm.nih.gov/pubmed/17922070, DOI: 10.1358/mf.2007.29.6.1118135，擷取日期：2017年4月17日。

請注意：一般來說，以一般料理攝取的量服用羅勒是安全的，對大部分人來說，按藥用方式服用羅勒也不會有問題，但請不要連續以藥用方式服用超過4週。羅勒會微微降低血糖和血壓，因此，如果你正服用糖尿病或高血壓藥物，在以藥用方式服用羅勒時，請務必多加注意。羅勒會減緩血液凝結速度，因此如果你正服用抗凝血藥物，或即將進行手術，請至少在手術兩週前，避免以藥用的量服用羅勒。孕婦和哺乳的母親，也不該以藥用方式服用羅勒。食品藥物分析局（Bureau of Food and Drug Analysis）曾透過實驗發現，大鼠在大量服用羅勒當中含有的黃樟素（safrole）後出現肝癌。或許你已讀過相關的資料，並對此有所了解。不過，研究者溫啟邦（Wen Chi-Pang）表示，要達到這樣的效果，「必須每天吃下好幾公斤的羅勒，連續數年，才有必要擔心這個問題。」[18]

18. http://www.taipeitimes.com/News/taiwan/archives/2007/05/15/2003360954，擷取日期：2017年5月15日。

配方

羅勒葉片茶 *Basil Tea*

250㎖（1杯）⋯⋯⋯⋯⋯⋯⋯⋯滾水
4-5片⋯⋯⋯⋯⋯⋯⋯⋯⋯新鮮羅勒葉片

將滾水倒在葉片上，浸泡4到5分鐘。濾出茶液後飲用。

羅勒茶 *Basil Infusion*

50g（2杯）⋯⋯⋯⋯⋯⋯⋯切碎的新鮮羅勒
500㎖（2杯）⋯⋯⋯⋯⋯⋯滾水

將切碎的羅勒放進鍋中，注入滾水。蓋上蓋子浸製20分鐘。濾出茶液。

羅勒浸泡油 *Basil Infused Oil*

取一個消毒過的玻璃罐，放滿切碎的新鮮羅勒葉。在罐中注滿植物油，確保葉片被
完全覆蓋。蓋上蓋子，放在有日光照射的窗台邊，持續2週。2週當中，每天拿起來
搖晃一下。濾出油液，另外放進乾淨的玻璃罐中保存。存放在陰涼無光照處，至多
可以保存1年。

羅勒熱敷包 *Basil Hot Compress*

製作一份新鮮的**羅勒茶**，在茶還熱燙的時候，浸入一塊乾淨的棉布，以你能承受的最高溫度，將布料敷在患部。當布料溫度降下來，就再一次浸入熱茶，重新敷在身上。可以重複數次。

羅勒花精 *Basil Flower Essence*

採下 6 朵盛開的羅勒花。取一個小碗，放入 150 毫升的泉水，讓花朵漂浮在水面。放置在太陽底下 3 至 4 小時，期間注意維持陽光照射，不能有任何遮蔽。完成後，將花朵取出。將水液注入瓶子裡，再加入 150 毫升的白蘭地或伏特加酒。這就是你的母酊液。接著製作實際使用的花精。在 10 毫升的滴管瓶中，加入 7 滴母酊液，注入白蘭地或伏特加酒至滿，這就是你的花精原液。每次在一杯水裡滴入 4 滴花精原液，每天服用 4 次。

羅勒醋 *Basil Vinegar*

在一玻璃罐的蘋果醋中，放進幾條新鮮的羅勒枝。蓋上蓋子，放在有日光照射的窗台邊，持續 2 週。2 週當中，每天拿起來搖晃一下。濾出醋液，另外裝進乾淨的瓶子裡。這個**羅勒醋**可以作為沙拉醬使用，也可以加入泡澡水幫助清潔與放鬆；或者，也可以作為魔法淨化用品，用來淨化工具、神聖空間與人。

羅勒洗髮精 *Basil Shampoo*

250㎖（1杯）⋯⋯⋯⋯⋯⋯⋯⋯⋯⋯⋯ 羅勒茶
150㎖（10大匙）⋯⋯⋯⋯⋯⋯⋯⋯ 卡斯提亞橄欖液態皂（liquid castile soap）
3㎖（ 1/2 小匙）⋯⋯⋯⋯⋯⋯⋯⋯⋯⋯ 橄欖油
8滴⋯⋯⋯⋯⋯⋯⋯⋯⋯⋯⋯⋯⋯⋯ 羅勒精油（非必要）

將所有材料混和均勻，裝進瓶子裡。每次使用之前，請記得均勻搖晃。它並不會像市售洗髮精產生豐富的泡沫，但它能達到充分的清潔效果，頭髮也能被羅勒的養分所滋養。這罐洗髮精放在冰箱中可保存1週。

羅勒爽膚水 *Basil Skin Toner*

25片⋯⋯⋯⋯⋯⋯⋯⋯⋯⋯⋯⋯⋯⋯ 羅勒葉
200㎖（ 3/4 杯）⋯⋯⋯⋯⋯⋯⋯⋯⋯ 玫瑰純露
1cm⋯⋯⋯⋯⋯⋯⋯⋯⋯⋯⋯⋯⋯⋯ 檸檬皮（不使用白色的襯皮部分）
100㎖（ 1/2 杯）⋯⋯⋯⋯⋯⋯⋯⋯⋯ 金縷梅純露
3㎖（ 1/2 小匙）⋯⋯⋯⋯⋯⋯⋯⋯⋯⋯ 安息香酊劑

將羅勒葉、玫瑰純露和檸檬皮放在平底鍋中，小火加熱 10 分鐘，注意不可煮到水滾。10 分鐘後離開火源，靜置浸泡 3 到 4 小時。用細緻的棉布過濾，將液體收集在一個小罐或小碗當中，然後加入金縷梅純露和安息香酊劑（作為防腐劑）攪拌均勻。注入帶塞子的玻璃罐中，放在冰箱可保存 2 週。每天早晚用化妝棉輕輕拍上臉部肌膚，接著進行日常保濕程序。這能有助於控制臉上爆發的青春痘，達到深層清潔、緊實的效果，並且保護肌膚不受環境壓力影響。羅勒是強大的清潔劑，這個爽膚水特別適合油性肌膚，以及在毛孔阻塞時使用。

羅勒蛋清面膜 *Basil and Egg White Face Mask*

8片⋯⋯⋯⋯⋯⋯⋯⋯⋯羅勒葉
1顆蛋⋯⋯⋯⋯⋯⋯⋯⋯取蛋白（將蛋白打散）
1小匙⋯⋯⋯⋯⋯⋯⋯⋯蜂蜜

用果汁機或杵臼將羅勒葉片打（搗）出汁來。將羅勒汁加入打散的蛋白液與蜂蜜，混和均勻，塗在臉上。靜置 20 至 30 分鐘後，用微溫的水洗淨。最後在臉上輕潑冷水，讓毛孔閉合。接著進行日常保濕程序。羅勒和蜂蜜能透過抗菌效果，改善造成青春痘爆發的臉部感染，蛋白則可以幫助肌膚緊實、縮小毛孔。也可以再加入 1 小匙薑黃粉，讓消炎效果更突出。這麼做也可以幫助消除黑頭粉刺。

黑胡椒 *Black Pepper*

Piper nigrum

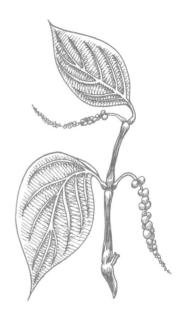

掌管行星：火星。

代表元素：火元素。

相關神靈：印度宇宙之母——夏克緹（Shakti）、印度豐盛女神——拉克希米（Lakshmi）[19]、印度半人半獅——那羅希摩（Pana Narasimha）[20]、印度猴神——哈奴曼（Hanuman）、毗濕奴化身——賈格納（Jagannath）、佛教仙人——須跋陀羅（Subhadra）、印度神——大力羅摩（Balabhadra）、天主教聖人——聖安東尼（Saint Anthony）。

魔法屬性：放逐、保護、勇氣。

　　黑胡椒帶有天然的辛辣氣味，因此在西方傳統中由火星管轄，並對應到五元素中的火元素。黑胡椒代表戰士的能量，能幫助升溫，帶來勇氣和不屈不撓的精神。印度聖者用黑胡椒來增強耐力，尤其在禁食與旅行的時候。黑胡椒也可以用來施作魔法或進行儀式，幫助清除情緒阻礙、恐懼、疲憊、冷漠，也可以燒去自我懷疑和負面思維。在焚香中加入磨碎的黑胡椒粉、用黑胡椒浸泡油（做法參見本書第 16頁）塗在蠟燭或人身上，或在藥草護身符、香囊、香包裡放進黑胡椒。飲用**黑胡椒茶**就能吸收這個植物的能量，在需要多點勇氣的時候，可以把幾粒黑胡椒放進紅色的魔法香包裡，隨身攜帶。

　　黑胡椒的能量，與海底輪和海底輪象徵的原始能量有關。海底輪與大地連結，而大地是我們所有營養的來源——吸收大地的養分，生命才得以存續。因此，海底

---

19. 莎爾瑪（Sharma），《喜瑪拉雅西部廟宇紀錄》（*Western Himalayan Temple Records*）。
20. 奈普（Knapp），《克里希納的化身與祂的神蹟》（*Krishna Deities and Their Miracles*）。

輪能幫助紮根和穩定。海底輪緊閉或不活躍的人們，通常容易出現恐懼、緊張、焦慮、失去連結或憂鬱的情況；而海底輪過度活躍的人們，則會變得侵略好鬥、重視物質多過一切。然而，海底輪是所有一切的根基，也是女神夏克緹（Shakti）所在之處。夏克緹以昆達里尼能量的型態，如蛇一般，盤臥在每個人海底輪的位置。在飲食中加入黑胡椒、在海底輪塗抹黑胡椒浸泡油（參見本書第 16 頁），或者在冥想時觀想自己與大地母親的連結、增強自己對大地的信任、感覺自己接受大地的滋養……都是能幫助平衡海底輪的做法。

在印度，黑胡椒被稱為 *marich*；這是太陽的名稱之一，因為人們認為黑胡椒攜帶著太陽的能量。印度風箏節（Makar Sankranti festival）在每年一月舉行，人們透過慶典禮敬太陽神（Surya）[21]，成為冬至末尾的重要節慶。每年這時候，人們會用米、糖、香蕉、椰子和黑胡椒製作特殊的節日糕點，獻給拉克希米[22]、那羅希摩[23]、哈奴曼、賈格納、須跋陀羅和大力羅摩等印度神祇。黑胡椒也叫做 *kali mirri*（這個字就是「黑胡椒」的意思，和印度時母——卡利女神〔*kali*〕沒有關係）。

某些文化傳統會用黑胡椒來解除靈體附身。伊斯蘭教驅魔者會用能燒去 *jinn*（靈體）的萊姆、醋、黑胡椒和薑等材料，加上誦唸禱文，讓靈體離開被附的身體。[24]你可以在驅魔和放逐的魔法焚香粉中，加入黑胡椒；或者用黑胡椒和鹽，一起灑在結界線上，防止其他靈體侵襲，驅除負面能量。用黑胡椒加上乾燥的鼠尾草葉作為焚香燃燒，能為新家或新辦公室消除不良能量。

料理用途

如果羅勒是人們口中的「香草之王」，黑胡椒就是「香料之王」。現在的我們很難想像，黑胡椒曾經是世上最昂貴的商品之一，價值可比黃金。西元 408 年，當西哥特蠻族指揮官阿拉里克（Alaric the Visigoth）包圍羅馬時，就曾要求以 2,500 公斤的黑胡椒做為贖金。[25]中世紀的佃農，甚至可以用黑胡椒來繳交地租。[26]也因此，遞交黑胡椒粒成為確認租賃關係的象徵，也因此有「胡椒租」（peppercorn rent）這樣的說法；不

過，由於黑胡椒的價值後來一落千丈，「胡椒租」的涵義也演變為租金空有其名、微不足道的意思。[27]

胡椒（*pepper*）這個字，來自梵文的 *pippali*，意思是「漿果」（berry）。[28] 不管是黑胡椒、白胡椒或綠胡椒，都來自同一種植物，只不過是不同成熟階段採收的果實。綠胡椒是在漿果尚未成熟、青嫩時採下；黑胡椒是在漿果逐漸轉紅時採下，經過日曬變得枯皺，顏色轉黑；而白胡椒則是成熟的漿果浸過鹽水、去除外皮後，露出來的白色胡椒仁。

黑胡椒是用途最廣的料理香料之一，可以加在湯品，或者用來燉菜、醃肉和醃製小菜。黑胡椒辛辣的氣味來自其中的揮發油，不過一旦胡椒被磨碎保存，揮發油就散失了。所以最好的用法，是在每次使用時新鮮現磨。

美容保養用途

將黑胡椒粒磨碎，製成**黑胡椒臉部去角質霜**，可以去除皮膚老廢細胞，將血液帶到皮膚表面，讓臉部肌膚顯得容光煥發。這麼做，也能讓肌膚更加吸收到後續保養品的營養。要是你正為青春痘所苦，黑胡椒抗細菌、消炎的作用，也特別能在此時派上用場。

---

21. J・高頓・梅敦（J. Gordon Melton），《宗教慶典：節日、節慶、莊嚴儀式和靈性儀典》（*Religious Celebrations: An Encyclopedia of Holidays, Festivals, Solemn Observances, and Spiritual Commemorations*），2011 年。

22. 莎爾瑪（Sharma），《喜瑪拉雅西部廟宇紀錄》（*Western Himalayan Temple Records*）。

23. 奈普（Knapp），《克里希納的化身與祂的神蹟》（*Krishna Deities and Their Miracles*）。.

24. http://islamicexorcism.com，擷取日期：2017 年 10 月 17 日。

25. 史瓦恩（Swahn），《香料知識大全》（*The Lore of Spices*）。

26. 同上。

27. 同上。

28. 斯夏・艾衍卡（Sesha T. R. Iyengar）《印度德拉威語系》（*Dravidian India*）（Asian Educational Services, 2000）。

治療用途

作用：消脹氣、解充血、祛痰、消炎。

　　傳統印度阿育吠陀療法，會在配方中添加少量的黑胡椒，讓身體更能吸收其他藥草的效用。現在我們都知道，黑胡椒最重要的一項益處，就是能讓其他香料或藥草中的植物化學成分，更容易被身體利用（生物利用度提高）。例如黑胡椒可以增加薑黃的效用，也可以提高維生素與礦物質的吸收度。[29]

　　根據阿育吠陀療法，黑胡椒能點起消化之火阿格尼（agni）。而在西方藥草學中，黑胡椒就像其他芬芳的廚房料理香草一樣，有消脹氣的作用。換句話說，黑胡椒能激勵消化、促進腸道蠕動，也可以促進排氣、消除飽脹感。舌尖嚐到黑胡椒的味道，就能觸發胃部釋放消化過程所需的鹽酸（hydrochloric acid）。要是身體鹽酸分泌不足，消化力便會不足，可能導致火燒心或消化不良等情況。只要在食物中添加一些黑胡椒，就有可能改善以上問題。

　　黑胡椒是一種暖身的香料。它辛辣的味道，來自其中的有效成分胡椒鹼（piperine），而胡椒鹼能幫助身體產生熱能。[30]黑胡椒也能激勵新陳代謝，因此，只要一點點黑胡椒，就可以為你的減重計畫助上一臂之力。

　　黑胡椒也是天然的止痛劑。雖然聽來奇怪，但在傷口上灑一點點黑胡椒粉，確實可以幫助止血，還能達到止痛、防腐與抗生素的作用。黑胡椒可以用**黑胡椒熱敷**

---

29. G. B. Dudhatra et al., "A Comprehensive Review on Pharmacotherapeutics of Herbal Bioenhancers," *The Scientific World Journal*, 2012.

30. Z. A. Damanhouri and A. Ahmad, "*A Review on Therapeutic Potential of Piper nigrum L. (Black Pepper): The King of Spices*," *Med Aromat Plants 3:161*, DOI:10.4172/2167-0412.1000161.

包的形式，直接敷在肌膚上，達到緩解神經痛的效果。在牙齒和牙齦上，抹一些新鮮現磨的黑胡椒粉，一直是長久以來人們使用的居家牙痛良方。黑胡椒也是優秀的消炎劑；其中的胡椒鹼，能降低讓關節炎越演越烈的炎性化合物數量。因此，若受炎症所苦，可以試著在食物中加一些黑胡椒，並以黑胡椒熱敷包敷在患部。

黑胡椒可以解充血，在感冒、咳嗽、罹患流感的時候非常好用；同時，它也有祛痰的作用，因此能化解胸腔和鼻竇積聚的痰液。在寒冷的冬季，每天喝點**黑胡椒茶**，或吃一小匙具有抗菌作用的**火之醋**，就能預防這季節性的特殊災難發生在你身上。

請注意：黑胡椒對大多數人來說都安全無虞。藥用的用量也非常微小，因此對大多數人來說，也是沒有問題的。不過為求保險，如果你正懷孕、哺乳、服用鋰（lithium），或任何與肝臟有關的藥物（請和你的醫師確認），請避免大量服用黑胡椒。過量服用黑胡椒可能刺激腸胃。若你有胃酸相關消化疾病、胃潰瘍、潰瘍性大腸炎或大腸憩室炎，也請避免大量服用黑胡椒。

配方

黑胡椒茶 *Black Pepper Tea*

250㎖（1杯）·············· 清水
¹/₂ 小匙·············· 新鮮現磨的黑胡椒

將胡椒和水放入鍋中，加熱煮滾。小火慢煮4到5分鐘。離開火源，靜置10分鐘。如果想要的話，飲用時可以加一點蜂蜜。如果要改善味道，可以在離開火源後，放入一個紅茶包。不過一旦達到你想要的濃度，就請記得把茶包取出。如果你正感冒，也可以在煮胡椒的時候，放入一些新鮮的薑或薑粉一起熬煮。

黑胡椒熱敷包 *Black Pepper Compress*

按照以上方式，煮一份雙倍濃的**黑胡椒茶**。在茶還熱燙的時候，浸入一塊乾淨的棉布，以你能承受的最高溫度，將布料敷在患部（小心別燙到自己）。蓋上一塊溫暖的毛巾，敷30分鐘左右。當布料溫度降下來，就再一次浸入熱茶，重新敷在身上。每天敷1到2次。

黑胡椒牛奶 *Black Pepper Milk*

250㎖（1杯）·············· 牛奶（豆漿或杏仁奶也可以）
1撮·············· 新鮮現磨的黑胡椒
1撮·············· 薑黃粉

在牛奶中放入薑黃與黑胡椒，用小火加熱，小心不可煮滾。這是阿育吠陀療法中，用來治療咳嗽與感冒的療方。

火之醋 *Fire Cider*

1 小匙	黑胡椒粒
5 瓣	大蒜（剝皮切塊）
2 顆	檸檬（取果皮和果汁備用）
1 顆	小洋蔥（去皮切塊）
3cm	薑（削皮後磨成泥）
1 大匙	薑黃粉
1 大匙	辣根泥（horseradish）
$1/_2$ 個	墨西哥辣椒（jalapeno chilli pepper，去籽切塊）
1 支	新鮮的迷迭香枝

蘋果醋

將所有材料放入玻璃罐中，注入蘋果醋，直到蓋過所有材料。蓋上蓋子，放在陰涼無光照的地方，持續 4 週，期間每天搖晃一下。濾出醋液——這就是你的火之醋——另外裝進消毒過的玻璃瓶中。放入冰箱保存。冬季時節，每天喝 1 小匙，就能幫助預防咳嗽與感冒。如果你喜歡的話，也可以將醋加入一杯溫水中，再加 1 小匙蜂蜜調勻服用。火之醋也可以塗擦在身上，它能為肌肉加溫，改善肌肉疼痛或風濕的情況。

黑胡椒臉部去角質霜
Black Pepper Exfoliating Facial Scrub

$1/_2$ 小匙	新鮮現磨的黑胡椒
1 大匙	優格（大豆優格也沒問題）

將材料混和在一起，輕柔地以畫圓的方式，按摩臉部肌膚 2 到 3 分鐘。小心避開敏感的眼周部位。用微溫的水將去角質霜洗淨，再潑上冷水幫助毛孔閉合。接著按正常程序保養。一週最多使用一次，請不要超過這樣的頻率，因為肌膚有可能受到刺激。

藏茴香 *Caraway*

Carum carvi

掌管行星：太陽／水星。

代表元素：風元素。

相關神靈：所有和太陽有關的女神，以及基督教聖
人——聖凱瑟琳（Saint Catherine）。

魔法屬性：忠誠、愛情、記憶、保護、留存。

　　打從石器時代起，人類就懂得使用藏茴香。人們曾在石器時代留存下來的食物
遺跡中，發現部分的藏茴香籽。聖經也曾多次提及藏茴香，雖然這是翻譯上的錯誤，
但目前許多人所知所用的聖經版本，都還是寫著藏茴香（而不是小茴香）的版本。

　　在英國，藏茴香和播種與收成的循環有關。**藏茴香蛋糕**是英國農家在小麥播種
之時[31]，以及同年收成當日的晚餐時分，會和農人共同享用的傳統糕點。藏茴香還能
製成一種叫做**卡特恩蛋糕**的特殊蛋糕，人們會在每年 11 月 25 日的聖凱瑟琳節（Saint
Catherine's Day），享用這個蛋糕。在英國西南部的薩莫塞特郡（Somerset），農家會製
作一種特別的卡特恩派，它的形狀有如凱瑟琳輪（Catherine wheel，一種車輪狀的煙
火），派裡面放的是肉餡、蜂蜜和香料，佐以用熱啤酒、蘭姆酒和雞蛋製成的「熱壺
飲」（hot pot）。凱瑟琳很可能是早期古代女神在基督教中的化身，她的肖像總伴著車
輪，就像許多和太陽、命運、時光與季節相關的神祇一樣。在古代，用稻草包裹車
輪，點燃後滾下山丘，是人們慶祝太陽與季節變化的方式。你可以在春分與秋分時
節，或者當你要開啟新的計畫、當計畫即將驗收成果時，把藏茴香加入食物、飲料
和焚香粉當中使用。

　　人們也相信藏茴香籽有留存（retention）的作用——只要在物品中放入藏茴香
籽，就不會被偷走或遺失。於是，人們將藏茴香麵糰餵食給雞、白鴿與信鴿，這麼

一來，牠們就不會迷途或走失。[32]事實上，鳥類確實很喜歡這樣的食物，也因此會更願意停留於此；直到現在，人們有時仍會這麼餵食家鴿。你可以用**藏茴香茶**或**藏茴香浸泡油**，塗在任何你害怕遺失的物品或工具上；這麼做可以將物品和你牢牢地綁定在一起。當你想增強團體成員的凝聚力，可以用**藏茴香蛋糕**作為儀式時共同享用的糕點。

藏茴香強大的留存效用，也被延伸到伴侶和愛人身上。民間流傳著這樣的說法：只要用藏茴香製成蛋糕或愛情藥水，就能讓伴侶忠貞不出軌；在三心二意的先生口袋裡放入幾個藏茴香籽，就能防止他受到誘惑。婚禮時，賓客會向新人拋灑藏茴香籽，確保新郎與新娘彼此忠誠。直到今日，女巫仍會在訂婚儀式上，用藏茴香幫助新人永保忠誠，不僅用來製作聖酒，也做成蛋糕享用。新人的婚戒可能被**藏茴香浸泡油**或焚香粉添上神聖的能量，新人也可能有**藏茴香蛋糕**可以享用。但請注意，這蛋糕只有新人可以吃，其他人可不許碰喔！

不過，由於藏茴香有強大的留存力量，因此，將它送走是不吉利的做法。古諺有云：「送我藏茴香麵包，你就只能等著哭。」[33] 絕對不可以把藏茴香獻給仙子們，或許是因為，這麼一來，祂們就得和你牢牢綁在一塊兒。在德國樹林間織造苔蘚的苔蘚仙子（The moss people），尤其最怕這樣的事。祂們有時會出手幫人一把，但要是人們粗心地用藏茴香麵包作為回贈的禮物，祂們可會尖叫出聲：「藏茴香麵包，我們死定了！」[34]

31. 葛利夫（Grieve），《當代藥草大全》（*A Modern Herbal*）。

32. 同上。

33. Cora Linn Daniels and C. M. Stevans, eds., *Encyclopædia of Superstitions, Folklore, and the Occult Sciences of the World*, volume I (University Press of the Pacific, 2003).

34. Jacob Grimm, *Deutsche Mythologie* (Wiesbaden, 2007).

人們也相信，藏茴香籽具有保護的作用。在德國，家長會在孩子床底放一盤藏茴香籽，這麼做可以去除病厄，也防止女巫或仙子靠近。據說，女巫自己也會在身上攜帶藏茴香籽，以免受到絞刑而死；在所愛之人的棺材灑上藏茴香籽，能防止死者的靈魂被惡魔偷盜。若想運用藏茴香的保護功效，可以用**藏茴香茶**清理進行儀式的空間或住家；也可以用**藏茴香浸泡油**或**藏茴香茶**封印住家門窗；或者可以用藏茴香製成護身焚香粉。將藏茴香籽用白色織線縫入白色的小袋子裡，放在孩子的搖籃或床墊下方，可以為孩子祛除病害、消災解厄。大人或小孩也都可以將這樣的香包帶在身上，作為防身之用。

藏茴香是水星掌管的藥草，因此和思維、記憶與溝通有關。將藏茴香調入對應水星的焚香粉，或用在與溝通、傳遞訊息與學習有關的魔法及儀式中。把藏茴香籽裝進黃色的小布袋裡，可以增強記憶力。

料理用途

在莎士比亞的《亨利四世》（*Henry IV*）裡，謝婁（Squire Shallow）曾邀請法斯塔夫爵士（Falstaff）享用「蘋果點心與一盤藏茴香」，在英國，藏茴香和蘋果同食，至今仍是一種風俗習慣。現在，在三一大學（Trinity College）和劍橋大學，烤蘋果仍然會佐一小盤藏茴香一起上桌。芬芳的藏茴香籽帶有微微的洋茴香／甘草氣味，因此經常會加進黑麥麵包、小餅乾與蛋糕、起司、湯品、咖哩、印度豆泥（dahl）、印度香飯（biriyani）、德國酸菜（sauerkraut）、鵝肝醬和甜點當中。在商業使用上，藏茴香可以用來為烈酒調味，例如茴香甜烈酒（kummel）、阿夸維特（aquavit）與多種餐後蒸餾酒（schnapps）。藏茴香的葉片也可以用來燉湯、燉菜，藏茴香根則可以在水煮後，像歐防風或紅蘿蔔一樣用在料理中。使用藏茴香籽時，請務必購買完整的種籽，每次使用時新鮮現磨。

請注意，有一種在英文裡叫做黑色藏茴香（black caraway）的種子，和藏茴香是完全不同的植物，那是黑種草（*Nigella sativa* L.），不應與藏茴香（*Carum carvi*）混淆。

美容保養用途

　　藏茴香籽含有抗氧化成分，能保護肌膚和秀髮。你可以將一些藏茴香籽磨碎，混入蜂蜜作為面膜，輕輕用手按摩之後，用溫水洗淨。接著按日常方式保養肌膚。你也可以用這個面膜來保養頭髮。塗上靜置30分鐘後，用洗髮精洗淨。

治療用途

作用：防脹氣、消炎、抗微生物、抗氧化、抗痙攣、散發芬芳、消脹氣、幫助消化、調節免疫、解痙攣、激勵。

　　藏茴香和蒔蘿、茴香與洋茴香有親緣關係，也因此有許多相同的藥用特質。這些藥草都有抗痙攣、消脹氣和幫助消化的功用，可以促進排氣、改善脹氣和消化不良等情況。世界上有許多國家，至今仍會在餐後附上一盤藏茴香籽，以達到幫助消化、清新口氣的效果。都鐸王朝的伊莉莎白一世女王，就曾在出現脹氣問題時，得到以下處方：「薑、肉桂和高良薑各1盎司；洋茴香籽、藏茴香籽、茴香籽各半盎司；肉豆蔻皮與肉豆蔻各取少量；以上材料混和搗碎，再加入1磅白糖。在食用肉類前後，或隨時服用這個藥粉。它能去到胃部，幫助消化，大大改善脹氣問題。」[35]要改善消化問題，也可以直接嚼食生的藏茴香籽，或是服用**藏茴香茶**。

　　傳統上，人們用藏茴香來治療嬰兒的腸絞痛，直到今日，藏茴香仍然被用來為兒童藥物調味。在美國，孩子如在教會打嗝，會得到藏茴香、茴香和蒔蘿嚼食。這三個種子，也可以統稱為三合種子（three meetin' seeds）。

---

35. 引用自珍妮・萊爾（Jane Lyle），《女性智慧記遺》（*A Miscellany of Women's Wisdom*）（Running Press, 1993）。

藏茴香也很適合用來治療感冒與胸腔阻塞，其中含有溫和的抗組織胺與抗微生物成分，能讓久咳不停的肌肉放鬆下來。喝一杯**藏茴香茶**，一天 3 次，來減輕症狀。或者，也可以用雙倍濃的**藏茴香茶**當作漱口水，緩解喉嚨發炎的情況。

藏茴香對於皮膚刺激、膿腫和紅疹也有很好的效果。用**藏茴香茶**輕輕清洗患部，或者將藏茴香籽磨碎混入溫水中，作為敷料使用。這樣的敷料也可以改善瘀傷。

請注意：對大部分人來說，以一般料理攝取的量服用藏茴香是安全的，按藥用方式服用，只要不超過 8 週，對大部分人來說也安全無虞。然而保險起見，孕婦和正在哺乳的母親，應避免以藥用的方式服用。藏茴香也會微微降低血糖，所以糖尿病患者需要仔細觀察血糖濃度。藏茴香還會增加鐵質吸收，因此，血鐵沉積症患者需要避免使用。

配方

藏茴香茶 *Caraway Tea*

1小匙	稍微磨碎的藏茴香籽
250㎖（1杯）	滾水

將滾水注入藏茴香籽，浸泡15分鐘。濾出茶液，每次服用1杯，每天至多3次。

藏茴香蛋糕 *Caraway Seed Cake*

110g（¹/₂杯）	奶油
170g（³/₄杯）	細砂糖
3顆	蛋
2大匙	冷的牛奶
225g（1³/₄杯）	中筋麵粉
1小匙	泡打粉
50g（6大匙）	杏仁粒
1小匙	藏茴香籽

將奶油和砂糖打發。另外將蛋和牛奶打勻，徐徐加入打發的奶油中。拌入麵粉和泡打粉，最後加入杏仁粒與藏茴香籽。在吐司模中鋪上烤盤紙，以160°C（325°F／燃氣烤箱第3檔）的溫度烘烤1小時。

藏茴香浸泡油 *Caraway Infused Oil*

藏茴香籽
植物油

用杵臼將乾的藏茴香籽搗碎，但不要磨成粉。放進玻璃罐裡，注入足以蓋過的油。放在有日光照射的窗邊，持續3週。3週當中，每天拿起來搖晃一下。濾出油液，另外裝進消毒過的瓶子中。放在陰涼處保存。

卡特恩蛋糕 *Cattern Cakes*

250g（2杯）	自發麵粉
¼小匙	磨碎的肉桂粉
60g（1杯）	黑醋栗果乾
60g（6½大匙）	杏仁粒
2小匙	藏茴香籽
170g（¾杯）	細砂糖
110g（½杯）	奶油（融化成液態）
1顆	中等大小的蛋（打成蛋液）
適量	牛奶（塗刷在表面）

將麵粉、肉桂、黑醋栗果乾、杏仁粒、藏茴香籽和糖放入一個大碗中。加入融化成液態的奶油和蛋液，混和均勻。在工作檯上灑上麵粉，將麵團鋪平，大約呈 30×25公分大。刷上牛奶，然後額外撒上一些糖與肉桂。將麵團捲起，就像瑞士捲一樣，然後切成大約 2 公分寬的麵糰片。在烤盤上塗好油，然後放上面糰，以 200°C（400°F／燃氣烤箱第 6 檔）的溫度，烘烤 10 至 12 分鐘，或直到麵團表面呈金黃色。

消脹茶 *Anti-bloating Tea*

15g（2¹/₂ 大匙）⋯⋯⋯⋯藏茴香籽
15g（2¹/₂ 大匙）⋯⋯⋯⋯茴香籽
15g（2¹/₂ 大匙）⋯⋯⋯⋯洋茴香

用杵臼將種子壓碎。壓碎過的種子可以放在密封罐中保存備用。每次使用時，取 2
小匙放入茶壺中，注入 250ml（1 杯）滾水，浸泡 10 分鐘。用篩網濾出茶液，便可以
飲用。如果飯後容易出現飽脹感，可以在餐後飲用。

魔法焚香粉：保護 *Protection Incense*

¹/₂ 份⋯⋯⋯⋯⋯⋯藏茴香籽
¹/₂ 份⋯⋯⋯⋯⋯⋯乾燥的羅勒
¹/₄ 份⋯⋯⋯⋯⋯⋯黑胡椒粉
¹/₂ 份⋯⋯⋯⋯⋯⋯壓碎的肉桂棒
¹/₄ 份⋯⋯⋯⋯⋯⋯磨碎的丁香
¹/₄ 份⋯⋯⋯⋯⋯⋯乾薑粉
¹/₂ 份⋯⋯⋯⋯⋯⋯乾燥的迷迭香
¹/₂ 份⋯⋯⋯⋯⋯⋯乾燥的百里香

將材料混和在一起，放在碳片上燃燒。如果你手邊有乳香，也願意加入乳香，可以
另外放入 4 份的乳香。這麼做可以讓香粉燃燒更完全，香氣也更盛。不過並不是一
定要添加乳香，沒有添加乳香也不會影響焚香粉的魔法效果。

荳蔻 *Cardamom*

Elettaria spp.（原生於印度和馬來西亞）
Amomum spp.（原生於亞洲和澳洲）

掌管行星：金星

代表元素：水元素

相關神靈：海地巫毒教愛神──爾茲麗（Erzulie）、希臘
黑月女神──黑卡蒂（Hecate）、希臘神話魔女──美蒂亞
（Medea）、希臘愛與美的女神──維納斯（Venus）與阿芙蘿
狄忒（Aphrodite）、希臘美惠三女神（Three Graces）。

魔法屬性：情慾、愛、和諧、平衡、優雅、吸引力。

　　荳蔻是代表金星的一種陰性藥草，它與和諧、美麗、平衡、愛、渴望、感官
和歡愉的能量有關。在阿拉伯文化中，荳蔻是具代表性的催情劑，也因此在《一千
零一夜》（*The Arabian Nights*）中被多次提及。它是許多愛情靈藥和求歡藥劑的主要
成分，這也是荳蔻在魔法中的主要用法。在身上塗抹**荳蔻浸泡油**，或把荳蔻籽放進
香囊、香包中配戴，不僅能吸引愛情，也能讓你更被人渴望。可以用壓碎的荳蔻籽
做戀愛薰香、愛情魔法和各種招桃花的儀式，也可以把壓碎的荳蔻籽加進熱紅酒或
蜂蜜酒中刺激情慾，或是飲用**蜂蜜荳蔻酒**。在浪漫的夜晚，用荳蔻為床褥增添香氣
──把壓碎的荳蔻種子放入香袋，然後放進床單或被單中。

　　荳蔻也是友誼之草，是適合共享之物，也是和諧與優雅的象徵。畢竟，希臘
愛神阿芙蘿狄忒的侍女美惠三女神──塔麗雅（喜悅）、優芙蘿辛（歡笑）和阿格麗
雅（光彩）──她們是詩人與藝術家的靈感，為眾神與男性帶來歡樂、魅力和美麗。
她們主持所有宴會、舞會和歡樂的社交活動。如果你想將眾女神的優雅帶入你的生
命，吸引所願，並讓自己散發吸引力，可以在滿月時分，點燃三個塗上**荳蔻油**的白
色蠟燭，來榮耀這三位女神。畢竟少了愛、友誼、樂趣、優雅、美麗和藝術，一切
努力又有何意義？

12 月 13 日是瑞典的「小冬至」（Little Yule）。雖然冬至是一年中最短的一天，卻不是日落時間最早的一天。一年中日落最早的日子，就是小冬至這一天。[36]它也被稱為聖露西節或露西亞節。女巫在這一天的力量尤其強大，歐洲許多地區，把這一天視為神祕又危險的一天。過去，在小冬至那一天，家家戶戶會打掃自己的房子，完成脫穀、紡紗和編織的工作，並製作蠟燭。現在瑞典人度過這個節日的方式，是由家中最小的女兒在日出前起身，換上一身白裙、戴上點了九個蠟燭的皇冠，準備咖啡和一種加了荳蔻與番紅花的蛋糕（名為**露西貓**），迎接家人起床。據稱，這個蛋糕代表聖露西成功征服的惡魔之貓。無論聖露西／露西亞是否真有其人，這個聖人的神話，似乎是來自當地的異教神祇，也因此在不同區域有不同的解讀方式。聖露西很可能是從羅馬女神茱諾盧西娜（Juno Lucina）或露西堤雅（Lucetia）流傳下來的人物，這位羅馬神是光的母親，她手持托盤與油燈，為世界帶來光、啟蒙和視野。不過，在斯堪地那維亞一帶，聖露西又似乎有女神弗雷雅（Freya）的特質，和貓有些關聯。弗雷雅專屬的季節就是耶誕，她會在那一天分給財物。傳統露西貓蛋糕的形狀，是兩端向內交叉，成為太陽輪的形狀。

料理用途

荳蔻有兩個品種，綠色或白色的 Elettaria 生長在印度，而黑色或深棕色的 Amomum 則長在中國。荳蔻的香料用法非常多元。你可以買到事先磨成粉的荳蔻粉，但使用豆蔻的最佳方式，是購買整顆荳蔻莢，在需要時取出其中細小的黑色荳蔻籽，直接磨碎使用。

芬芳的綠色荳蔻是印度料理的調味香料，可以加入肉類和蔬菜料理、麵包、醃菜、酸辣醬、甜點和飲料中。俄國、瑞典、挪威和德國某些地區，也經常用荳蔻來製作蛋糕或飲料。

---

36. 安娜・富蘭克林（Anna Franklin），《冬至的歷史、傳說與慶典》（*Yule, History, Lore and Celebration*）（Lear Books, 2010）。

黑荳蔻有強烈飽滿的煙熏風味，經常用來製作鹹口味的中國料理，但從不用在甜點中。

荳蔻咖啡是阿拉伯文化常見的飲料。可以將磨碎的荳蔻籽混入咖啡粉中沖煮，或是直接將荳蔻莢浸入咖啡當中。

美容保養用途

荳蔻有香甜的芬芳，是調製香水經常用到的材料。不過，居家使用主要藉助它抗微生物、消炎和抗真菌的作用，來刺激頭髮生長、改善頭皮屑、防止頭皮乾燥並安撫頭皮發炎。用**荳蔻浸泡油**按摩頭皮與頭髮（別沖掉），接著蓋上溫熱的毛巾，包覆30到60分鐘。完成後按正常程序洗髮、潤絲。

治療用途

作用：抗微生物、消炎、抗真菌、抗氧化、健胃、止痛、消脹氣、祛痰。

古時候，荳蔻是如此珍貴，也因此被大量地用來治療病痛。它是傳奇萬靈藥（Mithridate）的成分之一，據說，這是本都國國王密特里達提六世（King Mithridates VI of Pontus，西元前134至63年）獨創的防毒藥劑。後來應是羅馬將軍龐培（Pompey）尋獲此一配方，並將它帶回羅馬。萬靈藥這半神話的地位（當然，還有其中的60多種昂貴成分），使得它成為中世紀和文藝復興時期最為人追捧的藥劑，據說太陽底下什麼病都能被它治除。

好啦，或許沒這麼誇張，但在古印度阿育吠陀療法中，荳蔻的健胃功能還真是歷久不衰、無人能及。無論直接咀嚼荳蔻，或是將它加在料理中，都能促進胃部消化。長久以來，人們都用荳蔻來改善消化問題，包括消化不良、腸躁症或便祕。

飲用**荳蔻茶**可以帶來溫和的止痛效果，尤其適合輕度的肌肉疼痛和痙攣。可以用**荳蔻浸泡油**輕輕按摩關節炎或風濕症的發作區域。雙倍的**荳蔻濃茶**可以外用，作為沖洗劑處理各種皮膚問題。塗擦**荳蔻浸泡油**也可以用來改善皮膚炎與真菌感染。

　　雙倍的**荳蔻濃茶**可以用來漱口以改善口臭，或者也可以直接咀嚼荳蔻莢。荳蔻精油的主要成分是桉油醇，這是一種強大的抗菌劑，可以消除導致口臭和其他感染的細菌。

　　如有口腔潰瘍或受喉嚨痛所苦，可以考慮用雙倍的**荳蔻濃茶**漱口，或許也會帶來幫助。

請注意：對大部分人來說，按加入料理的量服用荳蔻是安全的，但小心起見，如果妳正懷孕或在哺乳中，請避免大量食用荳蔻。膽結石患者請注意少量服用，因為大量的荳蔻可能引發膽絞痛。

RECIPES

配方

荳蔻茶 *Cardamom Tea*

1小匙⋯⋯⋯⋯⋯⋯⋯⋯壓碎的荳蔻籽
250㎖（1杯）⋯⋯⋯⋯⋯⋯清水

取一小鍋將水煮滾，加入輕輕壓碎的荳蔻籽。將火轉小，慢慢滾煮 15 至 20 分鐘。離開火源，濾出茶汁並倒入杯中。想要的話，可以調入 1 小匙的蜂蜜。

荳蔻咖啡 *Cardamom Coffee*

250㎖（1杯）　⋯⋯⋯⋯⋯清水
1大匙⋯⋯⋯⋯⋯⋯⋯⋯⋯細磨咖啡粉
1顆⋯⋯⋯⋯⋯⋯⋯⋯⋯⋯壓碎的荳蔻莢

取一小鍋將水煮滾。離開火源，放入咖啡和荳蔻。放回爐上重新開火，加熱煮滾。一旦冒出泡沫，就離開火源。然後再一次放回爐上加熱煮滾，濾出汁液，倒入杯中。

蜂蜜荳蔻酒 *Honeyed Cardamom Wine*

500㎖（2杯）⋯⋯⋯⋯⋯紅酒
500㎖（2杯）⋯⋯⋯⋯⋯微溫的水
4大匙⋯⋯⋯⋯⋯⋯⋯微溫的蜂蜜
1根⋯⋯⋯⋯⋯⋯⋯⋯肉桂棒
1/4 小匙⋯⋯⋯⋯⋯⋯荳蔻籽（只使用豆莢中的黑籽，並且稍微壓碎）

將酒、水和蜂蜜放入鍋中，加入香料。蓋上蓋子，靜置於陰涼處，24 小時之後就可以濾出汁液享用了！

荳蔻油 *Cardamom Infused Oil*

1大匙⋯⋯⋯⋯⋯⋯⋯稍微壓碎的荳蔻籽
500㎖（2杯）⋯⋯⋯⋯⋯植物油

在隔水加熱鍋中放進荳蔻籽，然後加入植物油。蓋上蓋子，用非常小的小火熬煮 2 小時。關火，放涼後才濾出汁液。

魔法焚香粉：催情 *Aphrodisiac Incense*

1/2 份⋯⋯⋯⋯⋯⋯⋯壓碎的荳蔻籽
1/2 份⋯⋯⋯⋯⋯⋯⋯肉桂粉
1/4 份⋯⋯⋯⋯⋯⋯⋯壓碎的丁香
1/2 份⋯⋯⋯⋯⋯⋯⋯壓碎的芫荽籽
1/4 份⋯⋯⋯⋯⋯⋯⋯薑粉
3份⋯⋯⋯⋯⋯⋯⋯⋯乳香塊
幾滴⋯⋯⋯⋯⋯⋯⋯肉桂精油（選擇性添加）

將以上材料混合在一起，在碳片上焚燒。

露西貓糕 *Lucy Cats*

400ℓ（1 ³/₄ 杯）·················全脂牛奶

¹/₂ 小匙·················番紅花

25g（2 大匙）·················乾酵母

150g（²/₄ 杯）·················細砂糖（caster sugar）

200g（³/₄ 杯加 2 大匙）·················純優格

1 個·················蛋（打散為蛋液）

1 小匙·················鹽

175g（³/₄ 杯）·················奶油

800g（6 ¹/₂ 杯）·················麵粉

葡萄乾

塗在表面的蛋液

將牛奶稍微加熱後，放入番紅花，靜置浸泡 10 分鐘。撒入酵母，再加入 1 小匙的糖，蓋上蓋子，放在溫暖的地方讓酵母的活性啟動（當酵母開始起泡，就是出現活性了）。這時，拌入剩下的糖，再加入優格、蛋與鹽。將放軟的奶油和麵粉也加入，拌揉 10 分鐘。將麵團放在溫暖的地方，上頭覆蓋住，靜置到成為兩倍大（可能需要半小時的時間）。將麵團移到撒了麵粉的檯面上，再次揉捏，分成 25 至 30 等分。用手將麵團滾成像「熱狗」一樣的長條形。以 S 形放在塗了油的烘焙紙上，在兩個彎處各放上一顆葡萄乾。再一次放在溫暖的地方發酵約 30 分鐘。麵團表面塗上蛋液，以 200°C（400°F／燃氣烤箱第 6 檔）烘烤 10 至 12 分鐘，或直到表面金黃。

辣椒 *Chilli / Cayenne*

Capsicum annuum var. annuum/
Capsicum frutescens

掌管行星：火星。

代表元素：火元素。

相關神靈：印加神——烏丘（Uchu）、印度不幸女神——
阿拉克希米（Alakshmi）。

魔法屬性：薩滿幻遊（Shamanic travel）、破除魔法、保護、
愛情、情慾。

　　由於黑胡椒價格居高不下，航海家哥倫布為了尋找更便宜的來源，便揚帆啟航
探尋新航線。哥倫布登上新大陸後，沒有遇見黑胡椒，卻找到和黑胡椒一樣珍貴的
商品：辣椒。於是，哥倫布將這些辣椒命名為 pimiento（「紅椒」的意思）。這個名稱
直到現在都令人混淆，因為辣椒和紅椒是完全不同的植物：辣椒來自茄科，是馬鈴
薯和番茄的親緣植物。讓人混淆的還不只這一件，因為辣椒在英文裡還有各種不同
的名稱，包括 chile, chili, cayenne, paprika 和 pimento，都是辣椒的意思。

　　辣椒是本書中唯一一種來自新大陸的廚房香料。印加文化裡，人們將辣椒稱為
烏丘（Uchu），並且當作神明來敬拜。烏丘是印加創始神話故事裡的四兄弟之一，也
是首位印加國王的兄弟。西班牙編年史學家胡安・德・貝坦索斯（Juan de Betanzos）在
他的重要著作《印加記敘》（*Suma y narración de los Incas*，"Narrative of the Incas"）中，
就曾提到這四兄弟的故事：烏丘、曼科（Manco）、卡奇（Cachi）與奧卡（Auca）和四
個姊妹（後來成為四兄弟的妻子）共同住在一個叫做「黎明之倉」（Storehouse of
Dawn）的山洞裡。山洞裡有三扇窗，一個能望向天界、一個望向地底，另一個則望
向人間。八位兄弟姊妹為了尋找合適的居住地而離開山洞。阿亞爾・卡奇（「鹽」的
意思）力大無窮，能摧毀高山，因此其他手足將他送回山洞封埋起來。其他手足接

著穿越安地斯山脈（Andes），於所到之處播下種子。當他們去到奎爾曼塔山（Quirir-Manta）的山腳處，阿亞爾·烏丘（「辣椒」的意思）[37]便成了山頂上的一座岩石神龕，至今，印加地區的年輕人仍會在此舉行成年禮。這兩位兄弟——鹽與辣椒——似乎代表著兩個相對的薩滿世界，一個和洞穴及大地有關，另一個則與山脈與天空連結。

辣椒在薩滿幻遊（Shamanic travel）的儀式裡，扮演著至關重要的角色。前哥倫布時期的巴拿馬部落人民，會用辣椒加上可可與其他植物，幫助自己進入迷幻出神的境界，去到天上或地底，代表人類去與神靈溝通協商。[38]亞馬遜地區的人們會在迷幻藥中加入辣椒，薩滿用它來進行療癒儀式或預見未知。阿茲提克人熱愛飲用一種叫做奇洛特（chilote）的飲料，這是一種用龍舌蘭糖漿、辣椒和香草發酵釀製的烈酒，也是現在製作龍舌蘭酒（tequila）和梅茲卡爾酒（mezcal）的基本材料。

在中南美洲，辣椒是破除魔法、進行防身保護儀式與驅逐惡靈會用到的傳統材料。人們相信，將辣椒灑在住家各處，可以驅走兇惡的惡魔與吸血鬼，而焚燃辣椒、大蒜與其他辛辣的香料，則可透過輕煙，為家裡達到淨化的效果。在拉丁美洲國家，辣椒也是大受歡迎的破除魔法工具，能幫助人們避開惡魔之眼，或在受到影響後得到治癒。因此，人們會在住家掛上辣椒串，或作為防身項鍊戴在脖子上。[39]在廚房掛上一串乾辣椒，就是一種防護的魔法；也可以在前門掛上用辣椒與乾檸檬片製成的花環。在焚香粉中加入辣椒粉，可以帶來保護與放逐的作用。

辣椒也一直有催情的美譽，人們認為它熱辣的特質，能點燃熱情之火。阿茲提克人經常把辣椒和可可與香草等催情植物加在一起使用。和你的情人一起喝點**辣椒可可**或**辣椒伏特加**吧！

在獻給火星與火的焚香粉中加入辣椒粉，能增加焚香的效力。

料理用途

中美洲有許多鄉村都是以當地種植的辣椒為名，並且以特殊的慶典來歡慶這些辣椒作物。光是甜椒與辣椒，就有數百種不同品種，各自有不同的形狀、顏色、大小和辣度。大部分的辣椒品種都是來自植物分類學裡的辣椒種（*annuum*），不過，小米椒（*C. frutescens*）也很受人們歡迎。辣椒的辣度可以按「史高維爾辣度單位」（Scoville Heat Unit）來表示，其中，甜椒辣度為 0，卡宴辣椒（cayenne）辣度在 2,500 到 4,000，而哈瓦那椒（habaneros）則高達 300,000！

新鮮的生辣椒可以用來煮湯、燉菜，製作咖哩、辣味料理、辣味飲料、醬料、酸辣醬，也可以醃製小菜。辣椒粉（chillie powder）和卡宴辣椒粉，都是用辣椒植物結出的果實研磨成粉。辣椒粉通常是多種辣椒的組合，可以和肉類與蔬菜料理、義大利麵和蛋共同享用。

治療用途

作用：消炎、止痛、利尿、健胃、抗心絞痛、抗氧化、麻醉、抗生物、催涎。

辣椒能刺激唾液分泌，對於消化系統的運作和預防口臭，扮演著重要的角色。可以用**辣椒漱口水**來幫助上述問題。

辣椒熱辣的口感，是來自其中的辣椒素（capsaicin）。辣椒素是天然的止痛劑，能消除負責把痛感傳遞到腦部的 P 物質（substance P，一種神經傳導物質）。在疼痛的患部塗用辣椒，對於容易疼痛的骨性關節炎、類風溼性關節炎和纖維肌痛症，以及

---

37. http://cuzcoeats.com/the-myth-of-inca-origins-and-food，擷取日期：2017 年 10 月 18 日。
38. http://www.chileplanet.eu/Origin-story.html，擷取日期：2017 年 10 月 18 日。
39. 同上。

帶狀疱疹、糖尿病周邊神經病變、滑囊炎，和肌肉疼痛、背痛，都能帶來很好的效果。只要在患部塗抹**辣椒浸泡油**或**辣椒油膏**，就可以舒緩症狀。

　　罹患感冒或流感時，可以透過吃辣椒或飲用**辣椒茶**，幫助化解並排出痰液。辣椒也富含維生素 C，可以幫助免疫系統抵抗感染。喉嚨痛、喉嚨發炎時，可以吃一些**辣椒蜜**，或使用**辣椒漱口水**來改善症狀。吃辣可以增進血流，疏通鼻竇的黏液，因此能改善造成竇性頭痛的鼻塞。

請注意：大部分成人都可以安全塗用含有辣椒的乳液和乳霜。不過，這些產品依然可能帶來皮膚刺激、發燙和發癢等副作用。辣椒對眼睛、鼻子與喉嚨格外刺激，因此絕對不可以用在眼周、黏膜，以及敏感或受損的肌膚上。不可以用於孩童。服用辣椒對大部分人來說都是安全的，但非常辣的辣椒，則可能造成胃部刺激、不舒服，以及流汗、臉紅、流鼻水。長期大量服用辣椒，可能造成嚴重的副作用。哺乳中的母親請不要使用辣椒，安全起見，懷孕的婦女也不可食用高於一般料理用的量。如要接受手術，術前至少兩週請避免使用辣椒。如正服用阿斯匹靈等抗凝血藥物，也必須多加注意，因為辣椒可能增強藥物的作用。如正服用茶鹼，請避免使用辣椒。

配方

辣椒蜜 *Chilli Honey*

2小匙	檸檬汁
1大匙	蜂蜜
1撮	辣椒粉

將材料混和在一起，視需要服用滿滿1小匙。

辣椒可可 *Chilli Hot Chocolate*

750㎖（3杯）	牛奶
$^1/_2$	香草莢
1支	肉桂棒
1條	去籽的紅辣椒
2小匙	可可粉
130g（$^1/_2$杯）	磨碎的黑巧克力

將牛奶、香草莢、肉桂棒和辣椒放進小鍋中，用中火加熱至滾。離開火源，靜置10分鐘。濾出牛奶，注入乾淨的小鍋中，以中火加熱（注意不可加熱至滾），然後加入可可粉與巧克力，攪拌至順滑。如果想要的話，可以加上打發的鮮奶油享用。

辣椒漱口水 *Chilli Gargle*

125㎖（½杯）···················清水
1大匙························檸檬汁
1小匙························鹽
1撮·························辣椒粉

混和上述材料，當作緩和喉嚨痛的漱口水，一天使用數次。如遇喉嚨發炎，則用蜂蜜取代鹽。

辣椒浸泡油 *Chilli Infused Oil*

10–12根·····················新鮮辣椒
500㎖（2杯）···················植物油

將辣椒與植物油放進食物調理機或果汁機均勻打碎，然後放入玻璃罐中。放在陰涼處，靜置10天。用細密的棉布濾出油液，放進消毒過的玻璃罐中。完成的浸泡油可以直接塗在疼痛的關節，帶來止痛效果。塗抹後記得洗手，並且不可用在受損的肌膚或眼部周圍。

辣椒油膏 *Chilli Salve*

4根·························新鮮辣椒（切碎備用）
200㎖（¾杯）···················植物油
1大匙························蜂蠟

將辣椒與植物油放入隔水加熱鍋，用小火加熱50分鐘左右。取出辣椒，油液留在小鍋中。加入蜂蠟，攪拌到完全融化。注入溫暖且消毒過的玻璃罐中。辣椒油膏可以直接塗在疼痛的關節處。不可塗擦在受損的肌膚上。塗抹後記得洗手，並注意不可觸碰到眼部周圍。

辣椒茶 *Chilli Tea*

1 小匙·····················磨碎的乾辣椒粉
250㎖（1 杯）·············清水

用滾水沖煮辣椒粉，浸泡 10 分鐘後飲用。

魔法焚香粉：放逐 *Banishing Incense*

$^1/_2$ 份·····················乾燥的羅勒
$^1/_4$ 份·····················磨碎的黑胡椒
$^1/_4$ 份·····················辣椒粉
$^1/_2$ 份·····················磨碎的丁香
$^1/_4$ 份·····················磨碎的蒔蘿籽
$^1/_2$ 份·····················大蒜粉或大蒜鹽
$^1/_2$ 份·····················切碎的檸檬皮

將材料混和在一起，放在碳片上燃燒。如果你手邊有乳香，也可以另外放入 4 份乳香。但這並非必要，沒有添加乳香不會影響焚香粉的魔法效果。

辣椒伏特加 *Chilli Vodka*

4 根·····················辣椒
500㎖（2 杯）·············伏特加

在辣椒上戳些孔洞，放進瓶中，注入伏特加。靜置浸泡 2 週，而後濾出酒液，另外裝進乾淨的瓶子保存。

肉桂 *Cinnamon*

Cinnamonum verum syn.
Cinnamonum zeylanicum

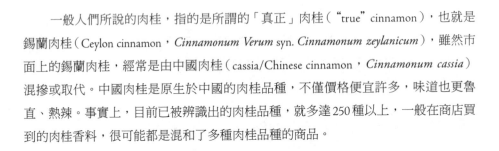

掌管行星：太陽。

代表元素：火元素。

相關神靈：希臘太陽神——赫利俄斯（Helios）、埃及太陽神——拉（Ra）、希臘太陽神——阿波羅（Apollo）、希臘愛與美的女神——阿芙蘿狄忒（Aphrodite）與維納斯（Venus）、希臘酒神——戴歐尼修斯（Dionysus）、希臘醫神——阿斯克拉庇斯（Aesculapius）。

魔法屬性：暖身、注入活力、保護、療癒、再生、占卜、愛情、熱情。

　　一般人們所說的肉桂，指的是所謂的「真正」肉桂（"true" cinnamon），也就是錫蘭肉桂（Ceylon cinnamon，*Cinnamonum Verum* syn. *Cinnamonum zeylanicum*），雖然市面上的錫蘭肉桂，經常是由中國肉桂（cassia/Chinese cinnamon，*Cinnamonum cassia*）混摻或取代。中國肉桂是原生於中國的肉桂品種，不僅價格便宜許多，味道也更魯直、熱辣。事實上，目前已被辨識出的肉桂品種，就多達250種以上，一般在商店買到的肉桂香料，很可能都是混和了多種肉桂品種的商品。

　　古時候，人們認為肉桂是一種神祕的植物，有著奇幻的淵源。據古希臘哲學家泰奧弗拉圖（Theophrastus）所言，肉桂只生長在幽深的峽谷中，由致命毒蛇看守，因此膽敢深入取材的人都是冒著生命危險，必須善加保護手腳，才能免於失去性命。[40] 一旦採集到肉桂，會立刻分成三等分，其中一份留在當地做為獻給太陽的禮物，因為肉桂是太陽掌管的植物。而當太陽收下這份獻禮，肉桂便會自行燃燒起來。[41] 古希臘歷史學家希羅多德（Herodotus）曾經寫道，肉桂生長在曠野之神戴歐尼修斯（Dionysus）生長的土地，在那裡，大鳥用肉桂棒築巢。[42] 這些大鳥又稱為香料之鳥，

羅馬博物學家普林尼認為，牠們是鳳凰的一種。鳳凰是神話中的神鳥，和太陽有關，可以從自己被火葬燒燃的木堆灰燼中重生，因此象徵著新生、重生與再生。其他故事版本提到，鳳凰的火葬木堆是以茴香、肉桂和穗甘松堆成；也有故事提到，鳳凰不排糞便，只會排出蟲，而這些蟲，稍後便成了肉桂。

肉桂是太陽和火元素掌管的植物，顯然充滿了太陽的能量，也因此具有暖身、帶來活力、保護、療癒和幫助占卜的作用。肉桂可以用來製作焚香、魔法藥水、香包、香囊，也可以用於和上述目的有關的儀式與魔法中。神話故事裡，肉桂和鳳凰重生、太陽符號都有著密不可分的關係，也因此，肉桂本身就代表著太陽的重生。這也意味著，在聖誕時節使用肉桂，本身就帶著很好的含意：當我們將肉桂丟進儀式火堆裡，就表示舊的一切都被燒盡，而新的將會誕生。當你想結束一種循環或情境，讓一切重新開始的時候，也可以用這樣的儀式來協助你：做一個小型的火典，讓代表過去的象徵或標誌隨著肉桂棒一起燒掉，然後看著眼前的火燃起新生的火焰，象徵新的開始。

肉桂有著如此奇幻的傳說淵源，可想而知，在古代它可是身價不菲的商品。西元 1 世紀時，老普林尼就曾留下這樣的紀錄：一磅的肉桂，價格是銀的 15 倍。這也表示，當羅馬皇帝尼祿（Nero）在西元 65 年命人於全國上下蒐集一年內進口的肉桂數量，並在妻子波培亞‧塞賓娜（Poppaea Sabina）的葬火堆中全數燒盡，這在當時可是極度奢華的舉措。而這位皇帝之所以這麼做，是為了懺悔，因為尼祿在盛怒之下，朝皇后的肚子踢了一腳，卻沒想到皇后因此賠上性命。[43]

---

40. 泰奧弗拉圖（Theophrastus），《植物史》（*Enquiry into Plants*）。

41. 老普林尼（Pliny the Elder），《博物誌》（*The Natural History*）。

42. 希羅多德（Herodotus），《歷史》（*The History of Herodotus*）。

43. 布魯頓－席爾（Brunton-Seal）與席爾（Seal），《廚房之藥》（*Kitchen Medicine*），以及史瓦恩（Swahn），《香料知識大全》（*The Lore of Spices*）。

肉桂是人類史上最古老的芳香植物之一。肉桂是《舊約聖經》中，示巴女王（Queen of Sheba）獻給所羅門王（Solomon）的香料之一。早期，肉桂主要用於靈性用途，人們用肉桂製作膏油或焚香。在聖經中，耶和華曾命摩西用橄欖油製作聖油，所需的材料包括 500 份的沒藥和中國肉桂，加上一半分量的甜肉桂與菖蒲。這個聖油可以塗在聖殿、聖殿中的器物，以及牧師身上。[44]人們也曾在埃及的艾德芙神殿（Edfu）中找到一個可追溯至西元前 1500 年的配方，當中提到的材料 *kainamaa*，就是現在人們所說的肉桂。[45]傳自埃及的焚香粉**奇斐**（Kyphi）當中，也用到肉桂和中國肉桂等材料，從希臘化時代（Hellenistic）流傳至今。

現在，當代女巫焚燃肉桂的原因，基本上只有一個——肉桂和太陽的能量共振，因此能提升魔法的振動頻率，帶來平靜的能量。肉桂很適合用在療癒和占卜的儀式當中。在儀式前，飲用**肉桂茶**可以幫助調頻，讓腦袋淨空。

溫暖、辛辣的肉桂，也是代表愛情與熱情的藥草。《舊約聖經》中有好幾句經文，都提到肉桂動心誘情的特質。例如在〈箴言〉（Proverbs）中，就有這樣一段：「我用沒藥、沉香、桂皮薰了我的榻。你來，我們可以飽享愛情直到早晨。」[46]肉桂經常被當作催情劑使用。在英國，新婚的夫妻會得到一種牛奶甜酒（posset），在婚床享用。這個甜酒，便是以酒、糖、牛奶、蛋黃、肉桂和肉豆蔻製成，幫助新人徹夜盡歡。[47]想施作與性愛與譚崔的魔法，可以用**肉桂浸泡油**塗在身體上，透過太陽的能量激發男性的熱情。也可以用肉桂和其他的香草、香料共同製成新人的交杯酒，用在上述情境，或是作為大禮或訂婚儀式的聖酒。肉桂和**肉桂浸泡油**都可以用來施作愛情魔法，幫助人們吸引愛情、幸福與財富。

料理用途

肉桂可以為多種料理調味，從甜點、點心到飲料、焗烤與咖哩，都可以加入肉桂。肉桂粉可以用在蛋糕、餅乾、烤蘋果、卡士達醬，也可以做成肉桂吐司，當作小朋友的午後茶點：將肉桂粉混入奶油與糖，作為烤土司的抹醬。煮米飯的時候

放入一支肉桂棒，可以讓米增添奇妙的香氣。肉桂也很適合做成熱紅酒與潘趣調酒（punch）。放在深玻璃罐中的肉桂粉，可以保存大約一年，一年後效用會降低，應該換新使用。

美容保養用途

許多市售的專利美容保養品、洗髮精和香水中，都含有肉桂。這不僅是因為肉桂豐美的香氣，更是因為它本身具有諸多妙用。肉桂當中的抗氧化物和養分，能刺激毛髮生長、增進肌膚彈性、激勵膠原蛋白生成、幫助肌膚緊實。它有抗生物與抗微生物的效果，可以防止肌膚受到刺激，達到抗感染的效果。你可以將 1 小匙肉桂粉混入 1 大匙的蜂蜜調成面膜，塗在臉上靜待 15 分鐘，然後用溫水洗淨。在泡澡水中加入**肉桂茶**，可以達到溫暖身體、緊實肌膚的功效。

如果想用肉桂保養秀髮，將 1 小匙的肉桂粉調入 200 毫升微溫的橄欖油中，擦在頭皮與頭髮上。用溫暖的浴巾包裹，靜待 30 分鐘，然後像平常一樣使用洗髮精和潤髮乳就可以了。

治療用途

作用：消脹氣、收斂、消炎、止嘔、抗微生物、暖身、發汗、激勵循環。

肉桂在古代是備受重視的藥用植物。早在西元前 2800 年，從神農嘗百草以來，肉桂就一直在中國藥典中佔有一席之地。在英國，編年史學家聖比德（Venerable

---

44.《出埃及記》（*Exodus*），第 30 章。

45. 史瓦恩（Swahn），《香料知識大全》（*The Lore of Spices*）。

46.〈箴言〉（*Proverbs*），7:17–18。

47. 布魯頓－席爾（Brunton-Seal）與席爾（Seal），《廚房之藥》（*Kitchen Medicine*）。

Bede，西元 672–735 年）曾說，肉桂和中國肉桂「對於治療腸胃不適非常有效」。[48]西元 12 世紀，修道院長與藥草學家馮賓根（Hildegard von Bingen）則把肉桂稱為「鼻竇萬靈藥」，用來治療感冒與流感。[49]

無論東方或西方，自古以來肉桂都是緩解腸胃不適的經典藥材。肉桂含有單寧，因此有輕微的收斂作用，能有助於改善噁心想吐和腹瀉的情況。在**肉桂茶**裡調入蜂蜜和檸檬，能改善腸胃感染導致的嘔吐與腹瀉。[50]肉桂也很適合消化力較弱，或食慾不振的人們使用。[51]德國的 E 委員會（The German Commission E，地位等同於美國的食品藥物管理局）也鼓勵人們使用肉桂，認可它改善消化不良、腹脹與脹氣的作用。[52]若想用肉桂改善消化症狀，只需飲用一杯肉桂茶，或把肉桂加進食物中。如果你正為便祕所苦，大量的肉桂可以幫助通便，而且不會有一般助瀉劑伴隨的脹氣或腸絞痛等副作用。

肉桂可以減輕炎症，因此對疼痛管理也相當有益。研究顯示，肉桂可以幫助緩解關節炎、肌肉疼痛與經痛。肉桂當中含有丁香酚，這是一種天然的麻醉劑，可以幫助紓解疼痛。[53]因此，用敷包的方式敷用肉桂（將布料浸泡在**肉桂茶**中），或者塗抹**肉桂浸泡油**或**肉桂油膏**，都有機會帶來幫助。

肉桂是一種乾性藥草，因此可以在咳嗽和感冒時，達到疏通鼻竇與肺部的收痰、清痰效果。你可以直接咬嚼一根肉桂棒、服用**肉桂蜜**、**肉桂咳嗽糖漿**，或是喝**肉桂茶**。肉桂能有助於防止冬季感染，因此年長者或體質虛弱的人，可以在飲食中加入肉桂作為預防。

肉桂也是強大的防腐劑，它能消滅造成腐壞、帶來疾病的細菌、真菌與病毒。在切傷、割傷等小型傷口上灑一點肉桂粉試試看，不過別忘了要先徹底清潔傷口。肉桂也是傳統上用來清潔牙齒的**潔牙粉**成分之一。[54]研究顯示，肉桂能預防造成口臭、齲齒、蛀牙和口腔感染的細菌孳生，因此是天然的口腔抑菌劑，能帶來天然的抗細菌作用。[55]

肉桂可以改善膽固醇過高的情況。肉桂中的成分可以降低整體膽固醇、LDL（「壞」）膽固醇、三酸甘油酯指數，同時讓 HDL（「好」）膽固醇維持穩定不變。研究也顯示，肉桂能降低血壓，當血壓過高，就可能帶來觸發心臟病或中風的危險。在飲食中加入肉桂，或者每天飲用**肉桂茶**或**肉桂牛奶**，能達到預防效果。

請注意：肉桂對大部分人來說都是安全的，不過持續使用可能使某些人的口腔感覺刺激，而塗擦在肌膚上，也可能導致發紅或刺激。肝臟有毛病的人們，不宜以非常大的量使用肉桂，糖尿病患者亦然（肉桂會降低血糖），除非非常仔細地監控血糖情況。懷孕或哺乳的女性、年紀小的孩童也不可以非常大的量使用肉桂。

48. 引用自布魯頓－席爾（Brunton-Seal）與席爾（Seal），《廚房之藥》（*Kitchen Medicine*）。

49. 引用自凱索曼（Castleman），《藥草新論》（*The New Healing Herbs*）。

50. 瓊恩（Chown）與瓦克（Walker），《手作藥房》（*The Handmade Apothecary*）。

51. 巴特蘭（Bartram），《巴特蘭的藥草百科》（*Bartram's Encyclopaedia of Herbal Medicine*）。

52. 凱索曼（Castleman），《藥草新論》（*The New Healing Herbs*）。

53. 同上。

54. V. Jakhetia, R. Patel, P. Khatri, et al., "Cinnamon: A Pharmacological Review," *Journal of Advanced Scientific Research 1, no. 2* (2010).

55. Pasupuleti Visweswara Rao and Siew Hua Gan, "Cinnamon: A Multifaceted Medicinal Plant," *Evidence-Based Complementary and Alternative Medicine*, vol. 2014, article ID 642942, 12 pages, 2014. https://doi.org/10.1155/2014/642942.

配方

肉桂牛奶 *Cinnamon Milk*

250㎖（1杯）·······························溫熱的牛奶（豆漿或杏仁奶也可以）
¹/₄小匙·······························肉桂粉
1小匙·······························蜂蜜（選擇性添加）
2滴·······························香草精

將材料混和在一起，然後直接飲用。

肉桂茶 *Cinnamon Tea*

1支·······························肉桂棒
250㎖（1杯）·······························清水

將上述材料放入鍋中，滾煮15分鐘。關火浸泡10分鐘。濾出茶液後飲用。

肉桂蜜 *Cinnamon Electuary*

將4小匙肉桂粉調入一罐蜂蜜中，調勻就可以直接使用。

肉桂浸泡油 *Cinnamon Infused Oil*

6 支⋯⋯⋯⋯⋯⋯⋯⋯壓碎的肉桂棒
500㎖（2杯）⋯⋯⋯⋯⋯⋯植物油

在隔水加熱鍋中放入壓碎的肉桂棒，並加入植物油。用非常小的火，慢慢加熱 2 小時。關火，靜置放涼。完全冷卻後再濾出油液。

肉桂油膏 *Cinnamon Salve*

肉桂浸泡油
蜂蠟

用小火慢慢將油加熱，然後加入蜂蠟。比例大約是以 2 大匙磨碎的蜂蠟，加入 500 毫升的浸泡油中（這是指純油液的分量，其中不含任何藥草）。離開火源，將油液注入小玻璃罐中冷卻定形。

肉桂潔牙粉 *Cinnamon Tooth Powder*

1大匙⋯⋯⋯⋯⋯⋯⋯小蘇打粉
1大匙⋯⋯⋯⋯⋯⋯⋯鹽
2小匙⋯⋯⋯⋯⋯⋯⋯肉桂

混和所有材料，放進密封罐中。將濕的牙刷放入罐中沾附潔牙粉，就可以刷牙了。你也可以把潔牙粉製成牙膏，只要滴入幾滴食物等級的植物甘油就可以了。

肉桂咳嗽糖漿 *Cinnamon Cough Drops*

2大匙⋯⋯⋯⋯⋯⋯⋯玫瑰純露
2小匙⋯⋯⋯⋯⋯⋯⋯阿拉伯樹膠（gum arabic）
6大匙⋯⋯⋯⋯⋯⋯⋯細砂糖
6大匙⋯⋯⋯⋯⋯⋯⋯肉桂粉

將玫瑰純露緩緩加熱，讓阿拉伯樹膠在其中溶解。逐次加入等量的肉桂粉和細砂糖，均勻攪拌成膠狀。慢慢加入，直到膠體越來越稠。將膠體放在防油紙上陰乾，就能變成小軟糖一樣的錠劑。把錠劑放在糖粉中滾一滾，讓表面均勻沾附，然後放進密封罐中保存。

奇斐焚香粉 *Kyphi Incense*

[材料1]

$^1/_2$ 份	蜂蜜
$^1/_4$ 份	紅酒
2 份	杜松漿果

[材料2]

4 份	沒藥樹脂
2 份	乳香
1 份	松脂
$^1/_2$ 份	荳蔻
$^1/_2$ 份	中國肉桂
1 份	打碎的肉桂棒
1 撮	番紅花
$^1/_2$ 份	乾薄荷葉

把材料1中壓碎的杜松漿果，和蜂蜜與酒均勻混和。放進密封罐中，蓋好蓋子，放置一旁，靜置7天。7日過後，將材料2的材料均勻混和，加入材料1中混拌。使用時，取少量放在碳片上燃燒。

丁香 *Clove*

Syzygium aromaticum
syn. *Carophyllus aromaticus /*
Eugenia aromatic /
E. caryophyllata/
E. a caryophyllus

掌管行星：太陽、木星。
代表元素：火元素。
相關神靈：無。
魔法屬性：保護、放逐、驅魔、愛情、豐饒、星光體旅行
（astral travel）。

　　丁香是小小的花苞，在花未盛開時被人們摘下。丁香樹是一種熱帶常綠樹，學名標示為 *Syzygium aromaticum* 或 *Eugenia caryophyllata*，有時，丁香花苞也會取自其他相近的親緣植物。丁香花苞氣味強勁，口感辛辣又刺激。丁香熱辣的特質聲名遠播，16世紀時，甚至有位德國醫師形容，只要在頭上灑些丁香粉，就能從頭暖和到腳底。[56]就連丁香樹也相當熱燙，因此據說，丁香樹底下不會再長出任何其他東西。[57]

　　丁香（clove）這個字是來自拉丁文中的「釘子」（nail），因為丁香長得就像是小小的釘子一樣。除此之外，丁香的主要魔法用途，也在於「釘牢」、阻止惡魔之眼的影響，世界各地的人們，都普遍相信丁香能有這樣的作用。舉例來說，希臘人會一邊拿著丁香，一邊用手指著帶來惡魔之眼的人說：「釘住你的眼！」（Nails to your eyes!）[58]伊比利亞半島的猶太人會在驅魔時，一邊在受害人頭頂揮動丁香，一邊說出以下字句：「我誦唸這個配方。我對我女兒誦唸這個儀式配方；她將不會帶來任何傷害，也不會受到任何傷害。我祝福她透過這些丁香找到解藥。」接著，這些丁香會被放在熱燙的碳火上燃燒，當丁香粒爆開來，就像那些帶來惡魔之眼的人們眼睛也隨之爆炸

了。[59]在更遙遠的印度，曾有資料記錄1990年代恆河邊的一場驅魔儀式：一位年輕女性因流產失去了自己的孩子，她懷疑自己可能是被鄰居下了詛咒；當時，驅魔師就是用丁香，為她趕走了邪靈。驅魔師先是用丁香觸碰她的頭，以女神之名，將惡魔驅逐出她的身體；接著，他用丁香觸碰她的胃，再一次將所有惡靈趕出，同時破除所有巫術；最後，他將丁香放進一條活魚嘴裡，將魚放入河中，重複說著：「再也不回來。」[60]

丁香可以用在魔法和儀式中，用來阻止或抓住衝著你來的惡意魔法。點一盞白色蠟燭，準備五枚丁香。將這五枚丁香，逐一繞過頭頂三次，然後在燭火中點燃（記得使用鉗子），一邊說著：「我去除惡魔之眼與惡意之言；所有形式的惡，現在都進入這火。」要是有哪一個丁香在燃燒時爆開了，就表示你施的魔法抓到目標了。在丁香的煙氣中，讓自己完全被淨化。把剩下的丁香殘塊放進一個小盤子裡，放入流動的水中，隨水流去。

還有其他古老的習俗認為，只要孩子戴著丁香花苞串成的項鍊[61]，就能免除受傷與病害；而用紅線串起丁香項鍊，掛在嬰兒床上，就能為孩子帶來保護。你可以延續這個傳統，用針線把丁香串成項鍊，也可以在一個白色的香包中，放進七枚丁香，掛在孩子的床邊。

---

56. 史瓦恩（Swahn），《香料知識大全》（*The Lore of Spices*）。

57. 同上。

58. 佩特羅波洛斯（Petropoulos），《希臘魔法：古代、中世紀和現代》（*Greek Magic, Ancient, Medieval and Modern*）。

59. 賴維（Levy）與賴維佐瓦特（Levy Zumwalt），《塞法迪猶太女性的醫療儀式傳說》（*Ritual Medical Lore of Sephardic Women*）。

60. 艾瑞爾・格里克奇（Ariel Glucklich），《終結魔法》（*The End of Magic*）（Oxford University Press, New York），1997年。

61. 佛卡德（Folkard），《植物的傳說、故事與傳唱詞》（*Plant Lore, Legends, and Lyrics*）。

在希臘，丁香也是婚前儀式會使用的材料，人們用丁香為新娘帶來保護。首先，將丁香浸在水中一整夜，而後，新娘的母親先用針線串起三枚丁香和一枚金幣，其他的女性則共同把丁香串成新娘的項鍊，一邊透過唱誦注入保護的效果。新娘會一直妥善保存這個項鍊，直到傳給自己的女兒。參與這個儀式的賓客，也可以為自己製作防身的護身符，而那些前來參加婚床布置儀式的人們，會得到裝著丁香的小禮袋。[62]這是正式舉行婚禮之前的一個美好習俗，部落的女人們也因此能聚在一起，共同讓魔法運作。

根據古老藥典記載，丁香也是一種催情劑。男性只要喝下用壓碎的丁香煮成的香甜牛奶，就能重振雄風。[63]丁香也是許多戀愛藥水的主要成分，經常被用來製作愛情靈藥，或放在口袋中吸引桃花到來。只要將丁香放入紅酒、蜂蜜酒或帶酒精的蘋果醋中浸泡，就可以透過飲用，享受它的美妙效用。丁香也可以加入訂婚儀式的聖酒或焚香粉中。

丁香也和豐饒有關，可以用在招財與祈求好運的香包中。將**丁香浸泡油**塗在綠色的蠟燭上，就可以帶來豐饒的魔法效用。

將丁香稍微磨碎，就成了美妙的焚香材料。它可以為焚香粉增添溫暖的感受，以及深邃的香氣。丁香可以加入與太陽、木星、火、愛情、豐饒和保護有關的焚香粉中，也可以用在幫助星光體旅行（astral travel）的焚香中。飲用**丁香茶**也可以帶來同樣的效用。

料理用途

用於料理時，丁香可以整枚使用，也可以磨碎使用。不過，由於丁香的香氣和味道都非常強勁刺激，每次使用只需要一點點就好了——少即是多，過量反而氣味太濃，可能令人不舒服。如果使用的是完整的丁香，上菜之前記得先將丁香粒取出。

丁香經常出現在亞洲、非洲、中東、南美和中美的菜餚當中，在歐洲西部也有千年以上的使用歷史。丁香能為肉類料理、咖哩、各種配菜、焗烤和燉菜添香，也可以作為醃製用的香料，或調製成醬料，例如伍斯特醬（Worcestershire sauce）。除此之外，丁香也經常被用在甜點中，通常搭配肉桂和肉豆蔻一同使用，與蘋果、梨子等水果和南瓜的味道特別搭。丁香也是調製某些飲料的不可缺少的主要成分，例如熱紅酒和蛋奶酒（egg nog）。丁香也是綜合香料中常見的成員，例如南瓜派香料粉、印度馬薩拉粉（garam marsala）、中國五香粉和咖哩粉等等，都有丁香在其中。

美容保養用途

丁香是天然的抗菌劑，可以用來調理皮膚冒出的疙瘩、疹子和爆發的青春痘。將磨碎的丁香調入蜂蜜，敷在長東西的地方。留置15分鐘，再用溫暖的水洗淨。

治療用途

作用：防腐、祛痰、麻醉、抗氧化、促進局部血液循環。

丁香是口腔保健的好朋友！無論是傳統中醫或印度阿育吠陀療法，都選擇用丁香來對治牙痛。丁香含有效成分丁香酚，能帶來麻醉的效果，這是為什麼時至今日，仍有某些牙醫師使用丁香精油，同時，丁香精油也是治療牙痛的成藥成分之一。你可以為疼痛的牙齒塗上丁香精油（丁香精油必須非常謹慎少量使用，並且不可常用），或者就在牙齒旁塞一枚丁香。請注意，這是非常手段，你仍然必須盡快尋求牙醫診治，長時間使用可能使牙齦組織受到刺激。此外，絕對不可對孩子這麼

---

62. 佩特羅波洛斯（Petropoulos），《希臘魔法：古代、中世紀和現代》（*Greek Magic, Ancient, Medieval and Modern*）。

63. 史瓦恩（Swahn），《香料知識大全》（*The Lore of Spices*）。

做，孩子對丁香中的植物化學成分更加敏感，可能出現嚴重的副作用。丁香也很適合用來改善牙齦疾病，例如牙齦炎、牙周病和鵝口瘡（口腔念珠菌感染）。丁香能抑制口腔病原體滋長，具有強大的抗真菌特質——只需要用**丁香茶**漱漱口就可以了。此外，用丁香漱口也可以改善口臭。西元 3 世紀時，中國漢朝的一位君主就曾要求所有晉見的臣子先嚼食丁香，以清新口氣。這些臣子向皇帝進言的時候，必須先從碗中取一枚丁香，一邊含著一邊說話。[64]

丁香也能消除呼吸道感染。丁香有祛痰的作用，可以化解喉嚨和食道積聚的痰液。喝點**丁香肉桂茶**，或者在胸口塗抹**丁香椰子油膏**或**丁香浸泡油**試試看。當丁香被塗在皮膚表面，其中的揮發油會帶來發紅劑的效果，也就是說，它會稍微刺激皮膚、擴張血管，增加皮膚表面的血液流動。這能有助於改善關節炎和肌肉疼痛的現象，可以在患部使用**丁香敷包**或將**丁香茶**加入泡澡水中，也可以在患部塗抹**丁香椰子油膏**或**丁香浸泡油**。丁香也有皮膚麻醉、麻木痛感的作用，其中的丁香酚更是強大的消炎劑。

───────────※───────────

請注意：對大部分人來說，食用或以外用方是塗抹丁香，都是安全的。然而，頻繁或重複地使用丁香精油，或讓口腔組織經常反覆接觸丁香花苞，有時會損害口腔組織，同時，絕對不可以對孩子這麼做。安全起見，孕婦、哺乳中的母親、患有出血性疾病、三週內要進行手術者，都請避免大量使用丁香，因為丁香中的丁香酚會減緩血液的凝結速度。

---

64. 史瓦恩（Swahn），《香料知識大全》（*The Lore of Spices*）。

配方

丁香浸泡油 *Clove Infused Oil*

50g（½杯）⋯⋯⋯⋯⋯⋯⋯新鮮現磨的丁香
300㎖（1½杯）⋯⋯⋯⋯⋯⋯植物油

將丁香與植物油放入隔水加熱鍋中，用非常小的微火加熱2小時。濾出油液，裝入乾淨的瓶中，貼好標籤，放在陰涼處保存。

丁香茶 *Clove Tea*

3枚⋯⋯⋯⋯⋯⋯⋯⋯⋯丁香
250㎖（1杯）⋯⋯⋯⋯⋯⋯清水

將材料放入鍋中，小火滾煮20分鐘。關火浸泡10分鐘。濾出茶液，加點蜂蜜一起喝。

丁香肉桂茶 *Clove and Cinnamon Tea*

2枚⋯⋯⋯⋯⋯⋯⋯⋯⋯壓碎的丁香
1支⋯⋯⋯⋯⋯⋯⋯⋯⋯壓碎的肉桂棒
250㎖（1杯）⋯⋯⋯⋯⋯⋯清水

將上述材料放入鍋中，小火滾煮20分鐘。關火浸泡
10分鐘。濾出茶液，加點蜂蜜一起喝。

丁香敷包 *Clove Compress*

將一塊乾淨的棉布，浸泡在熱燙的丁香茶中，就是丁香敷包了。以你能承受的最高溫度，將布料敷在患部（小心不要燙到自己），再蓋上一塊溫暖的大毛巾，熱敷 30 分鐘。當布料溫度降下來，就再一次浸入熱茶，重新敷在身上。每天重複1到2次。

丁香椰子油膏 *Clove and Coconut Balm*

200*g*（1杯）⋯⋯⋯⋯⋯⋯椰子油（固體狀）
30*g*（¹/₂杯）⋯⋯⋯⋯⋯⋯新鮮現磨的丁香

將上述材料放入隔水加熱鍋中，小火滾煮 2 小時。用棉布濾出油液，注入小罐中。完成的油膏可以塗抹在疼痛的關節與肌肉處。

丁香蜜 *Clove Electuary*

6枚⋯⋯⋯⋯⋯⋯⋯⋯丁香
300㎖（1 ¹/₄杯）⋯⋯⋯⋯⋯溫熱的蜂蜜（可流動的液態）

將材料混和在一起，靜置 3 天。取出丁香，視需要取 1 小匙服用。丁香能麻木痛感，蜂蜜則能帶來安撫舒緩的效果。

丁香薑蜂蜜酒 *Clove and Ginger Metheglin*

2kg（6杯）·················	蜂蜜
4ℓ（17杯）·················	清水
15g（2 1/2 大匙）·········	薑
2枚·················	丁香
適量·················	酵母
30g（8大匙）·················	乾燥的啤酒花

將蜂蜜、2公升的水、薑和丁香加在一起滾煮，直到體積減少四分之一。撈去表面浮渣，靜置放涼，溫度降至微溫時加入酵母。用另外2公升的水滾煮啤酒花。靜置放涼，直到微溫時，加入第1鍋材料中。將全部材料倒入塑膠釀酒桶中，蓋上蓋子，靜置6週。濾出酒液，裝進細頸瓶（demijohn）中，裝上排氣閥存放。6個月後，你就可以把完成的蜂蜜酒取出裝瓶了。

魔法焚香粉：豐盛 *Abundance Incense*

1/2 份·················	壓碎的丁香
1/2 份·················	肉桂皮
1/4 份·················	肉荳蔻粉
1/4 份·················	乾燥的羅勒
幾滴·················	肉桂精油（選擇性添加）
2份·················	乳香（選擇性添加）

在盈月（上弦月）時分，混和上述材料，放在碳片上燃燒。

芫荽（香菜）*Coriander*

Coriandrum sativum

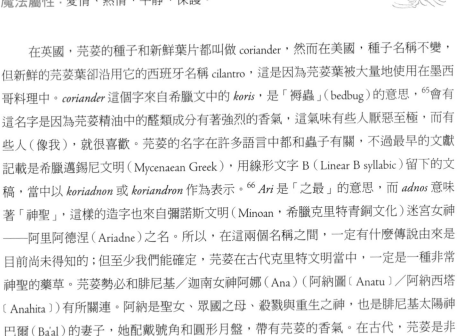

掌管行星：火星。

代表元素：火元素。

相關神靈：希臘愛與美的女神——阿芙蘿狄忒（Aphrodite）
與維納斯（Venus）、彌諾斯女神——阿里阿德涅（Ariadne）、
腓尼基女神——阿納（Ana）／阿納圖（Anatu）／阿納西塔
（Anahita）。

魔法屬性：愛情、熱情、平靜、保護。

　　在英國，芫荽的種子和新鮮葉片都叫做 coriander，然而在美國，種子名稱不變，
但新鮮的芫荽葉卻沿用它的西班牙名稱 cilantro，這是因為芫荽葉被大量地使用在墨西
哥料理中。*coriander* 這個字來自希臘文中的 *koris*，是「褥蟲」（bedbug）的意思，[65]會有
這名字是因為芫荽精油中的醛類成分有著強烈的香氣，這氣味有些人厭惡至極，而有
些人（像我），就很喜歡。芫荽的名字在許多語言中都和蟲子有關，不過最早的文獻
記載是希臘邁錫尼文明（Mycenaean Greek），用線形文字 B（Linear B syllabic）留下的文
稿，當中以 *koriadnon* 或 *koriandron* 作為表示。[66] *Ari* 是「之最」的意思，而 *adnos* 意味
著「神聖」，這樣的造字也來自彌諾斯文明（Minoan，希臘克里特青銅文化）迷宮女神
——阿里阿德涅（Ariadne）之名。所以，在這兩個名稱之間，一定有什麼傳說由來是
目前尚未得知的；但至少我們能確定，芫荽在古代克里特文明當中，一定是一種非常
神聖的藥草。芫荽勢必和腓尼基／迦南女神阿娜（Ana）（阿納圖〔Anatu〕／阿納西塔
〔Anahita〕）有所關連。阿納是聖女、眾國之母、殺戮與重生之神，也是腓尼基太陽神
巴爾（Ba'al）的妻子，她配戴號角和圓形月盤，帶有芫荽的香氣。在古代，芫荽是非
常珍貴的香氣材料。[67]

　　博物學家普林尼曾寫道，芫荽被人們當作催情劑使用，日出前在枕頭底下放些

芫荽，就能起到效用。[68]埃及陵墓中也有芫荽籽出土，在當時，芫荽象徵永恆的愛與不滅的熱情。[69]同樣地，芫荽在中國古代也被視為長生不老和催情的藥草。[70]《一千零一夜》（*The Arabian Nights*）曾多次提到芫荽能激起性慾，在中世紀與文藝復興時期的歐洲，人們也用芫荽調製戀愛藥水，用來激起慾望和愛情。都鐸時期婚禮常見的熱門飲料**希波克拉斯甜酒**（Hippocras）當中，就加入了芫荽籽。卡爾佩伯則將芫荽歸為「熱性為一度」（hot in the first degree）的藥草。它由火星掌管[71]，比起浪漫的純純之愛和友誼，芫荽更常被用在激發情慾與熱情的魔法工作上，它可以用在戀愛魔法，也可以加入焚香粉當中。將芫荽塗在蠟燭上施作戀愛魔法，或者用來製作訂婚儀式與大禮慶典的聖酒，甚至可以做成訂婚蛋糕。

在訂婚儀式上，你可以用拋撒芫荽籽來取代五彩的紙花（confetti）；沒錯，芫荽籽就是最原始的紙花。在過去，人們會把芫荽果製成一種叫做「糖漬點心」（confit）的甜點，外面裹著白色或粉紅色的糖衣，由後方的慶祝車隊拋向前方的群眾當中。不過後來，人們認為這樣的做法太過浪費，因此用彩色的紙片來取代芫荽，但沿用它的名稱，將紙花叫做「confetti」。[72]

芫荽熱情的特質，能在面臨失去或心碎時，為生命重新注入甜蜜和希望。當你感覺和世界、生命與整個宇宙失去連結，甚至和你的靈性連結也斷連的時候，可以使用**芫荽花精**，或飲用**芫荽葉片茶**來改善。

---

65. 史瓦恩（Swahn），《香料知識大全》（*The Lore of Spices*）。

66. 約翰・查德維克（John Chadwick），《邁錫尼文明》（*The Mycenaean World*）（Cambridge University Press, 1976）。

67. 同上。

68. 老普林尼（Pliny the Elder），《博物誌》（*The Natural History*）。

69. Spices of Life in Ancient Egypt, http://www.history.com/news/hungry-history/spices-of-life-in-ancient-egypt，擷取日期：2017 年 9 月 26 日。

70. 布魯頓－席爾（Brunton-Seal）與席爾（Seal），《廚房之藥》（*Kitchen Medicine*）。

71. 《卡爾佩伯的藥草大全》（*Culpeper's Complete Herbal*）。.

72. 史瓦恩（Swahn），《香料知識大全》（*The Lore of Spices*）。

料理用途

羅馬人是芫荽的忠實愛好者。他們用芫荽來製作一種複雜的調味料，其中用到的香料包含野芹、芫荽、薄荷、洋蔥、胡薄荷、芸香、香薄荷與百里香。

芫荽葉最好新鮮使用。用新鮮的芫荽葉，才能最大程度保留帶來香氣和味道的揮發油。芫荽葉可以切碎後灑在咖哩、熱炒菜上，也可以拌進沙拉等菜餚。你也可以用芫荽取代羅勒製做青醬，為感官帶來特殊的體驗。或者，你可以在打果汁時加點芫荽葉，享受其中抗氧化物的功效。市面上可以買到完整的乾燥芫荽籽，或是磨成粉的芫荽粉；若想獲致最佳效果，最好還是在每次使用時，用杵臼把完整的芫荽籽輕輕搗碎。芫荽籽可以為咖哩、麵包、醬料、湯品、燉菜、點心和甜點增添氣味，在商業上是生產琴酒會用到的香料之一。

美容保養用途

芫荽葉含有抗氧化物，能擊退造成肌膚損傷的自由基，其中還有礦物質與維生素，能抵抗皺紋與肌膚鬆弛的現象。芫荽葉還有輕涼、防腐、排毒和安撫的效果。要享受以上功效，可以將新鮮芫荽碎葉打成泥，調入蜂蜜當作面膜使用。敷在臉上，留待20分鐘，然後以溫水洗淨。

用**芫荽葉片茶**沖淋頭髮，可以促進毛髮生長。

治療用途

作用：麻醉、抗關節炎、抗細菌、抗真菌、消炎、抗氧化、抗風濕、防腐、抗痙攣、激勵消化功能、利尿。

芫荽的葉片和果實都富含有助消化的揮發油，因此藥草學家將芫荽稱作祛風劑，能改善腹脹、脹氣和消化不良。將芫荽加入飲食中，就能改善以上情況。試著在飯前半小時喝一杯**芫荽葉片茶**或**芫荽籽茶**，來幫助上述問題。

芫荽也是調整膽固醇指數的天然好幫手。芫荽中的酸類（亞麻油酸、油酸、棕櫚酸、硬脂酸與抗壞血酸）能有助於降低「壞」膽固醇（LDL），同時提高「好」膽固醇（HDL）。[73]在飲食中添加芫荽，或將新鮮的芫荽葉和蔬果一起打成果菜汁飲用。

研究也發現，讓高血壓患者規律食用芫荽，令許多患者出現血壓降低的反應。[74]

芫荽含有的揮發油，具有抗風濕和抗關節炎的特質。其中的植物化學成分——桉油醇（cineole），有消炎的作用。如要改善關節炎與風濕症，可以在飲食中添加芫荽，或在患部塗抹芫荽油膏（製作方式參見本書第 15 頁）或**芫荽浸泡油**，除此之外，也可以將葉片打碎，作為敷料使用。

新鮮芫荽葉中的揮發油有防腐、抗微生物和療癒的作用，用雙倍濃的**芫荽葉片茶**漱口，可以幫助改善口腔潰瘍的情況。

一個家喻戶曉的居家結膜炎良方，就是閉上眼睛後，用**芫荽籽茶**清洗、浸潤眼部。

請注意：以一般飲食的量食用芫荽，或者以適當的藥用分量內服，對大多數人來說都是安全的。不過當芫荽接觸到肌膚，有可能使某些人出現肌膚刺激、發炎或過敏反應。如同我一直強調的，如果你正懷有身孕，或者正為孩子哺乳，請務必小心為上，只以一般飲食的量攝取芫荽。芫荽可能使血糖微微降低，因此糖尿病患者也需要仔細監控血糖值。芫荽也可能使血壓稍微降低，因此如果你正服用高血壓藥，或本身有血壓過低的問題，請注意留心自己的血壓值。

73. P. Dhanapakiam, J. Mini Joseph, V. K. Ramaswamy, M. Moorthi, and A. Senthil Kumar, "The Cholesterol Lowering Property of Coriander Seeds (*Coriandrum sativum*): Mechanism of Action," *Journal of Environmental Biology, Journal of Environmental Biology* (January 2008).

74. Qaiser Jabeen, Samra Bashir, Badiaa Lyoussi, and Anwar H. Gilani, "Coriander Fruit Exhibits Gut Modulatory, Blood Pressure Lowering and Diuretic Activities," *Journal of Ethnopharmacology* 122, no. 1(25 February 2009): 123–130.

配方

芫荽葉片茶 *Coriander Leaf Tea*

1大匙	新鮮芫荽葉（香菜葉）
250㎖（1杯）	滾水

將滾水倒在葉片上，蓋上蓋子浸泡5分鐘，濾出茶液後飲用。

芫荽籽茶 *Coriander Seed Tea*

1小匙	芫荽籽
250㎖（1杯）	清水

稍微將芫荽籽壓碎，和水一起放入鍋中，滾煮15分鐘。關火浸泡5至10分鐘。濾出茶液後飲用。

希波克拉斯甜酒 *Hippocras*

1ℓ（4杯）	紅酒
5大匙	糖
1/2小匙	薑
1/2小匙	肉桂粉
1/8小匙	丁香
1小匙	芫荽籽粉

稍微將紅酒加熱，但不可煮滾，以免酒精散失。加入糖和香料，攪拌直到溶解。文火加熱10到15分鐘。飲用時冷熱皆宜。

芫荽浸泡油 *Coriander Infused Oil*

1 大匙·················壓碎的芫荽籽
250㎖（1杯）·················植物油

在隔水加熱鍋中放入壓碎的種子，注入足以蓋過的植物油。蓋上蓋子，用非常小的文火滾煮 2 小時。關火，靜置放涼。待油液冷卻後才濾出。如果你想要的話，也可以在油裡加入新鮮的芫荽株。可以重複更換材料，增加浸泡油的濃度。

魔法焚香粉：愛情 *Love Incense*

¹/₂ 份·················壓碎的芫荽籽
¹/₂ 份·················壓碎的荳蔻莢
¹/₄ 份·················壓碎的肉桂棒
¹/₄ 份·················乾薑粉
¹/₂ 份·················乾檸檬皮碎
3 份·················乳香（選擇性添加）

將材料混和在一起，放在碳片上燃燒。

芫荽花精 *Coriander Flower Essence*

蒐集一些盛開的芫荽花。取一個小碗，放入 150 毫升的泉水，讓花朵漂浮在水面。放置在太陽底下 3 至 4 小時，期間注意維持陽光照射，不能有任何遮蔽。完成後，將花朵取出。將水液注入瓶子裡，再加入 150 毫升的白蘭地或伏特加酒。這就是你的母酊液。接著製作實際使用的花精。在 10 毫升的滴管瓶中，加入 7 滴母酊液，注入白蘭地或伏特加酒至滿，這就是你的花精原液。使用時，每次在一杯水裡滴入 4 滴花精原液，每天服用 4 次。製作花精很重要的一點，是不要用手觸碰花朵——水中要留下的是花朵的振動印記，不是你的振動印記喔！

小茴香（孜然）*Cumin*

Cuminum cyminum syn.
Cuminum odorum

掌管行星：火星。

代表元素：火元素。

相關神靈：無。

魔法屬性：愛情、誠實、忠誠。

　　小茴香原是栽種於伊朗和地中海一帶的植物，人們經常把它和藏茴香（*Carum carvi*）混淆，許多歐洲語系甚至沒有明確區分兩者的名稱。要想知道古書、古老配方和民俗故事裡提到的究竟是小茴香或藏茴香，經常是個不可能的任務。聖經中多次提到小茴香，但有些版本卻將其誤譯為藏茴香，因為在當時，當地人還不知道有小茴香這種植物。之後，另一種和小茴香完全無關的植物——黑種草（*Nigella sativa*），又被稱為是黑色小茴香（black cumin）。沒錯，藏茴香籽和小茴香籽一眼望去確實不容易分辨，不過小茴香籽個頭較大，顏色淺棕，呈橢圓形；比起藏茴香籽，氣味也更濃郁。

　　小茴香的魔法屬性也經常和藏茴香重合。小茴香就像藏茴香一樣，是德國傳說中仙子厭惡害怕的對象，雖然這樣的說法，也有可能是因為人們又把小茴香與藏茴香搞混了。

　　希臘哲學家蘇格拉底認為，小茴香有助於對學問的追求。普林尼則寫道，燒燃小茴香種子冒出的煙氣，能陶冶學者在長時間研究學問後露出的蒼白面容，也因此，普林尼的學生會用小茴香讓老師以為自己長時間埋首苦讀。[75]

小茴香主要的魔法特質，就是誠實與忠誠。在埃及，軍士和商人會把小茴香籽放在口袋裡，提醒自己還有人在盼我歸鄉。[76]在中世紀的歐洲，人們認為小茴香籽可以幫助愛人的心忠貞不二。為了確保丈夫乖乖回家，年輕的女性會為愛人準備小茴香麵包、小茴香酒；除此之外，人們也會將小茴香烤成一塊塊的麵包，送去前方讓士兵享用。小茴香也經常出現在婚禮上。人們相信，只要新郎和新娘在婚禮全程攜帶小茴香籽，就能幸福快樂一輩子。現在，印度人舉行婚禮時，仍會把小茴香籽和黑糖搗成糖膏，放在檳榔葉上；當祭司一邊誦著梵語箴言，新郎與新娘便輪流將葉子放在對方的頭上。小茴香糖膏意味著生活的苦澀與甜蜜。而這樣的儀式，也在提醒新人，彼此的關係將牢不可破、密不可分。小茴香籽也可以烤成蛋糕或麵包，幫助愛人更加忠誠；此外，小茴香也可以加入訂婚與婚禮儀式的食物和酒飲中。或者，就在愛人的口袋裡丟幾粒小茴香籽，也可以達到同樣的效果。

料理用途

普林尼曾將小茴香譽為「調味料中的開胃之王」[77]。在希臘羅馬時期，餐桌上總會放著一盤小茴香，人們食用的普遍程度，就像今日的黑胡椒一樣。

小茴香可以用來為起司、醃菜、香腸、湯品、燉菜、咖哩、辣椒粉、餡料、米飯、豆類料理、餅乾、蛋糕和烈酒增添香氣。每次使用前新鮮現磨，一次只用一點點就夠了，因為小茴香的香氣非常強烈。

---

75. 葛利夫（Grieve），《當代藥草大全》（A Modern Herbal）。

76.Spices of Life in Ancient Egypt, http://www.history.com/news/hungry-history/spices-of-life-in-ancient-egypt，擷取日期：2017年9月26日。

77. 老普林尼（Pliny the Elder），《博物誌》（The Natural History）。

美容保養用途

　　小茴香對肌膚有極佳的益處，它富含維生素 E，可以幫助肌膚自行修復，並消除帶來皺紋、鬆垮和老人斑的元兇——自由基。將 1 小匙新鮮現磨的小茴香籽，調入 1 大匙的蜂蜜，就是最天然的抗菌劑，還能帶來輕微的臉部去角質效果。當皮膚長出疙瘩或疹子，或者出現膿腫時，可以拍上一些**小茴香醋**來改善。

治療用途

作用：鎮痛、抑制胃酸、抗癲癇、抗糖尿病、消炎、抗微生物、抗氧化、抗痙攣、收斂、支氣管擴張、消脹氣、激勵消化功能、利尿、通經、祛痰、催乳、催涎。

　　小茴香抗痙攣的作用，可以緩解輕微的消化問題。小茴香的香氣來自其中的有機化合物——小茴香醛（cuminaldehyde）。小茴香醛能活化唾腺，而百里酚則可以激勵膽汁分泌，這是為什麼小茴香有幫助消化的作用。將小茴香加入料理中，或在飯前半小時喝一杯**小茴香茶**來達到上述效果。

　　小茴香也有祛痰的作用，能化解呼吸道中積聚的痰液與黏液，在咳嗽或感冒時格外好用。小茴香還富含維生素 C 和鐵，這兩種營養都可以幫助身體修復，而小茴香中的揮發油本身有抗病毒的效果。視需要隨時吃一匙**小茴香蜜**，或者喝點**小茴香茶**。

　　請注意：小茴香是料理常用的香料，一般來說以飲食用量攝取都是安全的，以適當的藥用分量使用也不具有毒性。不過，對傘型科植物過敏的人們，有可能會對小茴香產生過敏反應。安全起見，孕婦和哺乳的母親請勿以藥用的量使用小茴香。若正患有對雌激素受體呈陽性反應的腫瘤，也應避免使用小茴香。

配方

小茴香茶 *Cumin Tea*

1 小匙⋯⋯⋯⋯⋯⋯⋯⋯⋯小茴香籽
250㎖（1 杯）⋯⋯⋯⋯⋯⋯清水

將種子稍微搗碎，和清水一同放入鍋中。煮至水滾就關火，浸泡 15 分鐘。濾出茶液後飲用。

小茴香醋 *Cumin Vinegar*

1 大匙⋯⋯⋯⋯⋯⋯⋯⋯⋯新鮮現磨的小茴香籽
500㎖（2 杯）⋯⋯⋯⋯⋯⋯蘋果醋

將上述材料放入玻璃罐中混和均勻。放在陽光燦爛的窗邊，持續 3 週，然後濾出醋液，另外用消毒過的瓶子保存。

小茴香蜜  *Cumin Electuary*

3小匙··································小茴香籽
1個··································450g 的罐裝蜂蜜

將小茴香籽仔細搗成粉，調入蜂蜜中。每天4次，每次吃滿滿1匙。

防盜粉 *Keeping Powder*

3小匙··································藏茴香籽
3小匙··································小茴香籽

用杵臼把上述種籽仔細搗成細粉，一邊進行，一邊在心中專注持著意念。將完成後的防盜粉灑在你想避免被偷盜的物品上，例如車子、包包等等。

魔法香包：愛情 *Spicy Love Charm Bag*

1小匙··································小茴香
1/2小匙··································乾薑粉
1片··································乾檸檬皮
1片··································乾橙皮
1/2小匙··································罌粟籽
1根··································香草莢

將上述材料縫入粉紅色或紅色的布袋中，放在床底
下或隨身攜帶，以改善你的感情生活。

蒔蘿 *Dill*

Anethum graveolens syn.
Peucedanum graveolens

掌管行星：水星。
代表元素：風元素／火元素。
相關神靈：羅馬貿易之神──墨丘利（Mercury）、希臘商業之神──赫爾墨斯（Hermes）。
魔法屬性：保護、溝通、心智活動、學習、愛情。

　　蒔蘿的英文名稱 *dill*，是來自德文古語中的 *dilla*，意思是「舒緩」；從名稱就可以看出蒔蘿藥草眾所皆知的舒緩效果。[78]這不僅意味著蒔蘿能對消化系統帶來舒緩作用，更包括它在其他方面的安撫作用：古希臘人甚至會將蒔蘿葉蓋在頭上幫助睡眠。從民間魔法來看，蒔蘿能使家門平靜。你可以在家中掛上**蒔蘿和平護身符**，確保家庭和諧。如遇口角衝突，可以用碳片燃燒一些蒔蘿籽，來淨化空間氛圍。蒔蘿的和平效用是如此強大，比利時佛蘭德（Flanders）地區的新娘甚至會在婚紗別上蒔蘿枝，來祝願婚姻和諧。

　　不過，說到愛情，蒔蘿的名聲可就有褒有貶。修道院長馮賓根對蒔蘿抑制性衝動的效果讚譽有加，羅馬軍醫迪奧斯科里德斯（Dioscorides）卻認為，雖然蒔蘿可以改善許多疾病，使用過量卻可能造成陽痿。另一方面，普林尼卻建議蒔蘿可調入野蘆筍汁中，製成催情劑。關鍵似乎在於使用的量──少量可刺激情慾（尤其搭配狀似陽具的植物一同使用，例如蘆筍），而大量卻會有平息慾望的效果。關於這點，我想，可以理解為就像酒精一樣。要促進愛情與情感發展，可以和愛人共同享用一點**蒔蘿愛之酒**，不過要小心，飲用過度的話可能會影響表現喔！你也可以用 3 到 5 粒蒔蘿籽製成

---

78. 戴安德莉亞（D'Andréa），《蓋蒂博物館花園裡的古老藥草》（*Ancient Herbs in the J. Paul Getty Museum Gardens*）。

護身符或魔法香包，帶來戀愛魔法的效果。如果想要的話，可以參考本書附錄一，搭配其他戀愛藥草使用；或者，也可以將**蒔蘿葉浸泡油**塗在粉紅色或紅色蠟燭上，連續燃燒3個晚上。這麼做可以促進關係中雙方的愛意，不是滿足短暫的慾望而已。

迪奧斯克里德斯將蒔蘿稱為墨丘利（Mercury）的種籽。墨丘利是溝通與傳訊之神，祂精通騙術，也是所有發明與智力活動的保護者，同時也是負責將靈魂護送到其他世界的神。卡爾佩伯將蒔蘿歸為水星管轄，水星也掌管心智、智力與溝通。卡爾佩伯說到：「水星掌管這個植物，因此它無疑有增強腦力的作用。」[79]蒔蘿可以用在各種幫助溝通與學習、心智清晰、魔法書寫和旅行（包括薩滿幻遊，以及去到其他空間的迷幻旅行）的儀式或魔法中。由於墨丘利也是神祕與魔法之神，祂能為這樣的旅程帶來指引。蒔蘿能幫助腦袋裡的點子被落實，也能把心智能量帶到現實世界中。和其他水星藥草（參見本書附錄一）一起作為焚香材料，或飲用**蒔蘿籽茶**，能使頭腦清晰，強化個人專注力。當你試著要消化現代社會蜂擁而至的大量資訊，並吸收整合至更大的藍圖、與更大的意識連結時，**蒔蘿花精**可以帶來幫助。

蒔蘿可以幫助傷口更快修復。羅馬帝國的角鬥士會在皮膚上塗抹蒔蘿油，幫助傷口更快復原。羅馬人相信蒔蘿有強身固體的作用，因此角鬥士的餐點都有蒔蘿葉覆蓋其上。據說，中世紀時受傷的武士會在傷口放上燃燒過的蒔蘿籽，以加速復原。當你需要更多力量，或需要獲得療癒時，不妨飲用**蒔蘿籽茶**。

蒔蘿也是一種能帶來保護的藥草，可以用來破除惡意的魔法攻擊，也可以抵抗負面能量。中世紀時，人們會用蒔蘿施法對抗巫術。詩人德雷頓就曾在＜仙女之歌＞（Nymphidia）這首長詩中寫到：「她用馬鞭草和蒔蘿／干擾女巫的意圖。」[80]蒔蘿也是慶祝聖約翰夜（Saint John's Eve）的節日藥草。夏至是危險的時刻，各種靈體和仙子紛至，女巫也外出進行惡作劇，蒔蘿能保護人們不受調皮搗蛋的侵擾。蒔蘿可以加入焚香粉中，帶來保護作用，同時可以為神聖的空間帶來清理。對現代女巫來說，蒔蘿是仲夏時節的神聖藥草，可以用來焚燒、拋入篝火，或用來製作儀式聖酒。在家中懸掛藏有種子的蒔蘿花頭，可以為住在家中的每一個人帶來保護。此外，也可以掛在嬰兒

床邊，為孩子帶來保護。**蒔蘿葉茶**可以作為洗劑，或用來清理神聖空間、加在儀式淨身的沐浴水中。**蒔蘿防護藥水**可以用來封印護身符，也可以擦拭門窗，讓房子不受負面能量的影響。

料理用途

蒔蘿是一種芳香藥草，綠色的葉片細緻得像羽毛。棕色的種子形狀扁平，味道和藏茴香很接近。蒔蘿與藏茴香自古以來就是人們用於料理的香料。蒔蘿原生於地中海與黑海地區，由羅馬人傳入歐洲。古希臘哲學家泰奧弗拉圖（Theophrastus）曾言，蒔蘿就和甜菜根、生菜和洋蔥一樣，是典型希臘廚房會用到的花園植物。

在美國，蒔蘿葉被稱為「蒔蘿草」（dill weed），最好新鮮使用，因為乾燥的草葉會失去它的風味。蒔蘿很適合加入番茄料理、湯品和醬料中。在北歐，人們經常將新鮮的蒔蘿灑在單片三明治上作為裝飾，蒔蘿也可以搭配馬鈴薯沙拉與德國酸菜食用。完整或磨成粉的蒔蘿籽可以用來為燉菜、醬料、麵包、蛋糕、點心、醃菜調味，尤其製作德式醃黃瓜時更是不可缺少的一味。

美容保養用途

古埃及人經常將蒔蘿用在美妝保養品與香水中，而古希臘人則認為蒔蘿香水是財富的象徵。時至今日，美妝保養品與香水依然會添加蒔蘿精油，蒔蘿的香氣也被用來為清潔劑與洗浴品增添香氣。

---

79. 《卡爾佩伯的藥草大全》（*Culpeper's Complete Herbal*）。.
80. 麥可・德雷頓（Michael Drayton），《仙女之歌》（*Nymphidia: Or the Court of Faery*）（George Routledge and Sons, 1906）。

蒔蘿籽是少數可以激勵肌膚彈性蛋白（elastin）生成的物質之一，隨著年紀增長，彈性蛋白會自然流失，因此造成皮膚日漸鬆垮。[81]試試用**蒔蘿葉浸泡油**作為抗老的夜用精華液，或者將 2 小匙蒔蘿籽搗成粉，混入 1 大匙微溫的蜂蜜中靜置一夜。隔天，將蒔蘿蜜塗在臉部和頸部（或手部），留置 20 分鐘後，再用溫水洗淨。隨後潑上冷水，然後按日常步驟進行保養。至於身體，在泡澡水中加入 2 杯**蒔蘿籽茶**，就可以達到這樣的效果。

如想增強指甲健康、改善手部肌膚外觀，可以將雙手浸入雙倍濃的**蒔蘿籽茶**手浴5到10分鐘，用清水沖淋後，再塗上常用的護手霜進行保養。

治療用途

作用：解充血、抗糖尿病、抗組織胺、消炎、抗微生物、抗氧化、開胃、散發芬芳、消脹氣、消除感染、通經、滅菌、催眠、鎮靜、健胃。

在本章一開始提過，蒔蘿的英文名稱 *dill*，是來自德國古文中的 *dilla*，也就是「平息」或「舒緩」的意思，因為這種藥草能緩解胃部的不適。蒔蘿也曾出現在西元前 1550 年的埃及藥典《埃伯斯紙草文稿》（*Ebers Papyrus*）中，內容提到，蒔蘿可以用來治療脹氣、胃弱和便祕。羅馬人嚼食蒔蘿籽來幫助消化，而法蘭克國王查理大帝（Charlemagne，西元 742–814 年）則一直堅持在宴會桌上擺放用水晶瓶子裝著的蒔蘿油，以幫助打嗝或過度飽食的賓客。英國藥草學家卡爾佩伯在他撰寫的藥典中提到，蒔蘿能「平息打嗝……（它）可以用來製作祛風藥，也能改善隨後可能出現的疼痛。」市面上可以買到蒔蘿藥水，幾百年來，人們都用這樣的藥水來緩解嬰兒的腸絞痛。至

81.V. Cenizo et al., "LOXL as a Target to Increase the Elastin Content in Adult Skin: A Dill Extract Induces the LOXL Gene Expression," https://www.ncbi.nlm.nih.gov/pubmed/16842595，擷取日期：2018 年 1 月 2 日。

於大人，則或許更喜歡喝蒔蘿酒來安撫肚子不適。飲用**蒔蘿籽茶**，或嚼些蒔蘿籽，就能幫助消化、預防脹氣。嚼食蒔蘿種籽可以刺激唾液分泌，這就是消化開始的第一步。而蒔蘿當中含有藏茴香酮（carvone），它抗微生物的特質，可以幫助清新口氣。

蒔蘿也可以用來改善尿道感染，只要將雙倍濃的**蒔蘿籽茶**加入你的泡澡水中。睡前喝一杯**蒔蘿籽茶**，可以改善失眠，讓你一夜好夢。蒔蘿中含有的黃酮類化合物（flavonoids）與多種維生素 B，可以啟動身體分泌某些酵素和荷爾蒙，帶來鎮定的效果。因此，對於緊張性頭痛也能帶來一定的作用。

請注意：對大部分人來說，以一般料理攝取的量服用蒔蘿都是安全的，按藥用方式服用也不會有問題。不過，由於蒔蘿在草藥療法中，是用來幫助通經的藥草，因此懷孕婦女只能攝取非常微小的量，否則便有可能帶來危險。安全起見，哺乳的母親也應避免使用。蒔蘿能微微降低血糖，因此如果你是糖尿病患者，請仔細監測自己的血糖值。如果即將進行手術，在手術前 3 週就應該停止以藥用方式服用蒔蘿。如果你正服用鋰，也不可服用蒔蘿，因為蒔蘿有利尿的作用，可能會影響體內鋰的含量。新鮮的蒔蘿對某些敏感的人來說，可能造成接觸性皮膚炎，所以請小心慎用。在皮膚上使用新鮮的蒔蘿也可能增加皮膚光敏性，也就是讓你更容易曬黑。

RECIPES
配方

蒔蘿籽茶 *Dill Seed Tea*

1 小匙·····························壓碎的蒔蘿籽
250㎖（1 杯）·····················清水

將種子和水放在鍋中，小火滾煮 10 分鐘。離開火源，靜置浸泡 5 分鐘。濾出茶液後飲用。

蒔蘿葉茶 *Dill Weed Tea*

在一杯滾水中放入一個蒔蘿枝，靜置浸泡 10 分鐘。完成的蒔蘿葉茶可以加入更多水中，用來清潔神聖空間，或在儀式中做淨身浴。

蒔蘿葉浸泡油 *Dill Weed Infused Oil*

取一個乾淨的玻璃罐，放滿蒔蘿藥草。在罐中注滿植物油（例如葵花油），放在有日光照射的窗台邊，持續 2 週。2 週後可濾出油液，另外放進乾淨的玻璃罐保存。塞緊瓶口塞，標上標籤。蒔蘿葉浸泡油可以用來封印防身符、門廊和窗戶，讓有害的影響無法侵入。

蒔蘿防護藥水 *Dill Protection Potion*

500㎖（2杯）……………	滾水
1/2 小匙…………………	磨碎的蒔蘿籽
1/2 小匙…………………	切碎的迷迭香
1/2 小匙…………………	羅勒
1/2 小匙…………………	壓碎的丁香
1/2 小匙…………………	壓碎的芫荽籽
1/2 小匙…………………	百里香

在滿月時，將滾水注入上述藥草和種子中，蓋上蓋子浸製 20 分鐘。濾出水液，可以用來擦拭家中門窗，或任何你感覺需要保護的地方。

蒔蘿愛之酒 *Dill Love Cup*

250㎖（1杯）……………	紅酒
1小匙……………………	蒔蘿籽

將酒放入小鍋中，加入蒔蘿籽。文火加熱 5 分鐘，但不可煮至酒滾，以免酒精揮發。將酒液倒入酒杯，和你的愛人一同享用。紅酒中的蒔蘿籽可帶來催情的效果，傳統上，魔術師會用蒔蘿來施愛情魔法。這個飲料也很適合在訂婚儀式上作為新人的交杯酒。

蒔蘿花精 *Dill Flower Essence*

採集 5 到 6 朵盛開的蒔蘿花。取一個小碗，放入 150 毫升的泉水，讓花朵漂浮在水面。放置在太陽底下 3 至 4 小時，期間注意維持陽光照射，不能有任何遮蔽。完成後，將花朵取出。將水液注入瓶子裡，再加入 150 毫升的白蘭地或伏特加酒。這就是你的母酊液。接著製作實際使用的花精。在 10 毫升的滴管瓶中，加入 7 滴母酊液，注入白蘭地或伏特加酒至滿，這就是你的花精原液。使用時，每次在一杯水裡滴入 4 滴花精原液，每天服用 4 次。製作花精很重要的一點，是不要用手觸碰花朵──水中要留下的是花朵的振動印記，可不是你的振動印記喔！

蒔蘿和平護身符 *Dill Peace Talisman*

白色布袋

3 小匙	蒔蘿籽
1/2 小匙	芫荽籽
3 片	乾燥的羅勒葉
1 根	白鴿羽毛
1 件	粉晶

銀線

選一個星期日，將上述材料放入袋子裡，專心注入和平與和諧的意圖。用銀線將袋子綁起。要注入神聖的能量，可以點燃碳片，放上一些蒔蘿籽，任其燃燒，讓護身符在煙氣中薰染能量。

茴香 *Fennel*

Foeniculum vulgare syn.
Anethum foeniculum

掌管行星：水星。

代表元素：火元素。

相關神靈：希臘太陽神——阿波羅（Apollo）、希臘酒神——
戴歐尼修斯（Dionysus）、希臘智慧先知之神——普羅米修斯
（Prometheus）、希臘植物之神——阿多尼斯（Adonis）。

魔法屬性：保護、淨化、生育、薩滿幻遊、勇氣、喜悅。

　　根據希臘神話的描述，[82]在最一開始，人類身無衣物蔽體，飢寒交迫，活得絕望
又困頓。希臘泰坦天神普羅米修斯（Prometheus，「先知」）起了憐憫心，懇求奧林匹
斯山眾神出手相助，卻遭到拒絕，因為眾神不願人們活得像神一樣。於是，普羅米修
斯決定自己行動。祂從神的灶爐偷走火焰，將火藏進茴香枝，帶到地球。祂教會人們
如何用火溫暖住所、料理食物。原本的蒼涼與黑暗，現在被點起希望的火光。人們學
會如何種植食物、馴養動物，也掌握了金屬工藝，能創作藝術、能書寫，也懂得研究
哲學、數學與天文學。藏在茴香枝裡的一盞天界之火，改變了所有一切。

　　天神的神聖之火，點燃活化了世間萬物；火為一切生靈賦予了生命。因此，來自
神明的靈感被稱為「腦袋裡的火光」（fire in the head），在那兒，思想和精神相遇，激發
新的點子。有時我們或許感覺內在的火焰似要熄滅，那時便是茴香施展魔力的時候。
修道院長馮賓根曾說，「無論用什麼方式吃下茴香，都是令人歡喜的事，茴香令人舒
服、溫暖。」[83]如果你感覺自己卡住了、能量低落、沒有靈感，可以用**茴香籽茶**進行

82.Hesiod, *Theogony*，可於線上閱覽。網址如下：http://www.perseus.tufts.edu/hopper/text?doc=Perseus%3Ate
　　xt%3A1999.01.0130%3Acard%3D1，擷取日期：2017年12月14日。

83. 馮賓根（von Bingen），《醫療學》（*Causae et Curae*）。

魔法、儀式和靈性工作，讓茴香點燃你的內在火焰，或者用茴香籽、乾燥的茴香葉進行魔法、儀式，製作焚香、魔法香包、香囊和護身符。如果你覺得自己精疲力竭、對什麼都提不起勁，無法做決定，**茴香花精**將能帶來幫助；只要一星火光就能改變生命——或者說，是改變整個世界。

取一個大茴香（giant fennel，*Ferula communis*）的莖幹，頂端插上松果，就成了大茴香杖（thyrsus）。[84]大茴香杖可以「打開來自地球的生命之液通道」，[85]這通道來自希臘之神戴歐尼修斯（Dionysus），祂是生育之神、酒神、戲劇之神，也是帶來神聖洞見與創造力的狂野之神。早春向上昂揚生長的茴香莖，就像是勃起的陽具一樣，因此大茴香杖可以用在儀式和舞蹈中，象徵生育、豐饒與歡愉；松果則象徵播下的「種子」。有時，大茴香杖會和酒杯併排陳列，象徵男性和女性的結合。茴香也可以用在與生育、創意與創造、預見未來和薩滿幻遊有關的魔法與儀式中。用**茴香蜂蜜酒、茴香籽茶**、加了茴香的焚香粉，或是將茴香籽放在魔法香包與護身符中，或者用焚燃的煙氣來讓護身符薰染香氣。大茴香（*Ferula communis*）製成的魔杖，有直接來自天神的創造能量，可以直接用來傳導這樣的能量。

茴香也是古希臘人在阿多尼斯忌日——阿多尼亞節（Adonia），會派上用場的慶典材料。阿多尼斯（Adonis）是年輕的植物之神，也是希臘愛神阿芙蘿狄忒（Aphrodite）的情人。[86]根據泰奧弗拉圖（Theophrastus）的說法，阿多尼斯的忌日發生在「太陽最熾烈的時候」，也就是每年七月末尾的三伏天（dog days）。[87]每年此時，古

---

84. 拉許（Rätsch）和穆勒－埃貝靈（Müller-Ebeling），《催情百科》（*The Encyclopedia of Aphrodisiacs*），以及法爾（Farrar），《古世界裡的花園與園丁》（*Gardens and Gardeners of the Ancient World*）。

85. Segal, Dionysiac Poetics and Euripides' Bacchae.

86. 瑪賽爾‧德蒂安（Marcel Detienne），《阿多尼斯的花園》（*The Gardens of Adonis*）（Princeton University Press, 1977）。

87. 安娜‧富蘭克林（Anna Franklin），《愛爾蘭豐年節的歷史、傳說與慶典》（*Lughnasa, History, Lore and Celebration*）（Lear Books, Earl Shilton, 2010）。

希臘女人們會用陶盆或籐籃盆栽，組成小小的盆景花園，稱為阿多尼斯的花園（Gardens of Adonis），裡面的植物包括小麥、大麥、茴香與生菜。接著，她們會沿著梯子爬到屋頂上，將這小小的盆栽花園，放在離太陽最接近的地方。每年此時，炙熱的陽光與高溫雖然會刺激植物生長，株型卻可能變得細長，植物雖然成長茁壯，嫩芽卻會因乾燥而凋萎。當植物整株死去，人們會將盆子隨阿多尼斯的肖像一同放入河中，隨水流去。人們用儀式來為接下來的季節祈求豐沛的雨量。[88] 這些盆栽植物只會再留著生長八天，用以對應在農業女神狄蜜特（Demeter）的護佑之下，穀物成長所需的八個月時間。也因此，八月是敬拜女神狄蜜特（Demeter）和她的女兒冥后波瑟芬（Persephone）的月份。[89]

茴香遍布於地中海地區，當地人們經常用茴香作為飼料。[90]茴香的現代名稱與拉丁學名，都是來自意味著「小乾草」的拉丁字。[91] 曾經發生波斯和雅典經典戰役的馬拉松古城（Marathon），其名稱之意就是「茴香之地」。戰役結束之後，雅典人用茴香莖編織而成的織物，作為勝利的象徵。羅馬戰士則會把茴香籽拌在餐點中，確保自己在戰爭中，仍然保有力量和勇氣。[92] 飲用**茴香籽茶**或嗅聞茴香籽的香氣，都可以讓人感覺精神一振、恢復活力。當你需要勇氣和鬥志的時候，例如在迎接新的開始，或進行體育競賽（例如盧格納薩競賽〔Lughnasa games〕）時，喝**茴香籽茶**也都能帶來幫助。茴香編織成的頭冠，可以作為競賽勝利者的冠冕。

88. 戴安德莉亞（D'Andréa），《蓋蒂博物館花園裡的古老藥草》（*Ancient Herbs in the J. Paul Getty Museum Gardens*）。

89. 安娜・富蘭克林（Anna Franklin），《冬至的歷史、傳說與慶典》（*Yule, History, Lore and Celebration*）（Lear Books, 2010）。

90. Michael Stewart, "People, Places and Things: Fennel," Greek Mythology: From the Iliad to the Fall of the Last Tyrant, http://messagenetcommresearch.com/myths/ppt/Fennel_1.html，擷取日期：2017年9月25日。

91. 布魯頓－席爾（Brunton-Seal）與席爾（Seal），《廚房之藥》（*Kitchen Medicine*）。

92. 戴安德莉亞（D'Andréa），《蓋蒂博物館花園裡的古老藥草》（*Ancient Herbs in the J. Paul Getty Museum Gardens*）。

茴香是一種保護類藥草，可以祛除負面的影響。西元 10 世紀[93]流傳至今的盎格魯薩克遜九草咒（Anglo-Saxon Nine Herbs Charm）當中，就有一味聖草是茴香。九草咒能治療「飛天之毒」（flying venom）造成的病症，也可以幫助受到「精靈攻擊」（elf shot）、被妖精之箭擊中而生病的人們。這九種聖草包括：茴香、艾草、稗草（cockspur grass，或者也可能是水蘇〔betony〕）、碎米薺（lamb's cress）、大蕉（plantain）、母菊（mayweed）、刺蕁麻（nettle）、野生酸蘋果（crab apple）和百里香。人們將這些聖草製成藥草膏，透過複誦《拉奴卡禱文集》（Lacnunga）的內容，或是九草咒（Lay of the Nine Herbs），來施作魔法。中世紀時，茴香是人們在仲夏時分倒掛在家家戶戶門口，以防止惡靈、妖精和女巫侵入的防護藥草。人們把茴香籽塞進鑰匙孔中，相信這麼做能防止鬼魂入侵。茴香也可以用來製作具有保護和淨化功能的焚香粉；茴香籽可用在魔法、幸運符與護身符中。將**茴香籽茶**或**茴香葉片茶**加入儀式淨身的水中。茴香也可以為幸運符注入神聖的效力，或者加入用來清理儀式空間和魔法工具的水中。**茴香籽茶**或茴香浸泡油（做法參見本書第 16 頁）可以帶來封印的魔法，塗擦在門口和窗戶，可以防止邪惡能量入侵。

禁食的時候，飲用**茴香籽茶**可以減輕食慾，緩和斷食對身體消化系統的衝擊。

料理用途

古埃及人、希臘人和羅馬人，都會食用茴香的種子、芬芳的葉片和嫩枝。[94]青嫩的茴香枝可以當成蔬菜烹煮，也可以把生的茴香莖幹切碎加入沙拉，種子則可以放在麵糰底下，在烤製過程中為麵包增加香氣。[95]

---

93. Edward Pettit, Anglo-Saxon Remedies, Charms, and Prayers from British Library MS Harley 585: The "Lacnunga," 2 vols. (Lewiston and Lampeter: Edwin Mellen Press, 2001).

94. 戴安德莉亞（D'Andréa），《蓋蒂博物館花園裡的古老藥草》（*Ancient Herbs in the J. Paul Getty Museum Gardens*）。

95. 同上。

茴香的種子、球莖和葉片都可以入菜。茴香花和羽狀的茴香葉可以撒在沙拉、湯品和醬料中。茴香的莖幹就像芹菜一樣，有芬芳的洋茴香氣味，可以切塊加入湯品或沙拉，也可以加入燉菜、炒菜，或者像芹菜莖一樣食用。茴香籽可以加入麵包、蛋糕、點心、湯品、燉菜、甜漬品、蘋果派，和以番茄為基底的醬料中。市面上能買到的茴香「根」，是佛羅倫斯茴香（也就是甜茴香，*Foeniculum vulgare* var. *dulce*）的球莖，那其實是層層堆疊的葉片，並不是真正的根部。

美容保養用途

茴香能軟化肌膚，並有抗老作用。用**茴香籽茶**作為洗劑來清洗、調理肌膚，可以去除污垢、多餘油脂和老廢的肌膚細胞。茴香也能讓肌膚緊實、毛孔縮小、消除皺紋。乳霜和乳液中都可以加入茴香，用茴香籽製作的乳霜有輕微的防腐效果。

早上睡醒時，眼睛若有酸脹浮腫的情況，可以準備一杯**茴香籽茶**，浸入棉花球，敷眼 10 分鐘（請閉上眼睛，將棉花球敷在眼皮上），然後用冷水沖洗。

用**茴香籽茶**清洗頭髮，可以洗去化學殘留物，恢復頭髮活力、強健毛囊，調理頭皮屑與頭皮問題。

用磨碎的茴香籽和水調成膏泥，可以抹在出現橘皮組織的部位，或是作為去角質霜使用。

磨碎的茴香籽也可以用來蒸臉，達到調理面皰的作用。

治療用途

作用：抑制胃酸、抗痙攣、消炎、開胃、散發芬芳、消脹氣、激勵循環、利尿、通經、祛痰、催乳、助瀉、調節雌激素、促進局部血液循環、血管舒張。

自古以來，茴香就是人們用來療癒的藥草。西元前 3 世紀時，古希臘醫者希波克拉底用茴香來舒緩嬰兒腸絞痛；羅馬軍醫迪奧斯克里德斯則建議哺乳中的母親使用茴香；在羅馬自然學家普林尼撰寫的配方當中，有 22 個配方都用到茴香。[96] 13 世紀，英國威爾斯地區的密達斐醫者（Physicians of Myddfai）還曾流傳這樣一句話：「誰看到茴香而不採下，便不是人而是惡魔！」[97] 中世紀藥草學家暨修道院長馮賓根則認為，茴香能讓人們回歸平衡與喜悅，同時促進消化妥善進行、消除身體的不雅氣味。[98] 這麼說來，我們還需要懷疑為什麼查理大帝要命人在每個花園種下茴香嗎？[99]

茴香當中含有一種叫做茴香酮（fenchone）的成分，能幫助舒緩消化道平滑肌；因此，茴香是一種抗痙攣的藥草，可以紓解脹氣、消化不良與腸躁症。許多印度餐廳都會附上茴香籽，幫助賓客消化。[100] 在飯前 20 至 30 分鐘，嚼幾顆茴香籽，或飲用**茴香籽茶**，可以防止胃絞痛，也可以排出腸道空氣。茴香還有制酸作用，因此被大量用在市售的抑制胃酸藥物中。一杯**茴香籽茶**就可以舒緩胃灼熱。德國的 E 委員會（The German Commission E，地位等同於美國的食品藥物管理局）也認可茴香改善消化不適的功效。[101]

茴香籽茶有輕微的祛痰作用，並且含有桉油醇（cineole）與洋茴香腦（anethole）等植物化學成分，可以有效處理上呼吸道黏膜發炎的情況，幫助黏液和痰液從肺部排出，因此茴香很適合用來緩解咳嗽，以及上呼吸道發炎的症狀。**茴香糖漿**可以舒緩咳嗽，而雙倍濃的**茴香籽茶**可以用來漱口，緩解喉嚨痛與喉嚨嘶啞。

---

96. 凱索曼（Castleman），《藥草新論》（*The New Healing Herbs*）。

97. Pughe, The Physicians of Myddfai.

98. 馮賓根（von Bingen），《醫療學》（*Causae et Curae*）。

99. https://jonbarron.org/herbal-library/foods/fennel，擷取日期：2017 年 9 月 13 日。

100. 凱索曼（Castleman），《藥草新論》（*The New Healing Herbs*）。

101. 同上。

茴香也有利尿作用——可以促進尿液排出。茴香之所以是飽享盛名的減肥藥草，或許就是和它的利尿功能有關；除此之外，茴香籽也能抑制食慾。古希臘人把茴香稱作 *maraino*，這個字就是「變瘦」的意思，因為當時人們相信茴香能幫助減重；而羅馬時期的女性，也確實會用茴香來防止身材肥胖。[102]卡爾佩伯也曾寫道，「茴香的每個部位都可以製成飲料或高湯，幫助肥胖的人瘦下來。」[103]那些在基督教節日盛宴時忌口禁食的人，會用茴香助上一臂之力；茴香也是從古到今瘦身配方中，普遍常用的材料。[104]如果你正在減重，**茴香籽茶**或**減重茶**就很可能派上用場。

茴香有些微的類雌激素效果，因此對於更年期女性能帶來很好的助益。可以飲用**茴香籽茶**，或用**茴香油膏**來改善陰道乾澀的情況。

茴香也可以調裡眼部發炎，例如用**茴香籽茶**製成冷敷包，敷在眼皮 10 分鐘，就可以緩和眼瞼炎和結膜炎等症狀。

最後，**茴香籽茶**也可以緩解宿醉。

請注意：茴香對大部分人來說都是安全無虞，但請不要用在孩子身上。同時，如若患有出血性疾病、受荷爾蒙波動影響的癌症，正服用泰莫西芬（tamoxifen，一種治療乳癌的荷爾蒙藥物），或患有子宮內膜異位症或子宮肌瘤，都請避免使用茴香。茴香也可能稍微減低避孕藥的效果。懷孕的女性不可以藥用目的內服茴香，因為茴香有可能刺激子宮，然而少量用於料理中不至於會造成危險。

---

102. 凱索曼（Castleman），《藥草新論》（*The New Healing Herbs*）。
103. 卡爾佩伯（Culpeper），《卡爾佩伯的藥草大全》（*Culpeper's Complete Herbal*）。
104. 布魯頓－席爾（Brunton-Seal）與席爾（Seal），《廚房之藥》（*Kitchen Medicine*）。

配方

茴香籽茶 *Fennel Seed Tea*

1小匙⋯⋯⋯⋯⋯⋯⋯⋯稍微壓碎的茴香籽
250㎖（1杯）⋯⋯⋯⋯⋯滾水

蓋上蓋子浸泡10分鐘，濾出茶液後飲用。

茴香面膜 *Fennel Face Mask*

3大匙⋯⋯⋯⋯⋯⋯⋯⋯壓碎的茴香籽
80㎖（¹/₃杯）⋯⋯⋯⋯⋯清水
100g（³/₄杯）⋯⋯⋯⋯⋯燕麥碎
4大匙⋯⋯⋯⋯⋯⋯⋯⋯蜂蜜（可流動的液態）

將茴香籽和水放入鍋中，煮至水滾，離火浸泡20分鐘，濾出茶液。將此茶液調入燕麥和蜂蜜，形成稠厚的膏狀。清潔肌膚後，塗在臉部與脖子上。留置15分鐘，輕輕按摩。最後用溫水洗淨。

茴香葉片茶 *Fennel Leaf Tea*

2小匙⋯⋯⋯⋯⋯⋯⋯⋯新鮮的茴香葉
250㎖（1杯）⋯⋯⋯⋯⋯滾水

浸泡5分鐘，濾出茶液後飲用。

減重茶 *Weight Loss Tea*

1小匙⋯⋯⋯⋯⋯⋯⋯⋯⋯稍微壓碎的茴香籽
1支⋯⋯⋯⋯⋯⋯⋯⋯⋯⋯新鮮的歐芹枝
1個⋯⋯⋯⋯⋯⋯⋯⋯⋯⋯綠茶茶包（或1撮綠茶葉）
250㎖（1杯）⋯⋯⋯⋯⋯⋯滾水

蓋上蓋子浸泡10分鐘，濾出茶液後飲用。

茴香糖漿 *Fennel Syrup*

3小匙⋯⋯⋯⋯⋯⋯⋯⋯⋯茴香籽
300㎖（1 ¼ 杯）⋯⋯⋯⋯⋯清水
250g（1杯）⋯⋯⋯⋯⋯⋯糖

製作糖漿的方法如下。首先，將壓碎的茴香籽放入水中，煮至水滾，續煎 10 分鐘。離開火源，用棉布濾出汁液，然後量出 250 毫升的量（在煮藥汁的時候要多些水分，因為過程中水分會蒸發）。加入糖，以小火徐徐加溫，直到糖完全溶解。小火慢煮，直到糖水變稠。倒入消毒過的玻璃罐，貼上標籤。製作完成的糖漿只要未開封，並存放在陰涼處，可以儲存 6 至 12 個月。一旦開封過後，必須放入冰箱保存，可以存放 1 至 2 個月。可以根據你的喜好，用蜂蜜取代糖。

茴香花精 *Fennel Flower Essence*

採集 5 朵盛開的茴香花朵。取一個小碗，放入 150 毫升的泉水，讓花朵漂浮在水面。放置在太陽底下 3 至 4 小時，期間注意維持陽光照射，不能有任何遮蔽。完成後，將花朵取出。將水液注入瓶子裡，再加入 150 毫升的白蘭地或伏特加酒。這就是你的母酊液。接著製作實際使用的花精。在 10 毫升的滴管瓶中，加入 7 滴母酊液，注入白蘭地或伏特加酒至滿，這就是你的花精原液。使用時，每次在一杯水裡滴入 4 滴花精原液，每天服用4次。

茴香油膏 *Fennel Cream*

100mℓ（7大匙）⋯⋯⋯⋯⋯⋯⋯⋯⋯ 椰子油（固體狀）
2小匙⋯⋯⋯⋯⋯⋯⋯⋯⋯⋯⋯⋯⋯⋯ 壓碎的茴香籽
10mℓ（2小匙）⋯⋯⋯⋯⋯⋯⋯⋯⋯⋯ 維生素 E 油

將椰子油和壓碎的茴香籽隔水加熱。小火慢煮 60 分鐘。用兩層棉布過濾至消毒過的
玻璃罐中。當溫度冷卻而尚未完全凝結成固體時，加入維生素 E 油攪拌。這個油膏
可以滋潤陰道壁，降低敏感性。茴香有類雌激素的作用，椰子油可以幫助身體回復到
自然的水潤狀態，維生素 E 油讓身體回歸平衡。

茴香蜂蜜酒 *Fennel Metheglin*

3個⋯⋯⋯⋯⋯⋯⋯⋯⋯⋯⋯⋯⋯⋯⋯ 茴香根
2枝⋯⋯⋯⋯⋯⋯⋯⋯⋯⋯⋯⋯⋯⋯⋯ 芸香
2 kg（6杯）⋯⋯⋯⋯⋯⋯⋯⋯⋯⋯⋯⋯ 蜂蜜
2顆⋯⋯⋯⋯⋯⋯⋯⋯⋯⋯⋯⋯⋯⋯⋯ 檸檬（取檸檬汁）
酵母和營養劑
5 ℓ（21杯）　　　清水

將茴香根洗淨，加入 1 公升的水中滾煮 40 分鐘。濾出汁液，倒回鍋中和蜂蜜一起滾
煮 2 小時。撈除表面浮渣，加入芸香。靜置放涼，直到微溫的程度時，加入檸檬汁、
酵母和營養劑。濾出酒液，裝進細頸瓶（demijohn）中，加上排氣閥存放。發酵完成後
（不再冒出泡泡），就可以將酒液注入乾淨、消毒過的細頸瓶，加上排氣閥存放。大
約一年後，就可以把茴香蜂蜜酒取出裝瓶了（請裝入
消毒過的玻璃瓶存放）。

葫蘆巴 *Fenugreek*

Trigonella foenum-graecum

掌管行星：水星。

代表元素：風元素。

相關神靈：希臘太陽神——阿波羅（Apollo）、印度天花女神——喜塔拉（Shitala）。

魔法屬性：增強、健康、保護、愛情、消除負能量。

    葫蘆巴的名字來自 *foenum-graecum* 這個字，意思是「希臘的乾草」（Greek hay）。它經常被加在動物的糧草中，因為牛和馬都喜歡它的味道。羅馬帝國騎兵隨身攜帶葫蘆巴，在坐騎病恙時可以派上用場。在英國，19 世紀最初始的馬術工作者祕密組織——馬術師之語（Horseman's Word），或是所謂的馬術師協會（Society of Horsemen），會用葫蘆巴來施作能控馭馬的「魔法」。像這樣的技倆，多半都是因為馬兒有敏銳的嗅覺而奏效。將某些物品放在馬的前方或身上，就很容易讓牠出現抗拒或前進的反應。這個技巧叫做 jading，直到今日依然是馬術訓練師會使用的技巧。例如，用以下藥草製作成油，就能讓馬兒停止前進：小茴香籽、白屈菜（celandine）、夏白菊（feverfew）、葫蘆巴和歐夏至草（horehound）。[105] 熟悉馬兒，或者和力量動物一同工作的人，也很適合使用葫蘆巴。

    葫蘆巴主要的魔法功效就是增強——增強愛情、增強豐饒、增強健康、增進乳汁分泌，甚至（據說）可以讓女性的罩杯升級。當你有想要增強的部分時，就可以用葫蘆巴來施作魔法、咒術，或進行儀式。你可以播下葫蘆巴種籽，讓它發芽，這就是

105.George Ewart Evans, *Horse Power and Magic* (London: Faber, 1979).

一個增強的法術。你也可以將葫蘆巴加入招財的焚香粉或魔法油中，或者，**將葫蘆巴浸泡油**塗在綠色的蠟燭上，並點燃它。當然，也可以將葫蘆巴放入魔法香包、香囊、護身符中，來吸引更多的豐盛。無論在古老傳說或當代傳奇故事裡，葫蘆巴都有催情的效果，能增強男性性慾。你可以將葫蘆巴加入食物、飲料，或者用於增添情慾的魔法與儀式中。

葫蘆巴不僅可以吸引、增強正能量，也可以消除負能量。古埃及時代，埃斯那鎮（Esna）的人們就曾經用葫蘆巴來驅趕毀滅之神──阿波菲斯（Apophis），祂是混亂與黑暗之神，經常擾亂神聖秩序。當時，人們用葫蘆巴與瀉根（bryonia）燒毀阿波菲斯的肖像，以此方式驅逐祂。[106]你也可以用茴香籽來施作魔法或儀式，讓負面能量與混亂回到它的來源處。把你想擺脫的事物寫下來──例如某種壞習慣──然後和一些葫蘆巴籽一起放在碳片上燃燒，底下記得放上耐熱的小盤。如果你感覺自己沒有走在自己神聖的生命道路上，因此感到生命走偏、走錯方向，或者倒楣事連連，也可以借助葫蘆巴的能量來改善：飲用**葫蘆巴籽茶**、將**葫蘆巴浸泡油**塗在前額，或者在靜心時燒燃葫蘆巴籽。

在印度神話裡，葫蘆巴和喜塔拉女神（Shitala Devi，「清涼女神」）有關，祂能治癒兒童的疾病。喜塔拉女神的肖像總是有四隻手，分別拿著一支短掃帚、一個畚斗、一壺冷水，和一個杯子。人們相信，所有的錫盆、銅盆與陶盆，都有喜塔拉女神的能量，能夠帶來豐饒與療癒。神廟添置的儀式水罐裡，會裝入恆河的水，而人們會獻上葫蘆巴和洋茴香等材料作為供品，可以用來施作與療癒有關的魔法和儀式。

料理用途

新鮮的葫蘆巴籽可以用來為咖哩香料調味，也可以加入麵包、烘製成咖啡的替代品，也可以用來為飲料調味、為甜點增添類似楓糖的口味。葫蘆巴籽也可以播種，

---

106. Ian Rutherford, *Animal Sacrifice in the Ancient Greek World* (Cambridge University Press, 2017).

長出綠芽後做成沙拉享用，也可以加入熟食，一如埃及人的吃法。

美容保養用途

羅馬時期，葫蘆巴可以製成一種土人蔘膏（telinum），凱撒大帝曾特別提到這種油膏，說它有舒緩的作用。普林尼則寫道，葫蘆巴是製作香桃木膏（myrtinum）的成分之一，那是羅馬時期最受人們歡迎的埃及油膏之一。古人深黯葫蘆巴的效果，利用它來改善肌膚、消除皺紋。有一種傳自埃及的葫蘆巴油甚至據說能帶來「返老還童」的效果──至少看起來啦！[107]

葫蘆巴可以柔軟並安撫肌膚。其中含有卵磷脂（lecithin），是一種天然的脂質。保養品製造商經常在產品中添加卵磷脂，來達到調理、滋潤肌膚的效果。葫蘆巴籽也有抗細菌和消炎的作用，同時富含維生素 B3，可以幫助修復肌膚損傷、促進肌膚新生。將葫蘆巴種子磨碎後調入蜂蜜，就成了面部去角質霜；也可以用**葫蘆巴浸泡油**作為夜間保養精華液。你也可以把**葫蘆巴敷料**當作面膜使用。

葫蘆巴籽含有菸鹼酸（nicotinic acid），可以刺激毛髮生長，而卵磷脂能使秀髮滑順、光亮。用**葫蘆巴浸泡油**來做熱油保養，或者用**葫蘆巴籽茶**沖洗秀髮。

治療用途

作用：消炎、退熱、抗痙攣、緩和炎症、幫助消化、潤膚、催乳、降血糖、激勵免疫。

在中醫裡，葫蘆巴主要是用來幫助慢性疲勞和性功能低落的恢復劑。在伊斯蘭醫學中，葫蘆巴籽是珍貴的補身劑，因為先知穆罕默德曾言：「若你知曉葫蘆巴的價

---

107. Lise Manniche, *An Ancient Egyptian Herbal* (University of Texas Press, 1999).

值，必會願意拿黃金來交換。」[108]羅馬軍醫迪奧斯克里德斯則認為，葫蘆巴適合用來治療各種婦科疾病。在中東，許多哺乳的母親都會食用葫蘆巴籽，來增進乳汁分泌。

葫蘆巴籽有高含量的黏質（mucilage），它不會被身體吸收，而是會通過腸道，刺激腸道肌肉收縮。因此，葫蘆巴是溫和有效的助瀉劑，這也使得它能有效改善便祕。葫蘆巴的黏質有舒緩效果，因此可以為喉嚨痛與喉嚨嘶啞的情況帶來幫助。在**葫蘆巴籽茶**裡加點檸檬汁和1小匙的蜂蜜飲用，或者用來漱口。

葫蘆巴含有植物性雌激素——山藥薯蕷皂素（diosgenin）和異黃酮類（isoflavones）成分，與女性的雌激素相似。因此，當女性時屆更年期，因喪失雌激素而出現多種不適，吃葫蘆巴或飲用**葫蘆巴籽茶**，可以幫助改善更年期的各種症狀。

葫蘆巴敷料也能改善風濕症和關節炎的症狀。

請注意：以日常料理的量食用葫蘆巴，一般來說安全無虞；對大部分人來說，以藥用方式服用，只要不超過6個月也屬安全範圍之內。使用葫蘆巴可能的副作用包括腹瀉、胃部不適、腹脹、放屁，以及排尿時出現「楓糖」的氣味。孕婦不應食用葫蘆巴。大量服用葫蘆巴可能降低血糖，因此糖尿病和低血糖患者需要格外注意。如正服用抗血小板與抗凝血藥物，也不可大量服用葫蘆巴，因為它可能增強這類藥物的效果。對花生、大豆過敏者，也可能對葫蘆巴過敏。在同一位置重複塗用葫蘆巴，可能造成某些人肌膚搔癢、發紅或起紅疹。

108.https://www.islamicmedicineacademy.co.uk，擷取日期：2017年11月10日。

配方

葫蘆巴籽茶 *Fenugreek Seed Tea*

1小匙⋯⋯⋯⋯⋯⋯⋯⋯稍微磨碎的葫蘆巴籽
250㎖（1杯）⋯⋯⋯⋯⋯⋯冷水

將上述材料浸泡過夜，取出種子後就可以飲用。冷熱皆宜。

葫蘆巴浸泡油 *Fenugreek Infused Oil*

2大匙⋯⋯⋯⋯⋯⋯⋯⋯壓碎的葫蘆巴籽
500㎖（2杯）⋯⋯⋯⋯⋯⋯植物油

將葫蘆巴籽稍微磨碎，放入隔水加熱鍋中，注入植物油。蓋上蓋子，以極小的火滾煮
2小時。關火，靜置放涼。完全降溫後濾出油液，注入消毒過的瓶子裡。

葫蘆巴面膜 *Fenugreek Face Mask*

1大匙⋯⋯⋯⋯⋯⋯⋯⋯⋯葫蘆巴籽
2大匙⋯⋯⋯⋯⋯⋯⋯⋯⋯優格（大豆優格也沒問題）

將葫蘆巴籽磨碎，加入優格靜置3小時。塗抹在臉部
和頸部，留置30分鐘。用溫水洗去，隨後潑上冷水，
按正常程序保養肌膚。

葫蘆巴敷料 *Fenugreek Poultice*

50g（¹/₄杯）·················新鮮現磨的葫蘆巴籽
1ℓ（4杯）·················滾水

將上述材料混拌，靜置直到成為稠厚的膠狀。塗抹在需要的部位，蓋上棉布。

魔法香包：保護 *Protection Charm Bag*

9粒·················葫蘆巴籽
3片·················乾燥的羅勒葉
2粒·················黑胡椒粒
1個·················紅辣椒（乾辣椒）
7枚·················丁香
5粒·················蒔蘿籽
1片·················乾燥的檸檬皮

將上述材料縫入白色布袋，一邊組合材料、施作魔法時，心中持著你的意念。這個香
包可以掛在家門口，以保護平安，或者在你遇到困難、需要保護時隨身攜帶。

魔法焚香粉：招財 *Money-Drawing Incense*

$^1/_2$份⋯⋯⋯⋯⋯⋯⋯⋯壓碎的葫蘆巴籽

$^1/_4$份⋯⋯⋯⋯⋯⋯⋯⋯撕碎的乾羅勒葉

$^1/_2$份⋯⋯⋯⋯⋯⋯⋯⋯壓碎的肉桂棒

$^1/_8$份⋯⋯⋯⋯⋯⋯⋯⋯磨碎的丁香

$^1/_2$份⋯⋯⋯⋯⋯⋯⋯⋯乾薑粉

$^1/_2$份⋯⋯⋯⋯⋯⋯⋯⋯乾燥撕碎的柳橙皮

幾滴⋯⋯⋯⋯⋯⋯⋯⋯⋯橙精油（選擇性添加）

3份⋯⋯⋯⋯⋯⋯⋯⋯⋯⋯乳香（選擇性添加）

將材料混和在一起，放在碳片上燃燒。

大蒜 *Garlic*

Allium sativum

掌管行星：火星。

代表元素：火元素。

相關神靈：希臘黑月女神——黑卡蒂（Hecate）、希臘醫神阿斯克拉庇斯（Aesculapius）、羅馬戰神——馬斯（Mars）、希臘天神之王——宙斯（Zeus Kasios）、埃及墓地守護神——索卡爾（Sokar）、埃及冥王——歐西里斯（Osiris）、埃及造物神——普塔（Ptah）、所有的地府之神。

魔法屬性：避邪（不受邪靈侵害）、保護、療癒、力量、勇氣、催情。

伊斯蘭世界有這樣一個傳說：當惡魔離開伊甸園，一腳長出大蒜，另一腳則長出了洋蔥。[109] 5世紀的西域醫書《巴爾文書》（*Bower Manuscript*）中也有類似的記載，其中寫到，當毗濕奴（Vishnu）將惡魔消滅，惡魔的血便長出了大蒜。[110] 在印度，洋蔥和大蒜是惰性食物（代表「黑暗」）。沒錯，人們普遍認為大蒜與洋蔥，和地府、死亡、黑暗與邪惡有關。

說到大蒜，人們最先感受到的，就是那辛辣的氣味。古希臘人給大蒜的名稱是 *scorodon*，發明植物療法（phytotherapy）一字的法國醫師亨利・拉勒克（Henri Leclerc，1870-1955）認為這個希臘名稱是從 *skaion rodon*（意思是「臭玫瑰」）演變而來，不過，這只是他的推測。

許多文化都認為，像乳香這樣香甜的氣味，能討神歡心，而刺鼻的氣味則會冒犯祂們，甚至會玷污神靈。因此，如想接近神的所在（例如去到廟宇），就必須保持乾淨、清香，不能有汗臭或大蒜與洋蔥的氣味。[111] 古希臘時，要是吃了大蒜，就不能進入某些神母庫伯勒（Cybele）的神殿；而在巴比倫，則是不能進入智慧之神納布

（Nabu）的廟宇。[112] 羅馬作家普魯塔克（Plutarch）曾寫道，祭司們不吃大蒜與洋蔥，因為它們是唯一在暗月下繁茂生長的植物，而且這兩種植物「既不適合禁食，也不適合饗宴，因為用於前者令人口渴，用於後者則令分食之人流淚。」[113] 現在，印度人認為大蒜與洋蔥對印度神來說，是不潔的供品。瑜伽士、東正教印度教徒（orthodox Hindus）和耆那教徒（Jains）都不吃大蒜，因為它太過刺激，會讓意識更紮根於身體，干擾冥想狀態。中國佛教徒透過不吃大蒜，來戒邪淫、淨化身體。[114] 19 世紀時，參加國家慶典的中國官員們曾被要求忌食某些令人「不潔」（impure）的食物，包括蔥、蒜與洋蔥。[115]

或許是因為那像硫一樣的氣味，也或許是它們的球莖長在地底，或者因為大蒜與洋蔥總讓人流淚，就像發生了什麼悲慘的事情一樣……這兩種植物總是和死亡與地府神靈有關。在埃及，洋蔥是為屍體防腐時會使用到的材料，人們將洋蔥放在死者的眼睛上與耳朵裡，幫助掩蓋死者的氣味。[116] 在墓地守護神索卡爾（Sokar，也寫作Seker）的慶典裡，祂以木乃伊般的鷹的形象出現，而祂的追隨者則在脖子掛上洋蔥串成的項鍊，以代表祂和冥界的關聯。根據普林尼所言，埃及人在宣誓時，會將大蒜和洋蔥看作神靈請求庇祐。[117]

109. 葛利夫（Grieve），《當代藥草大全》（*A Modern Herbal*）。

110. A. F. R. Hoernle (ed.), *The Bower Manuscript, Archaeological Survey of India* (Calcutta: New Imperial Series 22, 1893).

111. Samuel Daiches and Israel W. Slotki (trans.), *Kethuboth: The Babylonian Talmud* (London: Soncino Press, 1936).

112. 西穆斯（Simoons），《植物之生，植物之死》（*Plants of Life, Plants of Death*）。

113. Plutarch, Isis, and Osiris，可於線上閱覽。網址如下：http://penelope.uchicago.edu/Thayer/E/Roman/Texts/Plutarch/Moralia/Isis_and_Osiris*/home.html，擷取日期：2017年11月11日。

114. 西穆斯（Simoons），《植物之生，植物之死》（*Plants of Life, Plants of Death*）。

115. Stuart E. Thompsom, Death, *Food and Fertility in Death Ritual in Late Imperial and Modern China*, (University of California Press, 1988).

116. Gahlin, *Gods and Myths of Ancient Egypt*.

117. 老普林尼（Pliny the Elder），《博物誌》（*The Natural History*）。

大蒜是適合獻給地府之靈的供品，無論是邪靈、惡魔或地府神靈，供奉大蒜都可以尋求保護、將意圖神聖化，或者驅走祂們，同時驅趕祂們帶來的其他邪靈。古希臘人會為女巫女神黑卡蒂（Hecate）獻上大蒜，黑卡蒂可以帶來災害，也可以拯救危難。泰奧弗拉圖（Theophrastus）則說，迷信的希臘人會把一串串的大蒜花環放在路口的黑卡蒂神壇上，人們認為，誰要是敢吃了黑卡蒂的晚餐，絕對會吃不完兜著走。[118]後來即便基督教出現，到了 11 世紀，人們依然保留這樣的習俗，也因此有紀錄顯示，教會試圖遏止這樣的做法。據說，黑卡蒂在中世紀經常帶著女巫在天上環遊。[119]

古希臘人們認為，大蒜擁有能對抗惡魔之眼的強大力量。[120]直到現代，人們依然這樣相信，也因此，人們會在家門或商店門口掛上一串大蒜，來防止惡魔之眼侵襲。[121]嬰兒與兒童尤其需要保護，因此，希臘的助產士會帶著大蒜進產房，並環掛在嬰兒脖子上，[122]母親則會在枕頭底下放幾顆大蒜。[123]希臘某些地區的人們相信，光是說出大蒜這個字，就能擊退惡魔之眼，因此，人們會在不小心說出不祥之言後補上一句：「大蒜去到你的眼！」（Garlic in your eyes!），或者刻意對某個懷抱惡意的人這麼說。[124]大部分的土耳其人身上都會穿戴某些能防止惡魔之眼侵害的物品，他們或許隨身帶著眼睛狀的小珠子，也或者會把一小袋的大蒜和丁香別在貼身衣物上。[125]

大蒜還能以其他方式防止惡意與不幸到來。荷馬就曾寫到，奧德賽能成功逃離女巫瑟西（Circe），得歸功於他的「黃色大蒜」。[126]古希臘羅馬時期，人們會在出門採集毒藥草，例如黑嚏根草（black hellebore）之前，先吃些大蒜防身。[127]古時，義大利人相信，用鐵釘將大蒜釘在雞圈上，雞蛋就不會在暴風雨時受到損傷。[128]直到現在，在西西里島的某些地方仍然延續這樣的習俗，人們相信鐵釘能吸收噪音，讓雞不至於被擾動。現在，中國人去到太平間時，也會在衣服裡帶上大蒜，以保護自己不受死亡之力影響。

大蒜也可以保護人們不受妖精、惡魔與惡靈的惡意侵擾。在相對近代的希臘，人們認為耶誕節出生的孩子，有可能變成在耶誕節的 12 天當中出來搗亂的惡靈——小惡魔（Kallikantzaroi），因此，為了防止孩子被帶走，大人會用大蒜辮將孩子打傷。

¹²⁹同樣地，人們也在惡靈出沒的五朔節（May Day），把大蒜縫進孩子的衣物裡。¹³⁰在羅馬尼亞，人們會在三一節（Trinity Sunday）把大蒜掛在孩子頸項，或綁在動物的尾巴，以為他們帶來保護。大齋期（Lent）是女巫最頻繁出沒的時節，因此，人們會在大齋期前的懺悔節（Shrovetide）就先把大蒜塗在腋下、腳底和胸部。¹³¹ 17 世紀，丹麥的母親會在嬰兒床和門口放上大蒜，為孩子帶來保護，¹³²而瑞典新郎會把大蒜和其他氣味強烈的藥草，縫在自己的衣服上，以免自己受到侏儒怪或妖精的侵擾。¹³³在東歐，農家門口掛上大蒜是常見的景象，人們相信這麼做可以阻擋吸血鬼；而在現代的印度，人們將大蒜掛在家門前，則是為了驅趕惡魔。

118. K. F. Smith, "Hecate's Suppers," *Encyclopaedia of Religion and Ethics, vol. 6* (Edinburgh: T. & T. Clark, 1926).

119. 同上。

120. R. G. Ussher, *The Characters of Theophrastus* (London: Macmillan, 1960).

121. Margaret M. Hardie, *The Evil Eye: A Folklore* Casebook (NY: Garland, 1981).

122. 同上。

123. 同上。

124. 同上。

125. Rosemary Zumwalt-Levy, " 'Let It Go to the Garlic!' : Evil Eye and the Fertility of Women among the Sephardim," *Western Folklore 55*, no. 4 (1996).

126. Homer, *The Odyssey.*

127. 迪奧斯科里德斯（Dioscorides），《藥物論》（*De materia medica*），可於線上閱覽。網址如下：https://archive.org/stream/de-materia-medica/scribd-download.com_dioscorides-de-materia-medica_djvu.txt。老普林尼（Pliny the Elder），《博物誌》（*The Natural History*）。

128. Columella, "*On Agriculture*," online at http://www.archive.org/stream/onagriculturewit02coluuoft/onagriculturewit02coluuoft_djvu.txt.

129. George A. Megas, *Greek Calendar Customs* (Athens: Press and Information Department, 1963).

130. 同上。

131. 西穆斯（Simoons），《植物之生，植物之死》（*Plants of Life, Plants of Death*）。

132. 同上。

133. 同上。

大蒜也可以驅除惡靈，因此也被人們用來驅魔。中國道教的驅魔祖師爺——張天師（張陵）的肖像，手上總是帶著一把大蒜或大蔥。[134] 早期，英國曾有一男子被惡魔附身，人們準備了大蒜藥水、聖水，以及帶著「基督記號或十字架」、唱過彌撒的的教堂地衣，讓男子用教堂鐘鈴飲下。[135] 在印度康坎（Konkan）地區，當有人被惡靈附身，驅魔師便會將大蒜塞入對方的耳朵或鼻孔中。[136]

　　大蒜抗病的作用自古以來就為人們所知，即使當時人們並不懂得用抗生物、抗病毒與抗真菌的角度來理解。希臘醫神阿斯克拉庇斯（Aesculapius）的象徵符號就是杵、臼、大蒜和海蔥（squill）。在人們明白疾病的病理機制之前，多半認為身體的疾病是毒沼氣或惡靈所致，而大蒜可以對抗這兩者。羅馬尼亞的小馬舞者（Calusari，舞者的祕密組織），專為人們治療妖精導致的疾病，例如風濕、中風、鼠疫和霍亂。這群舞者在妖精女王多曼娜‧辛勒（Doamna Zinelor）的庇祐下進行工作，多曼娜‧辛勒是羅馬女神黛安娜（Diana）在羅馬尼亞的化身，是當地人敬拜的女神，而辛勒的名字就是來自「妖精」（fairy）這個字（zina）。小馬舞者有專屬的旗幟，其中的圖案就包含一個裝著魔法藥草的袋子，裡面畫著的藥草，就是大蒜和艾草。這兩種藥草也是最強大的治妖之草。小馬舞者也會為了防身嚼食大量的大蒜，並將大蒜吐到施作對象的臉上。[137]

　　古埃及時代，建造金字塔的工人也會隨身攜帶大蒜來增強耐力。當他們想罷工，就會得到更多大蒜。古希臘和羅馬時代的鄉下農家，也經常透過食用大蒜來增強剛毅與勇氣。古羅馬詩人維吉爾（Virgil）在詩集《牧歌集》（Eclogues）也曾提到：「連特斯提洛斯（Thestylus）都在為烈日下辛勤割草的農人捶搗大蒜、野地百里香和氣味濃重的藥草。」[138] 希臘運動員會在比賽前食用大蒜。[139] 人們相信大蒜可以強身健體，巴黎人會在每年五月食用大蒜和奶油，以為接下來一整年的體力打好根基。[140] 正如那句威爾斯古諺：「三月吃韭蔥，五月吃大蒜，剩下一整年，醫生玩耍去。」

　　希臘人也相信，吃了大蒜的士兵更能打勝仗。[141] 古希臘喜劇作家亞里斯多芬（Aristophanes）就曾寫下這樣的句子：「吞下這些大蒜……注入大蒜之力，你將更驍勇善戰！」[142] 羅馬時期，人們也將大蒜獻給戰神馬斯（Mars），認為吃下大量的大蒜，

會讓士兵更勇敢、更兇猛。的確，羅馬人在每一片奪下的土地，都種滿了大蒜。[143]希臘人也會將大蒜餵給鬥雞，不僅認為這樣能讓鬥雞更勇猛，也會增強性慾，讓他們更鬥性高昂。[144]

於是，接下來我們就來談談大蒜的催情作用。羅馬作家普林尼曾言，大蒜能讓身體發紅，最好與新鮮芫荽一起搗碎加入酒中飲用，能達到催情的效果。[145]亞里斯多芬曾在故事中寫到，一群醉漢去到梅格拉（Megara）擄走妓女一名，梅格拉人隨後從阿斯帕西亞（Aspasia）擄走兩名妓女作為報復，說道：「她們興奮地掙扎著，就像塞滿了大蒜。」[146]現在，奉行印度阿育吠陀療法的人們，極為推崇大蒜的催情作用，認為它能增加精子數量。

從現代巫術的角度來看，大蒜是一種保護類藥草，可以掛在門前或廚房，防止負能量或惡魔之眼入侵。此外，可以將大蒜瓣放入防身的護身符或施作防身魔法。將大蒜曬乾後磨成粉，可以加入焚香粉中，達到驅除負能量的效果，也可以用來驅魔。大蒜也是適合獻給黑卡蒂（Hecate）與所有地府神靈的祭品。

---

134. 同上。

135. 同上。

136. W. Crooke, *The Popular Religion and Folk-Lore of Northern India,* volume II (London: Archibald Constable and Co., 1896).

137. Mircea Eliade, "Notes on the Calusari," *The Gaster Festschrift, The Journal of the Ancient Near Eastern Society of Columbia University 5,* 1973.

138. 維吉爾（Virgil），《牧歌集》（*Eclogues*）。

139. 西穆斯（Simoons），《植物之生，植物之死》（*Plants of Life, Plants of Death*）。

140. 同上。

141. 同上。

142. 亞里斯多芬（Aristophanes），《武士》（*The Knights*）。線上閱覽網址：https://archive.org/stream/aristophaneswith01arisuoft/aristophaneswith01arisuoft_djvu.txt

143. 西穆斯（Simoons），《植物之生，植物之死》（*Plants of Life, Plants of Death*）。

144. 同上。

145. 老普林尼（Pliny the Elder），《博物誌》（*The Natural History*）。

146. Athenaeus (Charles Burton Gulick, trans.), The Deipnosophists (London: Loeb Classical Library, 1927).

料理用途

大蒜由許多蒜瓣組成，表面有白色或紫色的薄皮。千年以來，大蒜都是重要的調味料，在亞洲、印度與義大利等菜系中，有不可取代的地位。大蒜能為料理帶來深邃的調味，不是其他香料能夠辦到。人們通常將大蒜和洋蔥一同炒香，加入湯品、燉菜、焗烤、咖哩、義大利麵和蔬菜料理等菜餚。將整顆大蒜橫切去頭、入烤箱烘烤，味道就會更溫和、香甜，帶著堅果味。用錫箔紙包住整顆大蒜，淋上橄欖油烘烤，就可以加入披薩、鹹塔、抹醬、調味料和鷹嘴豆泥中。生大蒜口感辛辣，可以磨成泥，在起鍋前加入菜餚中。製作大蒜梅乃滋醬（aioli）的時候，務必使用生大蒜。

要是你擔心吃大蒜會令人口氣不佳，可以嚼點歐芹葉或荳蔻莢。

美容保養用途

大蒜有殺菌、收斂的作用，抹在長痘痘的地方，可以幫助痘痘消除。如果你能忍受大蒜的氣味，在頭髮和頭皮抹上大蒜，可以預防掉髮、改善頭皮屑，因為大蒜含有高濃度的大蒜素（allicin，一種含硫化合物）。使用方法是固定用**大蒜浸泡油**按摩頭皮。結束後記得好好洗乾淨喔！

治療用途

作用：抗動脈粥樣硬化、抗微生物、抗真菌、抗高血壓、消炎、抗氧化、抗寄生蟲、抗病毒、發汗、利尿、祛痰、護肝、降血糖、降低血清膽固醇、激勵身體。

大蒜相當於是廣效的抗生素，能大幅消滅多種細菌。1858 年，法國微生物學家路易‧巴斯德（Louis Pasteur）曾寫道，即使是已對其他外因長出抗性的細菌，依然會被大蒜輕易消滅。兩次世界大戰的軍醫，都曾用大蒜來預防傷口感染。[147]大蒜也被稱為「俄羅斯的盤尼西林」（Russian penicillin），因為俄國醫師用大蒜治療已行之有年。塔

里克‧阿杜拉醫師（Dr. Tariq Abdullah）就曾經在 1987 年 8 月號的《預防》（*Prevention*）刊物中提到，「大蒜的作用，比目前人們所知的任何抗微生物劑都還要更廣——它能抗細菌、抗真菌、抗寄生蟲、抗原蟲，還能抗病毒。」[148]無論內用或外服，大蒜似乎都能帶來如抗生素一般的作用。它對革蘭氏陰性菌與陽性菌同樣有效，並且不會傷害人體天然的腸道菌叢，不像現代人使用的廣效抗生素，會把好菌壞菌一同消滅。[149]

要運用大蒜的抗生素與抗病毒效果，可以服用**大蒜醋**或**大蒜蜜**，或者在打果汁與果菜汁時，加入一些大蒜。此外，也可以每天吃一瓣生大蒜，尤其當你出現咳嗽、感冒或尿道感染的時候。

如要外用，可以在患部塗上大蒜敷料。此外，將新鮮的大蒜去皮切片後，可以直接敷在蚊蟲叮咬、膿腫和未破裂的凍瘡上。

定期服用大蒜，可以幫助降低膽固醇，並降低血壓。大蒜會減緩動脈斑塊和血栓生成的速度，因此能預防血栓形成，以及動脈粥樣硬化。大蒜也是循環系統的滋補劑，可以增加血流。大蒜能為心臟帶來強大的保護作用，減輕中風的風險。

定期使用大蒜可以幫助調節腸道菌叢，抵禦白色念珠菌感染、腹瀉、胃絞痛、脹氣，和腸胃蠕動緩慢的情況。

定期服用大蒜，有可能可以減輕風濕症和關節炎的症狀。

---

147. Rachel Warren Chadd (ed.), *1001 Home Remedies* (London: Readers Digest, 2005).

148. 引用自 Paul Bergner, "*Allium sativum: Antibiotic and Immune Properties*", *Medical Herbalism: Journal for the Clinical Practitioner*, 1995.

149. 布魯頓－席爾（Brunton-Seal）與席爾（Seal），《廚房之藥》（*Kitchen Medicine*）。

大蒜有顯著的抗真菌效果，能有效治療香港腳、輪癬和其他皮膚真菌感染疾病。直接在患部塗抹**大蒜浸泡油**，或直接將雙倍濃的**大蒜茶**製作成敷包使用。

大蒜也是治療耳朵感染的居家良方。取一些**大蒜浸泡油**在湯匙中加熱，吸入滴管中，滴2滴入耳道，然後塞上一個棉花球。視需要每小時重複滴入。

將新鮮切蒜的蒜末直接敷在長疣的地方，能發揮強大的抗病毒效用。重覆塗敷就能讓疣消失。

請注意：大蒜對多數人來說都安全無虞，不過它可能使口腔氣味不佳、胃灼熱或放屁。塗擦在皮膚上需注意濃度不可過高，因為有可能帶來燒灼感。安全起見，孕婦、正哺乳的母親和年紀較小的孩童，均不宜以藥用方式服用大蒜。正服用華法林（warfarin）等薄血劑的患者，或即將進行手術的患者，至少在手術2週前，不宜大量使用大蒜。大蒜可能降低血壓及血糖，因此如正服用血壓藥，或身患糖尿病，都必須更加留心注意。大蒜也可能降低某些HIV／AIDS藥物，以及口服避孕藥的作用。

RECIPES

配方

大蒜蜜 *Garlic Electuary*

1顆	完整的大蒜
1罐	450g 的蜂蜜

大蒜去皮、壓碎，加入蜂蜜中。攪拌均勻後蓋緊。這是有極佳抗生物作用的咳嗽「糖漿」，也可以直接塗抹在割傷與擦傷的傷口上。

感冒妙方：大蒜醋蜜劑 *Garlic Oxymel for Colds and Flu*

1–2顆	完整的大蒜
4cm	新鮮的生薑
2大匙	新鮮的鼠尾草葉（或1大匙 乾燥的鼠尾草葉）
250㎖（1杯）	蜂蜜
1小匙（尖匙）	小茴香籽
250㎖（1杯）	蘋果醋

大蒜去皮、切碎。如果你的大蒜很大，一個就夠了，如果個頭較小，就用兩個。生薑去皮、磨成泥。鼠尾草葉切碎。把大蒜、薑和鼠尾草放入玻璃罐中，注入蜂蜜。用杵臼把小茴香籽稍微壓碎，和醋一起放進鍋子裡。小火加熱幾分鐘，不可煮至沸騰。完成後倒入罐子裡，和其他材料混和均勻。請用非金屬材質的蓋子蓋上（醋會融蝕金屬，也會使醋蜜劑被金屬沾染），放在陰涼處2到3周，每天搖晃一下。而後，用棉布濾出醋蜜劑，另外裝進消毒過的玻璃罐中保存。每次服用時，取 1 或 2 小匙溶於溫水中服用。當你覺得快要感冒、流感，或者開始喉嚨痛的時候，就可以開始服用。

大蒜醋 *Garlic Vinegar*

生大蒜
蘋果醋

大蒜去皮、切碎，放在乾淨的玻璃罐裡，注入蘋果醋直到大蒜完全被淹過。放在陰暗處浸製2週。濾出醋液，倒入消毒過的玻璃瓶中。

大蒜浸泡油 *Garlic Infused Oil*

大蒜
橄欖油

將一整顆大蒜去皮、切成蒜末，放入鍋中，倒入足夠淹過蒜末的橄欖油。小火加熱1小時。靜置放涼，濾出油液，倒入消毒過的玻璃瓶中。

大蒜茶 *Garlic Tea*

2瓣	新鮮的大蒜瓣（壓碎）
250㎖（1杯）	滾水

將上述材料放在一起，浸泡5分鐘。濾出茶液後飲用。

抗病毒大蒜酊劑 *Garlic Antiviral Tincture*

4 瓣 ………………	大蒜瓣
1 顆 ………………	洋蔥
2 大匙 ………………	生薑泥
4 小匙 ………………	生辣椒

蘋果醋

將所有材料切碎，裝進罐子裡。倒滿蘋果醋，放在光照良好的窗邊 2 週，每天搖晃一下。用細密的棉布過濾，另外放入消毒過的罐子裡保存，貼好標籤。在冬天到來前做好酊劑，身體出現感染症狀時，每次吃 1 小匙，每天最多 5 次。

薑 *Ginger*

Zingiber officinale

掌管行星：火星。

代表元素：火元素。

相關神靈：無。

魔法屬性：能量、熱情、愛情、保護、勇氣。

　　在最冷的冬夜裡，屋外寒風凜冽，廚房卻飄出薑餅
與熱紅酒的香氣……少了薑，冬至節（Yule）該怎麼過！薑可以烤成蛋糕、做成焚香
粉，也可以加入料理食用。薑由火元素掌管，它的魔法效用在於激勵與加速行動，最
適合在年輪（Wheel of the Year）即將重新啟動的此時使用。年輪在冬至節的這三天靜止
不動，此時最適合用薑。的確，薑的能量能加速所有魔法的效用，所以加在魔法、儀
式、焚香粉、法術和護身符裡，都可以讓法力更為強大，轉為行動。

　　根據傳統中醫理論，薑能固陽氣，帶來熱性的能量。沒錯，ginger 這個字的民間
意義，就是生氣與活力。薑所攜帶的「熱能」，自古以來就被認為與性能量有關，因
此薑普遍被人們用來當作催情劑。西元前 4 世紀的古印度性愛典籍《慾經》（*Kama
Sutra*）提到薑能激起性能量，而希臘羅馬人則相信薑能激起男性的慾望。12 世紀修道
院長馮賓根曾寫下大量的藥草典籍，書中建議用薑來激勵老夫少妻關係中男性的活
力，而義大利沙勒諾大學（University of Salerno）則教導學生，若想在老年仍保持開心有
活力，同時擁有美滿的性生活，就要多吃薑。[150]於是，薑適合用在各種和情慾、熱情
與愛情有關的譚崔儀式或魔法中。把薑粉加入愛情靈藥、焚香粉、魔法香包，或做成
料理和愛人共同享用。

　　古印度人認為，薑既能淨化身體，也可以淨化精神。他們在宗教儀式前避食氣
味不佳的洋蔥與大蒜，但會吃薑，因為薑的香氣能被神所接受。[151]《可蘭經》

（Koran）中甚至提到，薑是天堂菜單中的一項。[152]在舉行儀式前吃薑，可以達到淨化的效果，同時增加靈性與魔法能量。如果你有幸成功栽種薑，甚至長出花朵，就可以自己製作**薑花精**，幫助釋放來自過去的傷痛，並明白自己真正獨一無二的價值。

薑也是一種保護類藥草。馬來半島的人們會讓孩子在脖子上掛一片薑片，讓傷害人的惡靈無法靠近。[153]亨利八世執政時，英國人普遍相信薑可以預防鼠疫。[154]用薑浸泡油封印你的護身符，用薑或乾薑粉施作防身魔法，在防身的焚香粉中加入乾薑粉，或者用**生薑茶**作為儀式淨身水，或用來清理工具和魔法空間。

料理用途

薑原生於東南亞，但目前在幾乎所有熱帶與亞熱帶國家均有種植。薑是香料之路上最早被交易的香料之一，[155]當時人們看重的是它的藥用價值，直到後來，薑才被當成食材使用。早在諾爾曼人征服英國之前（西元 1066 年），薑就是英國人懂得使用的材料，因為在 11 世紀的盎格魯－薩克遜醫療文獻中，經常提及薑。在當時，薑就像其他異國香料一樣，價格極度昂貴。在 13 世紀，要一頭羊才能換到一磅的薑，即便如此，薑就像黑胡椒一樣，是炙手可熱的熱門香料。

一般來說，薑的形式有兩種：乾薑（磨成粉狀），以及生薑（薑的「根」，但事實上是根莖）。生薑根會自行出現分支，長的就像「手」一樣。或許正是因為薑的形狀似手，還有一節一節的手指模樣，因此古希臘羅馬人認為這是來自傳說之地托格迪特

---

150. 史瓦恩（Swahn），《香料知識大全》（*The Lore of Spices*）。

151. 凱索曼（Castleman），《藥草新論》（*The New Healing Herbs*）。

152. 史瓦恩（Swahn），《香料知識大全》（*The Lore of Spices*）。

153. Constance Classen, David Howes, and Anthony Synnott, *Aroma, the Cultural History of Scent* (Routledge, 1994).

154. R. Remadevi, E. Surendran, and P. Ravindran, "Properties and Medicinal Uses of Ginger," in P. Ravindran and K. Babu (eds.), *Ginger: The Genus Zingiber* (Florida, USA: CRC Press, 2005), 489–508.

155. 布魯頓－席爾（Brunton-Seal）與席爾（Seal），《廚房之藥》（*Kitchen Medicine*）。

（Troglodytes）的植物，那是地球遙遠另一端的國度，住著醜陋又淫亂的種族。[156]生薑與乾薑粉的氣味和效用完全不同，料理用途不同，在阿育吠陀療法和傳統中醫的用法也有不同。生薑含有大量的植物化學物質，辛辣的味道，來自其中的主要成分薑醇（gingerol），然而，一旦薑經過烹煮，或者乾燥過後，這些薑醇就會轉變成辣度加倍的薑烯酚（shogaol），這是為什麼乾薑比生薑還要辛辣許多。[157]烹煮的過程也會形成薑酮（zingerone），這是薑餅主要的薑味來源。據說，薑餅人是在英國伊莉莎白女王一世時期發明的，流傳至今，成為耶誕節的象徵點心。[158]生薑可以用來製作甜點與鹹點，但辛辣的薑粉通常只用來烘焙。可別把配方裡的生薑與乾薑互換。生薑很適合用在炒菜、咖哩、醬汁、淋醬、醃料、冰淇淋，以及各種水果和蔬菜料理。購買時，選擇飽滿、無皺褶的根莖，置於冰箱中保存。要是乾薑粉聞起來不那麼辛辣，就是該換新使用的時候了。

如果你想在自家種植生薑，也沒有問題，但除非住在熱帶地區，否則必須放在溫暖的室內栽培。從超市買回來的薑經常會冒出綠芽，只要把這發芽的薑放進盆栽裡，大約一年後就可以收成自己種出來的薑了。

美容保養用途

或許你曾在某些市售美妝保養品中，認出薑的氣味，尤其是男性用的古龍水，不過對於像我們這樣喜歡自己動手做的人來說，薑可是好處多多。薑有抗氧化的特質，可以激勵皮膚血液循環，甚至能調理膚質、增進肌膚彈性。這些功能都可以防止肌膚老化。你可以每週用一次**薑粉面膜**，來達到這樣的效果。

---

156. 史瓦恩（Swahn），《香料知識大全》（*The Lore of Spices*）。

157. http://www.compoundchem.com/2014/11/27/ginger/，擷取日期：2017年10月4日。

158. *Herbal Medicine: Biomolecular and Clinical Aspects*, 2nd edition, https://www.ncbi.nlm.nih.gov/books/NBK92775/，擷取日期：2017年8月21日。

當髮量開始減少，薑也可以帶來幫助，因為它會刺激血液循環。用**生薑肉桂按摩油**來按摩頭髮與頭皮。

這激勵血液循環的功效，可以用來對抗橘皮組織。每週數次，使用**薑泥身體去角質霜**來協助改善。

治療用途

作用：止痛、抗細菌、抗凝血、止吐、消炎、抗微生物、抗氧化、抗寄生蟲、抗痙攣、止咳、抗焦慮、滋補心血管、消脹氣、激勵循環、發汗、降血脂、生熱。

人類用薑作為藥材，已有數千年的歷史了。在西元前 3 千年，中國最早的藥典《神農本草經》中就曾提到薑的使用，[159]中國傳統藥方中，大約有一半都用到薑。[160]在印度阿育吠陀療法裡，薑被稱為 *Mahaousbadba*（「偉大的解藥」，great cure）和 *Visbwa Bhesbaja*（「眾界的解藥」，universal medicine）。在在說明了薑的效用和用途有多麼受到重視。

最傳統的薑療用法之一，就是用薑來止吐、止腹瀉。在英國，人們自中世紀以來，就懂得釀薑汁啤酒來舒緩胃部不適；確實，直到今日，它都還是受到人們喜愛的居家良方。[161]事實上，醫生和藥師經常建議人們使用薑，因為薑的效果確實很好——研究已證實，薑的止吐效用和美多普胺（metoclopramide，一種止吐藥）相當，在正接受化療的癌症病患身上，達到很好的止吐效果。[162]如果你容易感覺噁心想吐，可以在

---

159. 凱索曼（Castleman），《藥草新論》（*The New Healing Herbs*）。

160. 同上。

161. 同上。

162. C. M. Kaefer and J. A. Milner, "Herbs and Spices in Cancer Prevention and Treatment," in I. F. F. Benzie and S. Wachtel-Galor (eds), *Herbal Medicine: Biomolecular and Clinical Aspects*, 2nd edition (Boca Raton, FL: CRC Press/Taylor and Francis, 2011), chapter 17.

白天隨時喝點**生薑茶**。薑也可以改善因移動造成的噁心感，例如暈車、暈船、暈機——在出發前喝點**生薑茶**，旅途期間吃些**糖薑片**。

薑是腸胃的好朋友，有極佳的消脹氣作用。在消化不良、腹脹難解、腸躁症的時候，都很適合使用薑。古希臘人會在飽餐一頓後，用甜麵包夾著薑來吃，以緩解胃部不適，達到幫助消化的效果。[163]在料理和果昔裡加入薑，或在飯後喝點**生薑茶**。

薑是強力的消炎劑，因此很適合用來緩解骨性關節炎、類風溼性關節炎等容易因發炎而造成疼痛的病症。透過外用方式使用薑，例如製成敷包、油膏或浸泡油，能刺激末梢血液循環，幫助疼痛的關節排出毒素。除此之外，敷用生薑還有止痛的作用，因為其中的薑醇（gingerol）能作用於感覺神經末梢的受體。把**生薑敷包**敷在疼痛的關節，或許會先感覺到輕微的「灼熱感」，而後就能帶來止痛的作用。[164]疼痛發作時，每天三次飲用生薑茶，並將**生薑肉桂按摩油**或**生薑敷包**使用在患部。

生薑敷包也有機會改善滑囊炎、肌腱炎、肌肉疼痛與扭傷等情況；或者，也可以塗抹**生薑肉桂按摩油**獲得改善。

薑能緩解某些人的偏頭痛。研究發現，薑的效用和偏頭痛藥英明格（sumatriptan，也叫舒馬普坦）相當，這也是醫院經常開給偏頭痛患者的緩解藥物。[165]人們認為這是因為，薑能阻斷讓大腦血管發炎的前列腺素（prostaglandins）。[166]當你感覺頭痛又快來襲，就儘快喝杯**生薑茶**。

163. 凱索曼（Castleman），《藥草新論》（*The New Healing Herbs*）。

164. M. Zahmatkash et al., "Comparing Analgesic Effects of a Topical Herbal Mixed Medicine with Salicylate in Patients with Knee Osteoarthritis," www.ncbi.nlm.nih.gov/pubmed/22308653，擷取日期：2017 年 12 月 28 日。

165. https://www.ncbi.nlm.nih.gov/pubmed/23657930，擷取日期：2017 年 12 月 17 日。

166. https://migraine.com，擷取日期：2017 年 10 月 11 日。

167. G. Ozgoli, M. Goli, and F. Moattar, "Comparison of Effects of Ginger, Mefenamic Acid, and Ibuprofen on Pain in Women with Primary Dysmenorrhea," https://www.ncbi.nlm.nih.gov/pubmed/19216660，擷取日期：2017 年 10 月 8 日。

薑的另一傳統用法,是用來舒緩經痛和絞痛,近年的科學研究也證實了這樣的做法。其中一篇研究就發現,薑的效用相當於止痛藥布洛芬。[167]視需要服用**生薑茶**。薑的止痛作用是調節前列腺素生成的結果。

患上感冒、流感,或有鼻竇問題時,薑能化解痰液,幫助喉嚨排出黏液。飲用**生薑茶**、服用**生薑甘油溶液**,或泡個薑澡。甚至可以用雙倍濃的**生薑茶**來漱口,這麼做可以緩解喉嚨痛。薑所含的薑醇,能阻斷讓支氣管阻塞的物質生成。

請注意:對多數人來說,天然的薑都是安全的,視當服用或加在飲食當中,不會出現副作用。薑最好搭配其他食物一起吃。然而,如果你有胃食道逆流的情況,薑有可能使症狀加重。非常大量的薑有可能稍微降低血糖,因此糖尿病患者需要小心監測血糖值。膽結石患者不可大量服用薑。安全起見,如果你想在懷孕期間透過營養補充品攝取薑,請和你的醫師討論。

配方

生薑茶 *Fresh Ginger Tea*

2cm ·······························生薑
500mℓ（2杯）·················清水

生薑去皮、切薄片，放入水中滾煮 10 至 20 分鐘。離開火源，濾出茶液，根據個人喜好調入蜂蜜和檸檬，即可飲用。

生薑敷包 *Ginger Compress*

將 150 公克的生薑磨成泥，和 2 公升的水一同放入鍋中。小火加熱 20 分鐘，注意不可煮至水滾。將薑水倒入耐熱的碗盆中，薑渣可以丟棄不用。在熱薑水中浸入棉布，擠乾多餘水分後，敷在受影響的部位。以你能承受的溫度，越熱越好。當布料溫度降下來，就再一次浸入熱茶、擠乾多餘水分，重新敷上。皮膚有可能變紅。如果你感覺搔癢或有任何不舒服，請不要繼續使用。

生薑肉桂按摩油 *Ginger and Cinnamon Massage Oil*

1 大匙 ·····························生薑（去皮、切碎）
¹/₂ 大匙 ·························壓碎的肉桂棒
500mℓ（2杯）·················植物油

將生薑與肉桂放入隔水加熱鍋，注入植物油。文火加熱 60 分鐘。濾出油液，注入乾淨的罐子裡保存。

生薑蜜 *Ginger Electuary*

生薑去皮、切碎，放進罐中，注入蜂蜜直到完全蓋住薑。在溫暖的地方放置 5 天。濾出蜂蜜，另外放入消毒過的罐子裡保存。薑渣可以丟棄不用。將罐子密封起來，咳嗽或感冒時一天3次，每次服用1匙。

關節炎生薑昔 *Arthritis Smoothie*

2cm·····················生薑（去皮）
1小撮·····················黑胡椒
1小撮·····················辣椒粉
1小撮·····················肉桂粉
1小匙·····················薑黃粉
2條·····················香蕉
1/2罐（200㎖）·····················椰奶
100㎖（1/2杯）·····················牛奶（杏仁奶或豆漿也可以）

將上述材料混和在一起，馬上飲用。

生薑甘油溶液 *Ginger Glycerite*

生薑
食用級植物甘油

生薑去皮、切碎，浸入食用級植物甘油中。蓋上蓋子，每天搖晃一下。三週後將溶液濾出，放入消毒過的罐子裡保存。每當咳嗽、感冒、喉嚨疼痛時，取一匙加入熱水中飲用。也可以加入氣泡水和汽水裡，調製無酒精的薑味雞尾酒。

薑花精 *Ginger Flower Essence*

首先，採集一些盛開的薑花。取一個小碗，放入 150 毫升的泉水，讓花朵漂浮在水面。放置在太陽底下 3 至 4 小時，期間注意維持陽光照射，不能有任何遮蔽。完成後，將花朵取出。將水液注入瓶子裡，再加入 150 毫升的白蘭地或伏特加酒。這就是你的母酊液。接著製作實際使用的花精。在 10 毫升的滴管瓶中，加入 7 滴母酊液，注入白蘭地或伏特加酒至滿，這就是你的花精原液。使用時，每次在一杯水裡滴入 4 滴花精原液，每天服用4次。

糖薑片 *Crystallised Ginger*

50g（¹/₂ 杯）………………………	生薑
600g（2³/₄ 杯）…………………	細砂糖
750㎖（3¹/₄ 杯）…………………	清水

生薑去皮，切成約厚 1 公分的圓片。將糖與水混入鍋中，煮至水滾。當糖完全溶解，就放入薑片，再煮 45 分鐘。把薑片拿出來，一片一片放在架上瀝乾、冷卻。大概 40 分鐘後，為薑片沾上細砂糖，然後放在防油的烤盤紙上直到乾燥。把製作完成的薑片放入密封罐中保存。

剩餘的薑糖液可以留著作為薑糖漿使用，每當咳嗽、感冒時可以內服，或者可以淋在甜點或冰淇淋上；加入汽水飲用；或者用來調一種叫做「月黑風高」（Dark and Stormy）的調酒：把薑糖漿、汽水和黑蘭姆酒調在一起，擠上一些萊姆汁飲用。

薑汁汽水（含酒精） *Ginger Ale (alcoholic)*

2顆··························	檸檬（取檸檬皮與檸檬汁備用）
60g（²/₃杯）··················	搗碎的薑
450g（2¹/₄杯）················	糖
15g（5小匙）··················	塔塔粉
酵母和營養劑	
4¹/₂ℓ（19杯）·················	清水

取下檸檬皮，注意不用到白色的部分。將果皮與薑、糖、塔塔粉一同放在釀酒桶中。取1公升（4杯）的水，加熱至滾，然後注入釀酒桶中攪拌，直到糖融化。冷卻後，加入檸檬汁、酵母和剩餘的水。均勻攪拌、蓋上蓋子，放在溫暖的位置，存放一週。一週後取出酒液，注入放酒的玻璃品脫瓶中，每個瓶子裡在額外加入¹/₂小匙的糖。仔細密封，放在溫暖的位置存放3天，然後移到陰涼的位置保存。

古早味薑汁啤酒（不含酒精）
Old-Fashioned Ginger Beer (non-alcoholic)

30g（¹/₃杯）··················	薑（去皮、切碎）
500g（2¹/₂杯）················	糖
15g（5小匙）··················	塔塔粉
1顆··························	檸檬
7ℓ（29¹/₂杯）·················	滾水
1包··························	啤酒酵母

把薑搗碎，和糖、塔塔粉一起放入塑膠釀酒桶中。加入檸檬汁與檸檬皮，注入滾水，攪拌直到糖溶。靜置放涼，待微溫時加入酵母。蓋上蓋子，放在溫暖處靜置12小時。撈去酵母，取出酒液，注入塑膠瓶子，直到離瓶口5公分的距離（不可注滿，因為發酵期間仍會繼續產生二氧化碳）。使用旋轉式的瓶蓋，靜置於溫暖、陰暗處，大約3天。每天把瓶開鬆開幾次釋放氣壓，但不要完全打開蓋子。大約4天，就會變成嘶嘶起泡、可以飲用的啤酒了。

薑粉面膜 *Ginger Face Mask*

$^1/_2$小匙························乾薑粉
2小匙························蜂蜜
$^1/_2$小匙························檸檬汁

把乾薑粉、蜂蜜和檸檬調和在一起，敷在臉上30分鐘，用水洗淨。

薑泥身體去角質霜 *Ginger Body Scrub*

2大匙························鹽或糖
2小匙························植物油
2小匙························生薑泥

調勻上述材料，輕輕按摩肌膚（請避開臉部）。放在冰箱可保存1週。

生薑糖漿 *Ginger Syrup*

100*g*（1杯）························去皮的生薑
1ℓ（4杯）························清水
1顆························檸檬（取檸檬皮備用）
糖
檸檬汁

把薑、水和檸檬皮放入鍋中，煮至水滾，轉小火慢煮45分鐘。濾出茶液。接著，每500毫升（2杯）的液體中，加入500公克（2$^1/_2$杯）的糖，以及1顆檸檬的檸檬汁。放入乾淨的鍋子裡，滾煮10分鐘。放涼、裝瓶。咳嗽或感冒時，取1大匙搭配熱水吞服。

檸檬 *Lemon*

Citrus limon

掌管行星：月亮。

代表元素：水元素。

相關神靈：印度不幸女神——阿拉克希米（Alakshmi）。

魔法屬性：保護、驅除負能量。

　　雖然現在檸檬和地中海地區關係密不可分，但在古埃及、希臘和羅馬時代，人們並不知道有這種植物的存在。柑橘類水果原生於東南亞地區，希臘人最早或許是因亞歷山大大帝的軍事活動，才接觸到枸櫞（citrons）這種水果。[168]事實上，檸檬是一種從野生柑橘栽培出來的品種，例如枸櫞和橘子。史上首次見到關於檸檬的記錄，是在10世紀早期的阿拉伯農耕文獻當中。[169]

　　根據民俗傳說，檸檬（和它的祖先枸櫞）都具有消除魔法藥水與其他負面影響效力的名聲。普林尼將枸櫞視為眾多魔法藥水的解藥，[170]在古羅馬作家阿特納奧斯（Athenaeus）曾經寫下一個故事：兩個罪犯被丟入滿是毒蛇的坑裡，其中一人因為事先吃過枸櫞而順利生還。[171]羅馬暴君尼祿大帝曾毒殺多位近親，當他頻頻疑心自己也將遭人毒害時，就曾吃下大量的柑橘類水果作為預防。幾百年來，人們都認為檸檬是毒藥的解藥。英國藥草學家卡爾佩伯在撰寫於17世紀的藥典中寫道，所有的柑橘類水果都可以用來「解毒」。[172]

---

168. Margaret Briggs, *Lemons and Limes*（Leicester: Abbeydale Press, 2007）.

169. Sarton, *Introduction to the History of Science*.

170. 老普林尼（Pliny the Elder），《博物誌》（*The Natural History*）。

171. Athenaeus, "The Deipnosophists"（C. D. Yonge, B.A., ed.），可於線上閱覽。網址如下：http://www.perseus. tufts.edu，擷取日期：2017年10月9日。

172.《卡爾佩伯的藥草大全》（*Culpeper's Complete Herbal*）。

印度傳說則把檸檬視為驅魔之物。印度不幸女神阿拉克希米（Alakshmi）是豐盛女神拉克希米（Lakshmi）的妹妹，被認為會帶來痛苦與貧窮。阿拉克希米酷愛酸味與辣味，因此人們會在家門前與商店門口掛上檸檬和辣椒，讓她飽食一頓就離開，而不會為家中的人們帶來毀害。[173]

檸檬的形狀有如人的眼睛，因此，檸檬可以用來施作驅走惡魔之眼的交感巫術（sympathetic magic）。印度某些地區的人們相信，雙手各拿一顆檸檬，以順時針方向在頭上轉動，就可以驅趕惡魔之眼。這些檸檬會在碳片上燃燒，或浸入流水，來銷毀其中的惡勢力。[174]義大利西西里還有這樣的民俗魔法：將插了針的檸檬懸掛在門外，就能驅趕惡魔之眼；此外，如果想咒人致病，就在耶誕夜的午夜彌撒時，帶上一顆去了一點皮的檸檬，並在上面插上針，一邊誦唸：「插了多少針，你就會病得多重」。接著，就把這顆檸檬丟入井裡。[175]這樣的做法，和美國作家查爾斯・里蘭德（Charles Leland）在《女巫的福音》（*Aradia*，關於 19 世紀義大利巫術研究的著作）中提到的檸檬咒語相當雷同：在檸檬上插滿彩色的針，可以帶來好運，插黑色的針，就會帶來厄運。[176]

檸檬的主要用途仍是驅除負面影響。可以將檸檬懸掛在家中，或掛在門口；用乾檸檬或新鮮的檸檬都沒問題。這麼做可以防止負能量進入家中。你也可以用檸檬和其他保護類藥草（例如辣椒）做成藥草花環，或者製作成**檸檬香丸**。將乾檸檬皮加入防身的魔法香包中，或者用來施作防護魔法。將檸檬汁稀釋於水中，可以作為洗劑，用來淨化儀式空間、聖袍或工具。檸檬汁也可以用來在儀式前淨身，同時清除氣場中的負能量。用乾檸檬皮作為焚香粉，讓有害的魔法和惡意影響離開。

雖然卡爾佩伯基於檸檬的藥用特質，將它歸予月亮與水元素管轄，[177]事實上檸檬和月亮有關的神靈沒有任何關聯，在古埃及、希臘和羅馬也是不為人們所知的植物，因此如果你看到這類的相關資料，其中陳述的並非事實。不過，檸檬帶有的特質，確實也使得它很適合用來製作月亮相關的焚香粉，以及在女巫聚會時使用。

料理用途

今日，檸檬是家家戶戶廚房裡避不可少的材料。無論從新鮮的檸檬取下檸檬皮或檸檬汁，檸檬都是鹹點甜點中大量使用的食材，可以用來為肉類、魚類與舒菜料理調味，也可以加入甜點、派與塔中。檸檬也可以加入飲料，用來製作每年夏天經典不敗的消暑飲料——**檸檬水**。

除了添加美好的味道之外，檸檬還對身體有許多益處！只要一顆檸檬，就可以供給每日維生素 C 攝取量的一半。在人們明白何謂維生素，以及維生素對身體扮演的重要角色之前，長途航行的水手為何出現壞血症始終是一個難解之謎。1747 年，英國醫師詹姆士·林德（James Lind）發現，檸檬和柳橙對於這類疾病有極佳的奇效，因此英國皇家海軍下令，所有出海軍士每天都應飲用定量的柑橘果汁，他們將這些果汁稱為「萊姆汁」（limey），但事實上當時他們飲用的很可能是檸檬，而非萊姆。

購買檸檬時請注意，你看到的檸檬很可能上過蠟，也就是一層可能加了乙醇、酪蛋白或清洗劑的塗層。請購買未上蠟的檸檬。

美容保養用途

檸檬能使肌膚柔軟、消除皺紋，淡化雀斑和老人斑。將未稀釋的檸檬汁塗在肌膚上，可以透過抗細菌和收斂等作用，達到清除斑痕、提亮膚色、促進細胞更新的效果，也可以用來調理油性的肌膚與頭髮。

將稀釋過的檸檬汁塗在手背上，就可以淡化老人斑。塗抹候靜置 15 分鐘，再用溫水洗淨就可以了。每天重複使用。除此之外，也可以試試**檸檬老人斑除斑油**這個配方。

173. Devdutt Pattanaik, *Devlok with Devdutt Pattanaik* (Penguin Books India, 2016).

174. https://www.hindujagruti.org/hinduism/the-evil-eye，擷取日期：2017 年 10 月 9 日。

175. Elworthy, *The Evil Eye*.

176. Charles G. Leland, *Aradia: Gospel of the Witches* (Washington: Phoenix Publishing, 1990).

177.《卡爾佩伯的藥草大全》（*Culpeper's Complete Herbal*）。

用檸檬沖淋頭髮（將 1 大匙檸檬汁加入 500 毫升的水中），也可以讓秀髮增添光澤，不過沖過之後不再洗淨，而是讓它在頭髮上自然乾燥。要是你接著曬曬日光浴，效果會更好。這個做法也可以用來調理頭皮屑與油性髮質。

要想軟化膝蓋和手肘的皮膚，可以將檸檬切半撒上糖，然後輕輕摩擦上述部位。完成後充分洗淨，塗抹保養品保濕。

治療用途

作用：抗細菌、消炎、抗氧化、抗週期性復發、抗風濕、抗壞血病、防腐、收斂、消滅細菌、消脹氣、利尿、退燒、健胃。

檸檬富含維生素 C，能支持免疫系統，並帶來防腐、收斂、退燒的效果。檸檬是咳嗽與感冒時的主要舒緩解藥，經常被添加在市售的抗感冒產品中。在**檸檬茶**裡加上一匙蜂蜜享用，或試試**檸檬咳嗽糖漿**。將檸檬汁稀釋在微溫的水裡，可以作為喉嚨痛時用來漱口的漱口水。檸檬汁有收斂的效果，能讓腫大的組織回復正常，而它的酸更不利於病毒與細菌生長。檸檬含有的維生素 C 能讓造成鼻塞與流眼油的組織胺濃度下降。

檸檬也有消炎的作用，能改善炎症以及發炎伴隨的疼痛（例如關節炎與風濕等情況），此外，它也能防止痛風患者的尿酸堆積。風濕症與關節炎經常被告誡不可食用柑橘類水果，不過消化過後的檸檬會呈鹼性。試試早晚喝一杯**檸檬茶**。

檸檬可以平衡體內酸鹼值，因此很適合用來中和胃酸。胃灼熱時，可以在一杯熱水裡加入 1 小匙檸檬汁，或者將 $1/2$ 小匙的小蘇打粉與 1 小匙檸檬汁調勻，然後加入 250 毫升（1 杯）的溫水中。某些為消化不良所苦的人們發現，餐後飲用**檸檬茶**或**檸檬麥茶**能帶來改善。檸檬不含咖啡因、富含抗氧化物，同時含有果膠纖維（pectin fibre），對腸道健康有很大的幫助，此外，它還是強大的抗菌劑。檸檬能幫助消化，促進膽汁分泌。

喝一杯**檸檬茶**或**檸檬麥茶**，能幫助身體排出毒素。許多人每天早上喝一杯**檸檬茶**，就是為了達到排毒的效果。不過，它也是很好的宿醉良方。如果有膀胱炎等泌尿道感染的困擾，不妨試飲用**檸檬麥茶**。

當你取檸檬皮的時後，會把白色的中髓丟掉嗎？可別丟喔！果皮與果肉間白色的部分，含有生物類黃酮（bioflavonoids），能使血管強壯，幫助預防並治療動脈硬化與靜脈曲張的問題。將這些白色的中髓加入果昔中，它帶來的益處將遠遠大過那份苦味帶來的不適。檸檬和其他柑橘類水果，為心臟帶來的益處還不只這些。柑橘類水果中的果膠，還可以降低膽固醇濃度。[178]而檸檬含有的維生素 C，能幫助身體抵抗自由基損傷，達到防止心臟疾病的效果。

檸檬含有大量的檸檬酸，能降低鈣質分泌，幫助預防腎結石形成。如遭黃蜂螫傷（鹼性），可以用新鮮的檸檬汁來中和。只要從半顆檸檬擠出汁液，拍打在螫咬處就可以了。（蜜蜂的螫傷則是酸性的，所以請用小蘇打粉來中和。）

請注意：以一般飲食的量，或是以藥用的量攝取檸檬，都是安全的。不過，安全起見，孕婦和哺乳中的母親請避免攝入藥用的量。檸檬皮可能讓格外敏感的人出現接觸性皮膚炎，將檸檬塗在肌膚上，會增加曬傷的風險。服用檸檬汁的時候請務必稀釋，否則其中的酸可能傷害到牙齒的琺瑯質。胃食道逆流患者可能因為食用柑橘類水果造成症狀加劇。腎或膽有疾病的患者，應避免食用檸檬皮。

178. J. M. Assini, E. E. Mulvihill, and M. W. Huff, "Citrus Flavonoids and Lipid Metabolism," https://www.ncbi.nlm.nih.gov/pubmed/23254473，擷取日期：2017 年 10 月 9 日。Elisabeth Wisker, Martina Daniel, and Walter Feldheim, Effects of a Fiber Concentrate from Citrus Fruits in Humans," http://www.sciencedirect.com/science/article/pii/S0271531705801757，擷取日期：2017 年 10 月 9 日。G. S. Choi, et al., "Evaluation of Hesperetin 7-O-Lauryl Ether as Lipid-Lowering Agent in HighCholesterol-Fed Rats," https://www.ncbi.nlm.nih.gov/pubmed/15186844，擷取日期：2017 年 10 月 9 日。

配方

檸檬老人斑除斑油 *Lemon Age Spot Remover*

1小匙⋯⋯⋯⋯⋯⋯⋯⋯ 檸檬汁
2小匙⋯⋯⋯⋯⋯⋯⋯⋯ 植物甘油

將上述材料調和均勻,每天2次塗抹在手上。

檸檬茶 *Lemon Tea*

1顆⋯⋯⋯⋯⋯⋯⋯⋯⋯ 檸檬(取檸檬汁備用)
250㎖(1杯)⋯⋯⋯⋯⋯ 滾水

將上述材料放入杯子裡,視喜好加入蜂蜜調味。

檸檬香丸 *Lemon Pomander*

檸檬
丁香
鳶尾草根粉(orris root powder)
肉荳蔻粉(選擇性添加)

務必要選用新鮮、沒有撞傷的檸檬。把丁香密密地插入檸檬中,必須是看不見任何縫隙的程度;最好從底部開始,一圈一圈往上排列。讓香丸滾過肉豆蔻粉和鳶尾根粉,用紙巾包裹起來,放在溫暖的地方持續幾週,直到香丸變硬。把表面多餘的粉末抖散,綁上緞帶,就可以掛起來了。

檸檬咳嗽糖漿 *Lemon Cough Syrup*

2顆……………………………檸檬
140㎖（ $1/_2$ 杯）………………蜂蜜（可流動的液態）
60㎖（ $1/_4$ 杯）…………………食用級植物甘油

擠出檸檬汁，用棉布過濾出清澈的液體。加入蜂蜜和食用級植物甘油，混和均勻。完成後就可以裝瓶、冷藏。

檸檬麥茶 *Lemon Barley Water*

150g（ $3/_4$ 杯）………………珍珠麥（pearl barley）
2顆……………………………檸檬
$1^1/_2$ ℓ（6杯）…………………滾水
50g（ $1/_4$ 杯）…………………細砂糖，或是150㎖（ $1/_2$ 杯）蜂蜜

將珍珠麥放在篩網中，用流水仔細沖淋。挫下兩顆檸檬的檸檬皮屑，和珍珠麥一起放入加了滾水的鍋中，小火加溫10分鐘。離開火源，拌入糖或蜂蜜，直到溶解。靜置冷卻，濾出茶液，加入檸檬汁。放入冰箱中冷卻，可隨喜好加入冰塊享用。這份檸檬麥茶可以在冰箱中保存四天。這是治療如膀胱炎等尿道感染的傳統配方，能排出身體毒素，同時降低膽固醇、滋補消化系統，透過淨化身體解決肌膚問題。（你也可以把煮過的珍珠麥加在早餐燕麥或其他早餐食品裡享用。）

檸檬水  *Lemonade*

6顆⋯⋯⋯⋯⋯⋯⋯⋯⋯檸檬
150g（³/₄杯）⋯⋯⋯⋯⋯糖
500㎖（2杯）⋯⋯⋯⋯⋯滾水
500㎖（2杯）冷水

檸檬消暑飲

榨出檸檬汁，將檸檬汁與糖一起放入壺中。注入滾水並均勻攪拌，直到糖溶。加入冷水混和。注入瓶子裡，冷藏過夜。飲用時加入冰塊與薄荷枝，搭配一片檸檬一同享用。

薄荷 *Mints*

Mentha spp.

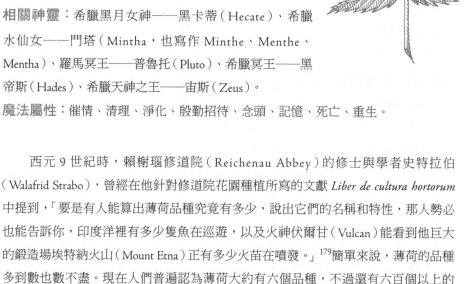

掌管行星：金星／水星。

代表元素：風元素。

相關神靈：希臘黑月女神——黑卡蒂（Hecate）、希臘水仙女——門塔（Mintha，也寫作 Minthe、Menthe、Mentha）、羅馬冥王——普魯托（Pluto）、希臘冥王——黑帝斯（Hades）、希臘天神之王——宙斯（Zeus）。

魔法屬性：催情、清理、淨化、殷勤招待、念頭、記憶、死亡、重生。

　　西元 9 世紀時，賴榭瑙修道院（Reichenau Abbey）的修士與學者史特拉伯（Walafrid Strabo），曾經在他針對修道院花園種植所寫的文獻 *Liber de cultura hortorum* 中提到，「要是有人能算出薄荷品種究竟有多少，說出它們的名稱和特性，那人勢必也能告訴你，印度洋裡有多少隻魚在巡遊，以及火神伏爾甘（Vulcan）能看到他巨大的鍛造場埃特納火山（Mount Etna）正有多少火苗在噴發。」[179]簡單來說，薄荷的品種多到數也數不盡。現在人們普遍認為薄荷大約有六個品種，不過還有六百個以上的變種，並持續還在雜交中。常見的薄荷有：水薄荷（*Mentha aquatica*）、野薄荷（*Mentha arvensis*）、英國馬薄荷（*Mentha longifolia*）、胡椒薄荷（*Mentha piperita*），以及綠薄荷（*Mentha spicata syn. M. viridis*，或 *M. sativa*）。

　　mint 這個字有神話的典故：門塔（Minthe）是水中的仙女，又稱為水寧芙（nymph），與冥河悲嘆河（Cocytus）有關。另一位同樣名為史特拉伯（Strabo）的作家，來自西元前 1 世紀的希臘，曾寫道：「從皮洛斯（Pylus）往東走，在不遠處有一座

179.Strabo, On the Cultivation of Gardens.

叫做門塔的山，根據神話故事，門塔成為冥王黑帝斯（Hades）的情婦後，遭到冥后戈萊（Kore）踐踏，最後變為花園裡的植物薄荷。」[180]黑帝斯的神廟就在那附近，此外還有農業女神狄蜜特（Demeter）的小花園。狄蜜特是冥后波瑟芬（Persephone，也就是戈萊）的母親，也有一說，認為是狄蜜特把門塔變成了薄荷。

薄荷在古希臘絕對和死亡有關。人們在喪葬時使用薄荷，一方面是因為它能掩蓋屍體腐壞的氣味，一方面也因為，它是製作**卡吉尼亞飲**的材料之一。這是一種發酵的大麥飲料，用在農業女神狄蜜特（Demeter）和冥后波瑟芬（Persephone）的艾盧西斯神祕儀式（Eleusinian Mysteries）中，能祝願死者來世安康。以下我提供了無酒精的配方版本，可以在秋分時享用。

mente 在拉丁文中，是「念頭」（thought）的意思，因為薄荷有利腦的作用。普林尼曾建議學者用薄荷編織成頭冠，幫助自己更專心集中。傑拉德（Gerard）說：「薄荷的氣味確實能振奮心智，」卡爾佩伯對薄荷的看法則是：「聞到薄荷的氣味，能讓腦袋舒服、記憶舒暢。」[181]

羅馬詩人奧維德（Ovid）曾寫道，薄荷象徵著殷勤招待，於是他筆下的故事主人翁鮑西絲（Baucis）和費萊蒙（Philemon）在天神宙斯與赫爾墨斯（Hermes）到訪之前，先用新鮮的薄荷擦拭桌面，才安排食物上桌。普林尼則提到，在宴會時可將薄荷塞入抱枕中，因為「光是聞到他的氣味，就讓人精神一振、食慾大開。」[182]希臘與羅馬人都用薄荷做為宴會花環，或做為桌上的擺飾。一直到都鐸時期，薄荷都仍是人們放在地上的鋪地香，用來清新氣味、驅趕老鼠。傑拉德（Gerard）曾寫道：「這氣味能讓人心情愉悅，因此過去人們將薄荷鋪在寢室、休閒空間、尋歡與休息的地方，也放在宴會與盛宴舉辦之地。」[183]

薄荷也有安撫的作用（如果不用醒酒這個字來形容的話）。羅馬酒神巴克斯（Bacchus）的追隨者，會用薄荷掃除酒醉的不適。[184]亞里斯多德等人則禁止軍士使用薄荷，因為薄荷有可能降低或消除軍士的攻擊性。薄荷甚至有降低情慾的可能，因

此普林尼曾對愛侶提出警告，使用薄荷可能讓激情減退。希波克拉底則認為，大量使用薄荷可能造成陽痿。

　　希伯來人用薄荷清掃猶太教堂的地板，他也是聖經中提到的所羅門聖草之一。在義大利，人們將薄荷鋪在教堂及宗教儀式隊伍行徑的路上。薄荷是一種保護和淨化類藥草，現代女巫可以把薄荷掛在家中，或製成魔法香包與護身符。**薄荷茶**也可以用來清潔並淨化儀式場所、工具，在清洗聖袍的最後沖淋其上，或加在儀式前的淨身浴水中。

　　傳統上，人們會在夏至聖約翰日（Saint John's Day）清晨採集薄荷，留置到耶誕節，因為民間傳說有云，待到此時，把乾燥的薄荷放在聖壇上，就能讓乾葉復生。薄荷是夏的神聖藥草之一，在夏至清晨採集的薄荷，有最強大的力量。乾燥後，可以在接下來一整年裡使用，或用在仲夏儀式的食物、裝飾、焚香、花環中。

　　薄荷有恢復的作用，做完長時間的儀式、幻遊或諭示工作後，可以飲用**胡椒薄荷茶**來獲得回復。薄荷也可以激勵頭腦，因此可以在進行儀式之前，或在學習苦讀時飲用薄荷茶。**胡椒薄荷茶**或薄荷花精（做法參見本書第31頁），可以幫助清醒、專注，也因此將更明白阻擋個人成長與靈性成長的行為模式。

　　飲用**胡椒薄荷茶**可以帶來預言夢。當你有重大決定要做，或針對這個部分進行冥想時，都可以藉由飲用薄荷茶或焚燃薄荷帶來幫助。

---

180. Strabo, Geographica VIII.3.14，可於線上閱覽。網址如下：http://penelope.uchicago.edu/Thayer/E/Roman/Texts/Strabo/8C*.html.
181. 傑拉德（Gerard）的《藥草簡史》（Herbal）和《卡爾佩伯的藥草大全》（*Culpeper's Complete Herbal*）。
182. 老普林尼（Pliny the Elder），《博物誌》（*The Natural History*）。
183. 傑拉德（Gerard），《藥草簡史》（*Herbal*）。

料理用途

　　新鮮的薄荷可以用在沙拉、沙拉醬、青醬和馬鈴薯沙拉中，也可以搭配清爽的夏日湯品，例如青豆湯或蘆筍湯中。把薄荷撒在草莓或蜜桃上，或者加入水果味的飲料中，例如摩洛哥式甜茶（Moroccan-style sweet tea），以及像莫吉托（mojito）、朱利普（julep）等雞尾酒裡。飲用調酒前，先用薄荷葉摩擦杯口再裝入飲料，也可以直接在新鮮的檸檬水中插入一枝薄荷享用。薄荷葉可以冷凍、風乾，或浸泡在油或醋中。

美容保養用途

　　希臘羅馬人會在泡澡水中加入薄荷，以增添香氣。在雅典，身體的每個部位都有不同的對應香油，而薄荷尤其被用在腋下。[185]直到今日，薄荷依然是美妝產品與牙膏常用到的材料。

　　只要把幾支新鮮薄荷加入滾水中浸泡 20 分鐘，就是一杯薄荷茶。將這杯薄荷茶倒入泡澡水中，可以透過泡澡帶來清新、放鬆的感受。此外，將薄荷茶倒入泡腳水中進行足浴，則能讓雙腳柔軟，也幫助除臭。

　　把新鮮的薄荷業搗碎，混入燕麥碎，就可以為臉部做去角質。輕輕以畫圓的方式按摩進入皮膚，去除角質和老廢細胞，用水洗去後，按正常方式保養肌膚。

　　針對油性肌膚，可以將搗碎的薄荷調入蜂蜜作為面膜。薄荷裡的維生素 A 可以去除多餘油脂，讓皮膚光彩照人。用**薄荷茶**沖淋頭髮，能讓秀髮滑順光亮。

---

184. 戴安德莉亞（D'Andréa），《蓋蒂博物館花園裡的古老藥草》（ *Ancient Herbs in the J. Paul Getty Museum Gardens* ）。

185. 同上。

治療用途

作用：止痛、抗過敏、抗細菌、抗真菌、抗微生物、止嘔、抗氧化、抗寄生蟲、防腐、抗痙攣、抗病毒、消脹氣、利膽、促進膽汁分泌、冷卻、發汗、滋補消化系統、激勵、表皮麻醉。

在幾百種薄荷品種和栽培種中，胡椒薄荷（*M. piperita*）是最常作為醫療用途的薄荷。它是水薄荷與綠薄荷的雜交種。

德國 E 委員會（The German Commission E，地位等同於美國的食品藥物管理局）也認可用胡椒薄荷葉（新鮮或乾燥均可）來調理胃腸道的痙攣，並認為它能有效幫助消化系統排出多餘氣體。人們用胡椒薄荷來處理消化問題，已經有上百年的歷史了，包括消化不良、腹脹、脹氣和噁心，都是用。現在，**胡椒薄荷茶**是家家戶戶常見的居家良方。

人們經常把薄荷加入蒸氣浴中，來舒解鼻塞或痰液阻塞的情況。薄荷中的薄荷腦（menthol）是天然芬芳的解充血劑，可以化解痰液和黏液，讓身體更能輕易排出。胡椒薄荷茶清涼降火，可以舒緩喉嚨、鼻子和消化道其他部位，幫助緩解咳嗽與感冒帶來的痰液阻塞。

胡椒薄荷茶能快速消除噁心的感覺，也有機會解除頭痛與偏頭痛。當你感覺頭痛又快發作的時候，試試摘一些新鮮的薄荷葉（任何品種都可以）摩擦在前額。

薄荷獨特的味道，來自薄荷葉裡的薄荷腦，它同時也有止痛與麻醉的效果。可以用於蚊蟲叮咬、皮膚受刺激和紅疹等等。把患部浸泡在**胡椒薄荷茶**中，得到清涼的舒緩。用新鮮的葉片摩擦患部，可以減輕蜜蜂與黃蜂螫傷的疼痛。

薄荷是天然的抗微生物劑，也能清新口氣。用雙倍濃的**胡椒薄荷茶**漱口，可以帶來止痛效果，並舒緩牙齦疼痛、牙痛，也可以透過漱口改善喉嚨痛。

胡椒薄荷茶尤其適合用來安定神經，改善失眠和焦慮。濃度溫和的薄荷茶有鎮定作用，而較濃的薄荷茶則有激勵、補身的作用。

請注意：透過飲食攝取胡椒薄荷是安全的，對大部分人來說，以藥用方式使用不超過 8 週，也不會有安全疑慮。不過，孕婦和正哺乳的母親需要避免使用，因為有可能抑制乳汁分泌。膽結石、食道裂孔疝氣（hiatal hernia）或胃灼熱、因胃食道逆流而受火燒心所苦的患者，也應避免使用。不可內服薄荷精油。胡薄荷（Pennyroyal，*Mentha pulegium*）是不可內服也不可外用的薄荷品種。它可能帶來嚴重的副作用，包括肝腎損傷、胃痛、噁心、發燒、意識迷亂、躁動不安、暈眩或流產。

配方

薄荷保濕霜：混和肌
Mint Moisturiser for Combination Skin

1把	新鮮的薄荷
250㎖（1杯）	滾水
3大匙	椰子油
2大匙	荷荷芭油
1大匙	葡萄籽油
1小匙	蜂蠟
$^1/_2$小匙	沒藥樹脂（粉末）

薄荷放入滾水，浸泡 2 小時。濾出茶液備用。把油與蜂蠟放進隔水加熱鍋，用小火徐徐加溫，直到融化。再一次把薄荷茶加熱，拌入沒藥直到融化，而後一點一點加入油中。離開火源，攪拌直到冷卻且呈膏狀。放在冰箱保存可以維持兩週。

胡椒薄荷／薄荷茶 *Peppermint/Mint Tea*

1小匙	乾燥的薄荷（或1大匙新鮮的薄荷）
250㎖（1杯）	滾水

將上述材料放入鍋中，蓋上蓋子浸泡 10 分鐘。飲用這個茶的時候，可以用胡椒薄荷、花園薄荷、綠薄荷、薑薄荷、巧克力薄荷……幾乎所有薄荷都可以，但就是不能用胡薄荷（pennyroyal，Mentha pulegium）。

蒸氣嗅聞：胡椒薄荷  *Peppermint Steam Inhalation*

要舒緩鼻竇阻塞，可以將兩小匙乾燥的胡椒薄荷，放入一碗滾水中。蓋上蓋子浸泡 5
分鐘，而後掀開蓋子，身體前傾靠近碗面，頭上蓋一條大毛巾。吸聞這溫暖的蒸氣，
持續10分鐘。胡椒薄荷能解充血，並且有放鬆的作用，可以舒緩頭痛。

薄荷漱口水 *Minty Mouthwash*

250㎖（1杯）·····················滾水
2小匙·····························薄荷葉（胡椒薄荷效果最好）
1小匙·····························茴香籽
$^1/_2$小匙·······················沒藥粉

將滾水注入其他材料中。蓋上蓋子，浸泡 20 分鐘。濾出茶液，裝進乾淨的瓶子裡。
放在冰箱冷藏，可以保存2天。

薄荷酒 *Mint Liqueur*

550㎖（2½杯）···············新鮮薄荷葉（任何品種都可以），從莖上摘下葉子使用
850㎖（3杯）·················伏特加或琴酒
225g（1杯＋2大匙）········白糖
280㎖（1杯）·················清水
1小匙·························食用級植物甘油

把薄荷葉切碎，放入玻璃罐中。倒入伏特加酒，蓋緊蓋子。在陰涼處靜置 2 週，時不
時拿起來晃動一下。濾出酒液，把薄荷葉丟入堆肥堆裡。在小鍋中加入糖和水，加熱
直到糖溶。離開火源，靜置直到完全冷卻。而後調入薄荷伏特加酒，再加入食用級植
物甘油。放置2個月再裝瓶，裝瓶後靜待1個月後再飲用。

卡吉尼亞飲（無酒精的版本）*Kykeon*

150g（³/₄杯）⋯⋯⋯⋯⋯	珍珠麥（pearl barley）
2顆⋯⋯⋯⋯⋯⋯⋯⋯⋯	檸檬（取果皮備用）
1¹/₂ℓ（6杯）⋯⋯⋯⋯⋯	滾水
1小把⋯⋯⋯⋯⋯⋯⋯⋯	新鮮的薄荷葉
150mℓ（¹/₂杯）⋯⋯⋯⋯	蜂蜜
半顆⋯⋯⋯⋯⋯⋯⋯⋯⋯	檸檬（取檸檬汁備用）

把珍珠麥放在篩網裡，用流水仔細洗淨。而後挫下兩顆檸檬的皮屑，和珍珠麥及滾水一起放入鍋中，小火慢煮 10 分鐘。離開火源，拌入薄荷與蜂蜜直到溶解。靜置放涼，濾出酒液，加入檸檬汁。（剩下的珍珠麥可以加在早餐燕麥或其他早餐穀物中）。

燕麥 *Oats*

Avena sativa

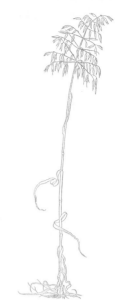

掌管行星：金星／水星。

代表元素：土元素。

相關神靈：芬蘭燕麥神——維蘭甘諾斯（Virankannos）、愛爾蘭
女神——布莉姬（Brighid）。

魔法屬性：生育、占卜。

　　燕麥是一種細長的一年生穀類植物，果實帶殼，成熟時向下懸垂，長在小麥和
大麥難以成熟的北方溫帶地區。考古學家曾在 32,000 年前的研磨工具中，找到野燕
麥的殘留物。[186]不過，雖然野燕麥很早就為人類所食，卻似乎是最晚被北歐青銅世
紀農夫拿來耕種的穀物，當地的冷涼氣候，讓小麥很難長得好。

　　古希臘和羅馬人並不看重燕麥，認為它只適合用來作為動物的糧草。的確，羅
馬人把日耳曼人叫做「吃燕麥的野蠻人」（oat-eating barbarians）。英國文人山繆·強森
（Samuel Johnson，1709–1791）在它編纂的字典裡，給燕麥下的定義是「在蘇格蘭是人
的食物，在英國是馬的糧草」。針對這點，他的蘇格蘭好友，傳記作家詹姆斯·鮑
威爾（James Boswell）回應道：「難怪英國的馬兒這麼壯，蘇格蘭人這麼優秀！」[187]即
使是現在，全球生產的燕麥當中，只有5%用於人類的食物。

　　燕麥在北國的價值勢必比其他還要高，因為北方的氣候並不容易生長穀物。挪
威神話集《埃達》（*Edda*），將燕麥譽為食物之神。[188]而芬蘭的燕麥神叫做維蘭甘諾
斯（Virankannos，或 Vironkannos），是生長和生育之神。

　　燕麥就和其他穀物一樣，象徵著豐盛，因此會用來施作各種與豐饒有關的法
術。在北歐國家，人們會在家門口掛上燕麥祈求好運。在喀爾巴阡地區（Carpathia），

結婚典禮一結束，所有人就會回到新娘的家。跨過門檻之前，新郎與新娘要先穿過高掛的兩塊麵包，人們會把燕麥和水撒向新人，作為財富與豐饒的象徵。[189]波蘭人過新年的時候，會將燕麥撒向人們，祝福來年富足豐饒。[190]在英國達比郡（Derbyshire），人們相信在耶誕夜要給每一匹馬、牛或農舍裡的其他牲畜一束燕麥，這是一種交感巫術（sympathetic magic），能確保動物在未來一年能常保健康。[191]

想施作與豐饒和豐盛有關的魔法，可以把燕麥放在魔法香包，或加入儀式用的食品中。在家門口掛上幾支燕麥，可以吸引好運和財富。燕麥也可以用在生育相關的魔法中，幫助產婦有力氣和體力。此外，燕麥還可以用在療癒儀式中，帶來回春和內在的平靜。燕麥是招財魔法經常用到的材料。

燕麥也很常被人們用來占卜。古蘇格蘭人若想知道自己會生幾個孩子，就在午夜走進燕麥田，閉上眼睛，拔起三支燕麥。數數第三支燕麥上有幾顆燕麥穀，就知道自己會生幾個小孩了。[192]愛爾蘭的羅斯柯芒郡（County Roscommon）的女孩，會把9粒燕麥放入口中，在不告知任何人的情況下沿路漫步，接著聽到第一位男性的名字，就是自己未來丈夫的名字。[193]像這樣的儀式也是萬聖節時好玩的活動。

根據馬恩島（Isle of Man）的習俗，燕麥是聖燭節（Candlemas／Imbolc）婚床儀式

186. http://www.ancient-origins.net/news-history-archaeology/stone-age-people-were-eating-porridge-32000-years-ago-003797，擷取日期：2017年11月1日。

187. Eric Linklater, *The Survival of Scotland* (William Heinemann, 1968).

188. Snorri Sturluson (Anthony Faulkes, ed.), *Edda* (W&N, New Ed edition, 2008).

189. http://www.iabsi.com/gen/under/customs%20and%20superstitions.htm，擷取日期：2017年11月1日。

190. Sophie Hodorowicz Knab, *Polish Customs, Traditions, and Folklore* (Hippocrene Books, 1996).

191. http://www.kjarrett.com/livinginthepast/2014/12/22/derbyshire-christmas-folklore-superstitionscustoms-and-carols/_edn8，擷取日期：2018年1月7日。

192. W. Grant Stewart, *The Popular Superstitions and Festive Amusements of the Highlanders of Scotland* (Edinburgh: A. Constable, 1823).

193. https://mrsdaffodildigresses.wordpress.com/2017/10/13/halloween-superstitions-ancient-timesreported-in-1916/.

的重要材料。家家戶戶的女主人與僕人會拿一束燕麥，為它穿上女性衣裳，放在大籃子裡，旁邊放上一支木棍，這就成了「新娘的婚床」（Briid's bed）。接著，女主人會和僕人一起大喊三次：「新娘來了！歡迎新娘！」而後便去就寢。早上起床後，她們會從灰燼中尋找長得像新娘木棍的殘屑。如果確實有，那就是來年豐收的好兆頭，如果沒有，就表示為凶兆。[194]我和圈子裡的朋友總會在聖燭節的時候製作布莉姬（Brighid）人偶，做這個布莉姬之床（Brighid's bed）的儀式。當我們進行儀式的時候，一位女性會喊：「請布莉姬進來」，而其他女性則接著回應：「布莉姬，歡迎你；布莉姬已來到，歡迎來到我們的圈子。」重複做三遍。接著，人偶會被放上聖壇，作為布莉姬女神的象徵。你也可以用一束燕麥來製作簡單的玩偶，只要把上頭綁起來，就成了頭和頭髮的樣子，接著在綁上兩隻手臂與兩條腿就可以了。最後，可以將一顆白水晶固定在身體的中央。

料理用途

燕麥不像小麥、大麥和黑麥等穀類一樣含有麩質，但它們的製造過程經常很靠近小麥、大麥與其他穀物，因此有可能被沾染。乳糜瀉患者或許仍需要迴避燕麥，除非確定是不含麩質的產品。燕麥經常做成早餐的燕麥粥、稀粥、燕麥糕和蘇格蘭羊肚料理哈吉斯（haggis）。對牛奶或乳製品過敏的人，可以用**燕麥奶**來取代。

美容保養用途

燕麥能大大改善皮膚問題。磨碎的乾燕麥粉是保養品傳統的成分之一，因為燕麥能帶來清潔與回春的作用。燕麥當中含有一組獨特的多酚類成分（polyphenolics）——鄰氨基苯甲酸醯胺（avenanthramides），能幫助止癢、消除紅腫與發炎。燕麥還含有一種長鍊的多醣—— β - 葡聚醣（beta-glucan），能帶來深層的保濕，因此能降低細紋、皺紋，改善肌膚彈性，加速組織修復。

燕麥面膜可以讓疲倦的肌膚恢復活力。你可以自己用燕麥和溫水調成糊狀，敷在臉上，20分鐘後用微溫的水洗淨。

治療用途

作用：抗憂鬱、抗痙攣、抗焦慮、滋補心血管、緩和炎症、潤膚、降血脂、鎮定神經、帶來營養、改善前列腺疾病、激勵、滋補身體、修復外傷。

燕麥含有消炎和抗氧化的化合物，許多研究指出，這些成分能改善濕疹的發紅、乾燥、脫屑和搔癢情況。取一塊棉布包住一把燕麥，綁緊後掛在放泡澡水的水龍頭上，讓流出的熱水沖過燕麥包，或者直接把燕麥包丟進泡澡水裡。然後就浸入這舒緩的泡澡水中。

燕麥含有一種名為 β - 葡聚醣的特殊纖維，可以快速降低 LDL 膽固醇。[195]實驗顯示，每天只需要攝取 60 至 85 公克的燕麥（一小碗燕麥粥的分量），就可以降低8-23％的 LDL 膽固醇。[196]或者，也可以試試**燕麥餅（Maggie's Flapjacks）**。

燕麥也含有生物鹼——禾草鹼（gramine），是天然的鎮靜劑。[197]因此，要紓解壓力與失眠，可以在飲食中加入燕麥，或在睡前飲用**燕麥奶**。

請注意：目前無已知注意事項（可參考料理用途段落中關於乳糜瀉的內容）。

---

194. Moore, *The Folk-Lore of the Isle of Man*.

195. Steel (ed.), *Healing Foods*.

196. 同上。

197. 同上。

配方

燕麥奶 *Oat Milk*

100g（1杯）·························快熟燕麥片
1ℓ（4杯）·························清水

將上述材料放入鍋中，加熱至滾，轉小火續煮20分鐘。濾出汁液，置於冰箱冷藏。

燕麥蛋糕 *Oatcakes*

115g（1 杯）·························中型燕麥片（medium oatmeal）
1/2 小匙·························小蘇打粉
1/2 小匙·························鹽
1 小匙·························奶油（融化成液態）
熱水

把燕麥片、小蘇打粉和鹽混拌在一起，中間做出一個凹洞，注入融化的奶油和適量熱水，揉成柔軟的麵糰。在檯面撒上燕麥片，放上麵糰，揉成平滑的球狀。用　麵棍把麵糰擀成薄片，切成 8 等分，放在烘焙紙上。用 180° C（350° F／燃氣烤箱第 4 檔）烘烤，直到邊緣捲起。每次享用之前，都應該先烤過。這個燕麥蛋糕很適合作為儀式糕點，尤其如果你信奉的是北方的靈性傳統（Northern Tradition），更是合適。

燕麥餅 *Maggie's Flapjacks*

150g（2杯）	燕麥
150g（1杯）	燕麥粉
100g（1杯）	什錦果乾、堅果與種子（種類任意搭配）
150g（½杯）	蜂蜜
175g（¾杯）	乳瑪林或奶油

將所有乾性材料放入碗中。用小火在鍋中融化蜂蜜和乳瑪林，或者用微波爐加熱融化。完成後倒入乾性材料中混和均勻，用湯匙舀到烤盤上。以160˚C（325˚F／燃氣烤箱第3檔）烘烤15分鐘。趁著溫熱時切割成塊。

魔法香包：豐饒 *Prosperity Charm Bag*

一小把	燕麥
3顆	杏仁
3片	乾燥的羅勒葉
1支	肉桂棒
7枚	丁香
1撮	薑黃粉

將全部材料放入綠色的袋子裡。

燕麥黑啤酒 *Oatmeal Ale*

9 ℓ（38杯）	清水
1,000*g*	釀酒麥芽萃取物（brewing malt extract）
120*g*	黑麥芽
500*g*（2杯）	燕麥片
60*g*	啤酒花
500*g*（2$^1/_2$杯）	黑糖
司陶特（stout）	酵母和營養劑

把一半的水放入鍋中加熱至滾。拌入麥芽萃取物、黑麥芽、燕麥片和啤酒花。蓋上蓋子，滾煮45分鐘。濾出汁液，倒入塑膠釀酒桶中，將剩餘的殘渣放在篩網上，放在釀酒桶上。將剩餘的水加熱至滾，沖入篩網，確保所有殘餘的精華都被沖入釀酒桶中。剩下的殘渣可以丟棄不用。加入糖，攪拌置溶解。靜置冷卻，放至微溫。加入酵母和營養劑，均勻攪拌。蓋上蓋子，放在溫暖處靜置3天。每天都打開來攪拌一下，撈去表面殘渣。3天後，靜待發酵（可能需要1週的時間），然後就可以濾出酒液，裝進細頸瓶（demijohn）中，加上排氣閥存放。移至清涼處存放，大約2天。取出酒液，注入啤酒瓶距離瓶口4公分的位置，並且在每個瓶子裡另外加入 $^1/_4$ 小匙的糖。蓋好蓋子，放在溫暖的地方，存放一週。然後移至清涼處保存。6週後便可飲用。

奧勒岡

Origanum vulgare

掌管行星：金星。

代表元素：風元素。

相關神靈：希臘愛與美的女神──阿芙蘿狄忒（Aphrodite）。

魔法屬性：喜悅、愛情、幸福。

　　Origanum 這個字是由兩個希臘字組成的：*oros* 是山的意思，而 *ganos* 是喜悅。據說，奧勒岡是愛神阿芙蘿狄忒親自創造的藥草，用來為人類散播喜悅。奧勒岡原生於阿芙蘿狄忒的島嶼──塞浦路斯島（Cyprus）。奧勒岡的氣味是如此美妙，自然令人遠離憂傷、充滿喜悅。因此我們知道，奧勒岡能帶來的主要魔力就是──愛、喜悅和人際之間的幸福感（包括愛人、家庭和朋友）。奧勒岡在古希臘是新娘與新郎的花環，就連結婚證書也會薰上奧勒岡的香氣。[198]既然奧勒岡是喜悅之草，因此可以用在所有和愛情與友誼相關的焚香粉、魔法香包與護身符中，也可以用在訂婚儀式、婚禮，以及所有關於分享和慶祝的儀式典禮中。

　　要達到喜悅，就必須先帶走悲傷，因此奧勒岡也可以用來幫助人們放下負面、有害的關係，以及傷逝的情緒。如果你正在經歷這些議題，也可以喝**奧勒岡茶**，或用**奧勒岡浸泡油**塗抹身體，或使用奧勒岡花精。花精攜帶著藥草的能量，特別能幫助釋放舊有傷害、鄉愁、情緒包袱，讓你放鬆進入現在的生命之流中。

　　某些英國地區的人們相信，將奧勒岡種在墓地，若長得繁茂，就表示死者身後也過得幸福。[199]因此，奧勒岡可以用於喪葬的焚香、花環，也可以種在心愛之人的墓地上。

---

198. Watts, *Elsevier's Dictionary of Plant Lore*.

199. 同上。

奧勒岡也是人們會在夏至時採集的聖草，可以放入夏至之火，帶來淨化的作用。夏至時採集的奧勒岡或甜馬鬱蘭，都有特別強大的力量，可以留存做為藥材使用。[200]現代女巫在夏至的早上採集藥草，因為在光線最為朗亮的時候，藥草攜帶的力量也最強大。這些藥草會經過風乾、儲存，留待接下來一整年使用。我們也會在夏至焚香中加入奧勒岡，將它丟入篝火，或加進食物。

還有一個古老的民間傳說，只要你在睡前為自己塗上奧勒岡油，就可能夢到未來的另一半。

料理用途

奧勒岡（*Origanum vulgare*）也叫做野馬鬱蘭，經常和一種叫做馬鬱蘭的植物混淆（*Origanum majorana* syn. *Majorana hortensis*），人們也將這種植物稱為甜馬鬱蘭（sweet marjoram）。但是，美國人有時也會把奧勒岡稱為「馬鬱蘭」（marjoram），也難怪會令人混淆。事實上，這是兩種同屬的親緣植物，也經常出現雜交的情況。它們外觀相似，但香氣上，奧勒岡更辛辣、刺激，而溫和的甜馬鬱蘭則更偏向花香和木質香氣。

說到奧勒岡，人們就會立刻聯想到番茄醬與義式料理，不過它在希臘、西班牙、葡萄牙、加勒比海地區和墨西哥料理當中，也都有不可取代的地位。料理時，可以用甜馬鬱蘭取代奧勒岡，雖然奧勒岡的香氣會更強勁一些。奧勒岡的香氣和口感，來自其中的揮發油，所以務必在即將起鍋時，才加入新鮮的奧勒岡葉。奧勒岡可以用在沙拉、焗烤、湯品、醬汁、口味濃郁的料理和披薩。奧勒岡和甜馬鬱蘭都很適合乾燥使用，乾燥後的氣味更香甜一些。

美容保養用途

奧勒岡有抗真菌、防腐和抗氧化的特質，經常普遍被用在市售的醫療性護膚產品中。用來處理痘痘和粉刺格外有效。如果你的肌膚經常容易爆發青春痘，可以試試用奧勒岡茶做為爽膚水。

---

200. 同上。

如果你的頭皮感覺刺激、搔癢，或有脫屑的現象，奧勒岡也能藉著抗微生物的作用，帶來改善。只要準備一杯**奧勒岡茶**，在洗完頭後做最後一遍的沖淋就可以了。

治療用途

作用：抗風濕、防腐、抗痙攣、抗病毒、消脹氣、利膽、發汗、通經、祛痰、改善牙痛、殺寄生蟲、激勵、健胃、滋補身體。

奧勒岡葉的揮發油中，含有香荊芥酚（carvacrol）、百里香酚（thymol）、檸檬烯（limonene）、松油（pinene）、羅勒烯（ocimene）與對傘花烴（caryophyllene）等成分，具有抗病毒和抗真菌的特質。將雙倍濃的**奧勒岡茶**倒入泡澡水中，可以改善陰道念珠菌感染。至於指甲的真菌感染，可以在指甲上用**奧勒岡浸泡油**按摩，或在水中滴幾滴**奧勒岡酊劑**做手浴。

奧勒岡具有祛痰與抗微生物的作用，可以有效對抗呼吸道感染、支氣管炎和上呼吸道感染。用新鮮的藥草蒸臉，然後飲用**奧勒岡茶**。每當你感覺快要感冒或患上流感，就盡快喝一杯奧勒岡茶。雙倍濃的**奧勒岡茶**在冷卻後，可以做為漱口水來改善喉嚨痛。

關節炎和風濕症患者，也可以用**奧勒岡浸泡油**輕輕幫自己按摩。

請注意：以一般飲食的量服用奧勒岡葉，對大部分的人都是安全的；以藥用目的口服或外用，對一般人來說也安全無虞。有可能出現胃部不適等輕微的副作用。如對脣形科植物過敏，就有可能也對奧勒岡過敏。懷孕或正哺乳的母親，請避免以藥用目的使用奧勒岡。奧勒岡可能讓出血性患者的出血量增加。奧勒岡會稍微降低血糖，因此糖尿病患者必須謹慎使用，並注意監測自己的血糖值。手術前兩週應避免使用。如果正服用鋰，也不宜使用奧勒岡，因為大量的奧勒岡有利尿作用，可能增加體內鋰的含量。

配方

奧勒岡茶 *Oregano Tea*

1 小匙·····························奧勒岡葉
250㎖（1 杯）·····················滾水

用滾水沖淋藥草，蓋上蓋子，浸泡 5 分鐘。濾出茶液後飲用。

奧勒岡浸泡油 *Oregano Infused Oil*

在玻璃罐中放滿搗碎的新鮮奧勒岡葉，注滿植物油，確保葉片被完全覆蓋。蓋上蓋子靜置 2 週，每天至少拿起來搖晃一次。用棉布濾出油液，另外放進消毒過的玻璃罐中保存。

奧勒岡酊劑 *Oregano Tincture*

在玻璃罐中放滿搗碎的新鮮奧勒岡葉，注滿伏特加，確保葉片被完全覆蓋。蓋上蓋子靜置 2 週，每天至少拿起來搖晃一次。用棉布濾出油液，另外放進消毒過的玻璃罐中保存。

奧勒岡醋 *Oregano Infused Vinegar*

新鮮奧勒岡（取開花的頂端使用）
蘋果醋

在玻璃罐中放滿稍微搗碎過的新鮮奧勒岡，注滿蘋果醋，蓋上蓋子，放在陰暗涼爽處浸泡 3 週。3 週後用棉布濾出油液，另外放進消毒過的玻璃罐中保存。每次使用時，用 1:1 的滾水加上冷水稀釋做為喉嚨痛與感冒時的漱口水。這麼做也能幫助腸道菌叢恢復平衡。

奧勒岡醋蜜劑 *Oregano Oxymel*

奧勒岡葉
蜂蜜
蘋果醋

取一個消毒過的罐子，放入切碎的奧勒岡葉至 $1/4$ 滿的位置，再注入蜂蜜至半滿處。用鍋子徐徐加熱蘋果醋，直到手觸碰時感覺到燙（不可煮至沸騰或溫度過高）。將醋沖入罐子裡的蜂蜜和藥草，直到罐子滿。用非金屬材質的蓋子蓋上（醋會融蝕金屬，也會使醋蜜劑被金屬沾染），放在陰涼處靜置 2 到 3 週。接著，必須用棉布濾出醋蜜劑，如果稍微加溫會比較好處理。完成後的醋蜜劑，冷藏保存可放 1 年，常溫保存可耐 6 個月。每當咳嗽、感冒，或喉嚨痛的時候，就可以取 1 或 2 小匙溶於溫水中服用。

奧勒岡敷料 *Oregano Poultice*

將奧勒岡葉搗成泥（加一點熱水會比較好操作）。將敷料敷在肌膚上，另外蓋上溫熱的布料。這麼做可以舒緩風濕疼痛、搔癢和肌肉痠痛。

奧勒岡花精 *Oregano Flower Essence*

採集 6 朵盛開的奧勒岡花。取一個小碗，放入 150 毫升的泉水，讓花朵漂浮在水面。放置在太陽底下 3 至 4 小時，期間注意維持陽光照射，不能有任何遮蔽。完成後，將花朵取出。將水液注入瓶子裡，再加入 150 毫升的白蘭地或伏特加酒。這就是你的母

酊液。接著製作實際使用的花精。在10毫升的滴管瓶中，加入7滴母酊液，注入白蘭地或伏特加酒至滿，這就是你的花精原液。使用時，每次在一杯水裡滴入4滴花精原液，每天服用4次。

奧勒岡牛奶浴 *Oregano Milk Bath*

60g（4大匙）⋯⋯⋯⋯⋯⋯⋯⋯奶粉
30g（4大匙）⋯⋯⋯⋯⋯⋯⋯⋯玉米澱粉（corn starch）
1/2 小匙⋯⋯⋯⋯⋯⋯⋯⋯⋯⋯乾燥的奧勒岡
1/2 小匙⋯⋯⋯⋯⋯⋯⋯⋯⋯⋯乾燥的迷迭香
1/2 小匙⋯⋯⋯⋯⋯⋯⋯⋯⋯⋯乾燥的鼠尾草

將上述材料放入調理機打勻，存放在密封的罐子裡。在泡澡水中加入 2 大匙，可以幫助緩解痠痛與疼痛、振奮精神，同時安撫肌膚不適。

魔法香包：為生活注入喜悅
Charm Bag to Bring Joy into Your Life

長形的黃布，或一個黃色的袋子
1小匙⋯⋯⋯⋯⋯⋯⋯⋯⋯⋯乾燥的奧勒岡
1片⋯⋯⋯⋯⋯⋯⋯⋯⋯⋯⋯乾燥的橙皮
7片⋯⋯⋯⋯⋯⋯⋯⋯⋯⋯⋯乾燥的羅勒葉
3個⋯⋯⋯⋯⋯⋯⋯⋯⋯⋯⋯荳蔻莢
1/2 小匙⋯⋯⋯⋯⋯⋯⋯⋯⋯⋯茴香籽

專注在你的意圖，許下願望，在生活中帶來更多的
喜悅與幸福。將材料縫入黃色的袋子裡隨身攜帶。

歐芹（巴西里） *Parsley*

Petroselinum spp.

掌管行星：水星。

代表元素：風元素。

相關神靈：希臘冥后——波瑟芬（Persephone）、羅馬冥衛——凱倫（Charon）、希臘神話人物——阿克摩羅斯（Archemoros）、希臘海神——波賽頓（Poseidon）、耶穌使徒——聖彼得（Saint Peter）、北歐神話主神——奧丁（Odin）、所有的地府之神。

魔法屬性：死亡、喪祭、地府、春天、重生、新生。

　　歐芹原生於地中海地區，是古時普遍為人們所用的料理香草。普林尼還曾抱怨，每種醬汁和沙拉裡都有歐芹，全國各地擠奶的乳汁裡，都漂浮著歐芹枝。據說，羅馬人在縱欲享樂時會用歐芹來掩蓋口中的酒氣，同時也達到幫助消化的作用。普林尼則提到，沒有任何植物像歐芹帶來這麼大的爭議，因為藥草學家格利希波斯（Ghrysippus）和酒神戴歐尼修斯（Dionysus）都說吃下歐芹是種罪，因為它是喪宴時榮耀死者的食物。[201]

　　在希臘羅馬時代，歐芹是人們經常用在葬禮的藥草。希臘人用歐芹做成花環裝飾墓地。而那些看來即將死去的人，會被人們形容為「要用到歐芹了」。據說，歐芹是從奧菲爾忒斯（Opheltes）之血長出的植物。奧菲爾忒斯是尼米亞（Nemean）國王萊丘格斯（Lycurgus）之子。當國王喜獲麟兒，曾為孩子的未來安康尋求神諭指示，發現在孩子學會走路前，都不可碰到地面。一天，照顧孩子的女僕帶著他一同外出，恰巧遇見七位阿哥斯將軍（Argive）攻打底比斯（Thebes）的行進隊伍。軍人問，哪裡有泉水

---

201. 老普林尼（Pliny the Elder），《博物誌》（*The Natural History*）。

可以喝？女僕便將孩子放在一片水芹菜上，好為軍人指路。在她暫時離開的這段時間，奧菲爾忒斯便被蛇絞死。預言家安菲阿勞斯（Amphiaraus）認為這是底比斯之役將會戰敗的徵兆，因此將軍們為奧菲爾忒斯舉辦了葬禮，並以他之名辦了一場尼米亞競賽（Nemean Games），最後將他改名為阿爾克洛摩斯（Archemoros），意思是「死亡的先驅者」。於是，在這類喪葬競賽中的優勝者，都會得到用歐芹製作的頭冠。

歐芹也意味著死亡與重生，於是它和希臘冥后波瑟芬（Persephone）有關，波瑟芬在春天回到大地，為人們帶來生長和美好的氣候。歐芹也被用在希伯來人的踰越節（Passover），象徵春天與重生。

歐芹和地府有這般的關聯，一部分是因為它非常難發芽，生長也極為緩慢。在英國，人們說歐芹的種子在發芽前，要來回拜訪惡魔九次，才能長出來，而惡魔會將那些不發芽的種子留待己用。[202]後來，歐芹在近代史上依然和死亡脫不了關係。英國人普遍相信，移植歐芹就表示家族裡會有人死去。[203]歐芹被人們看作是極度危險又不可思議的植物，有各種迷信都與它有關。有些人認為，唯有女巫和惡人才會種植歐芹；有些人認為種植歐芹是不吉利的事，要種就要請陌生人來種，而且絕不可當作禮物送給別人。另外一個常見的想法是，歐芹要是長得好，就表示這地方是女人當家。[204]由於歐芹和死亡有關，因此，種植歐芹最合適的日子是在聖週五（Good Friday），也就是耶穌受難日。根據基督教的故事，歐芹是代表耶穌使徒聖彼得（Saint Peter）的植物，而聖彼得正是看管來世之門的守衛。

大約在西元前 270 年，希臘詩人忒歐克利托（Theocritus）曾經寫道，在斯巴達國王墨涅俄斯（Menelaus）取海倫（Helen）為妻的日子，二十位代表希臘之光的美麗女僕，戴著用風信子和歐芹編織的花冠，參加這盛大的婚姻典禮。或許這花環是為了驅走嫉妒新人的惡靈，也或許，這歐芹是先預言了接下來特洛伊戰爭的血流成河（海倫後來和特洛伊王子帕里斯私奔，引爆了這場知名戰役）。

現代女巫將歐芹用在葬禮和追思儀式上，無論是作為花環、祭品，或用來焚香，或做成食物。歐芹也是獻給波瑟芬的祭品，波瑟芬是死亡之神，也是春天的新生女神。從這個角度來看，歐芹可以用在春分（Ostara）儀式，也可以用在死者溝通與和祖先相關的儀式裡。煮一杯**歐芹茶**，或將歐芹加入焚香粉中。

料理用途

人們最熟悉的歐芹模樣，就是經常用來為料理裝飾擺盤，葉片捲曲的花園歐芹（*Petroselinum crispum*）。多數人會把它留在盤中，但要是知道歐芹有多麼美妙的用處，勢必會想把它一起吃下去。歐芹葉可切碎加入沙拉、涼拌高麗菜（coleslaw）、沾醬、醬料、沙拉醬、香草奶油、番茄料理、烤馬鈴薯和青豆料理中。歐芹枝的氣味比葉片濃郁許多，可以用來為焗烤和醬料調味。義大利芹（Italian parsley，*Petroselinum neapolitanum*）葉片扁平、裂紋深，味道更強勁，因此多用在醬料、湯品和燉菜。漢堡香芹（Hamburg parsley，*Petroselinum sativum*）碩大的白根長得像防風一樣，株形高大，葉片如蕨，有芹菜般的氣味。這些根可以磨碎加入沙拉或湯品，也可以當成蔬菜煮食。

美容保養用途

歐芹能抗氧化、抗細菌，含有大量的維生素 C、葉綠素與維生素 K。它能為肌膚帶來清潔、淨化、亮白的效果。

要消除眼週浮腫的黑眼圈，只需要搾些歐芹汁（或用杵臼搗碎），用棉花球沾附

202. Iona Opie and Moira Tatem（eds.）, *A Dictionary of Superstitions*（Oxford University Press, 2005）.
203. 同上。
204. 同上。

後敷在眼睛下方。留置 10 分鐘後洗去。針對臉上的黑斑或手上的老人斑，可以把歐芹粉與蜂蜜調和當作面膜使用（用於手部可以加入檸檬汁）。留置 20 分鐘後洗去。

治療用途

作用：抗細菌、消炎、抗氧化、抗風濕、散發芬芳、消脹氣、利尿、通經、血管舒張。

歐芹茶是天然的利尿劑，可以消除膀胱感染現象，例如膀胱炎。它也能幫助風濕症、關節炎和痛風患者排出身體毒素。

歐芹含有大量的葉綠素，具有抗細菌的作用，可以消除口臭——只要嚼幾片新鮮歐芹葉就可以了。

歐芹敷料可以用來緩和蚊蟲叮咬，或者，你也可以用歐芹浸泡油製作油膏，塗擦在被叮咬的地方。用雙倍濃的**歐芹茶**製作敷包，可以消除紅腫與浮腫。

歐芹富含鐵質（含量高過任何蔬菜）以及能幫助鐵質吸收的維生素 C，難怪它一直是傳統療法中用來治療貧血的藥草。如果你有貧血的困擾，應尋求專業醫師診療，但對一般人來說，把新鮮歐芹加入料理中，就能為自己補充些鐵質。

請注意：將歐芹用於料理，不會帶來任何危險。目前也尚未發現歐芹與其他藥物有相互影響的現象。不過，孕婦、孩童以及腎臟病患者，必須避免使用萃取自種籽的歐芹籽精油。過度服用歐芹籽可能造成胃、肝、心、腎的不適。

配方

歐芹茶 *Parsley Tea*

1大匙⋯⋯⋯⋯⋯⋯⋯⋯⋯切碎的新鮮歐芹，或1小匙乾燥的歐芹
250㎖（1杯）⋯⋯⋯⋯⋯⋯⋯滾水

滾水沖入歐芹葉，蓋上蓋子浸泡5分鐘。濾出茶液後飲用。

魔法焚香粉：喪葬 *Funeral Incense*

1份⋯⋯⋯⋯⋯⋯⋯⋯⋯⋯乾燥的歐芹
$1/_2$份⋯⋯⋯⋯⋯⋯⋯⋯⋯乾燥的甜馬鬱蘭
$1/_2$份⋯⋯⋯⋯⋯⋯⋯⋯⋯乾燥的奧勒岡
1份⋯⋯⋯⋯⋯⋯⋯⋯⋯⋯乾燥的迷迭香
$1/_2$份⋯⋯⋯⋯⋯⋯⋯⋯⋯乾燥的百里香
6份⋯⋯⋯⋯⋯⋯⋯⋯⋯⋯沒藥

將材料混和在一起，放在碳片上燃燒。

歐芹浸泡油 *Parsley Infused Oil*

新鮮切碎的歐芹
植物油

將歐芹放入罐子裡,注滿植物油。放在有日光照射的窗台邊,持續 2 週。2 週當中,每天拿起來搖晃一下。濾出油液,另外放進乾淨的玻璃罐中保存。

歐芹酒 *Parsley Wine*

450g (7¹/₂ 杯)·····新鮮歐芹
450g (3杯)·····葡萄乾
2顆·····檸檬的果皮與檸檬汁
2顆·····柳橙的果皮與檸檬汁
900g (4¹/₄ 杯)·····糖
4¹/₂ ℓ (19杯)·····清水
酵母和營養劑

把歐芹切碎,放入塑膠釀酒桶中。注入滾水,蓋上蓋子靜置 24 小時,濾出茶液,加入葡萄乾、檸檬汁、柳橙汁和果皮,加入一半分量的糖,攪拌直到溶解。加入酵母和營養劑。蓋上蓋子,放在溫暖處靜置 5 天,每天打開來攪拌。濾出酒液,加入剩下的糖。注入細頸瓶(demijohn)塑膠瓶子,裝上排氣閥,放在溫暖處繼續發酵。當酒液不再冒出冒泡泡,就可以取出來另外放入乾淨的細頸瓶中,沉澱物棄之不用。再次裝上排氣閥,靜置6至12個月。濾出酒液,放入消毒過的瓶子裡。此酒適合在喪祭和逝世紀念日飲用。

迷迭香 *Rosemary*

Rosmarinus officinalis

掌管行星：太陽。

代表元素：火元素。

相關神靈：希臘愛與美的女神——阿芙蘿狄忒（Aphrodite）、聖母瑪利亞（Virgin Mary）、希臘記憶女神——摩涅莫斯尼（Mnemosyne）、德國老太婆女神——霍勒太太（Frau Holle）、希臘神話波斯公主——琉科托厄（Leukothoe）。

魔法屬性：婚姻、死亡、記憶、保護、驅魔、療癒、愛情。

　　「這是迷迭香，盼你銘記在心。」這是莎士比亞《哈姆雷特》（*Hamlet*）中，歐菲莉亞（Ophelia）曾說過的名言。自古以來，迷迭香就一直與記憶有關。希臘羅馬時代的學生，會戴上迷迭香花環，來幫助自己牢記課程內容。[205]事實證明，這些古代的學生可不是做做樣子而已。許多研究都顯示，迷迭香確實可以刺激並保留記憶。迷迭香中的成分 1,8– 桉油醇（1,8cineole），被認為和失智症藥物有同樣的作用。[206] 2017 年，英國《衛報》報導指出，迷迭香精油正攻佔考生市場，銷量一飛衝天。[207]只要一邊讀書，一邊嗅聞搓揉新鮮迷迭香葉的味道，就能把內容記得一字不差。

---

205. 戴安德莉亞（D'Andréa），《蓋蒂博物館花園裡的古老藥草》（*Ancient Herbs in the J. Paul Getty Museum Gardens*）。

206. M. Moss and L. Oliver, "Plasma 1,8-Cineole Correlates with Cognitive Performance Following Exposure to Rosemary Essential Oil Aroma," *Therapeutic Advances in Psychopharmacology 2*, no. 3 (2012):103–113. doi:10.1177/2045125312436573. Nahid Azad, et al., "Neuroprotective Effects of Carnosic Acid in an Experimental Model of Alzheimer's Disease in Rats," *Cell Journal13*, no. 1 (spring 2011): 39–44.

207. Emine Saner, "Rosemary: The Mind-Bending Herb of Choice for Today's Students," https://www.theguardian.com/lifeandstyle/shortcuts/2017/may/23/rosemary-herb-choice-students-memory，擷取日期：2017 年 11 月 22 日。

想當然，迷迭香便和希臘記憶女神——摩涅莫斯尼（Mnemosyne）有所關聯。摩涅莫斯尼是希臘神話中九位繆思女神之母。說故事的人，以及史詩作者，都會祈請她，幫助自己正確地記得故事細節；而那些在醫神阿斯克拉庇斯（Asclepius）神廟中為求療癒而進入深度睡眠的人們，則會祈請她，幫助自己記得在神廟中做的療癒夢境或幻見的內容。

人們相信，人死後會去到地府，並在途中遇見遺忘之河（Lethe）；人們取河水飲下，便忘記今生在世的一切。不過，古希臘奧菲斯奧祕學派（Orphic mystery schools）的早期創始人認為，在地府還有一條記憶之河（Mnemosyne），人們也可以取河水飲用，於是記起一切，並獲得靈性上的躍升。[208]對靈性工作者來說，記得幻見、夢境和生活本身教會我們的道理，就是靈性修行最重要的事；對於這一點，迷迭香能帶來幫助。當你為人進行靈視、夢境或前世的工作時，把一枝迷迭香放在身邊或枕頭下，或者焚燒含有迷迭香的焚香粉，都可以幫助你記得自己看見的內容。我個人則發現有一個技巧很有用：當我要學習我負責的儀式部分時，只要把一枝迷迭香稍微擠壓出香氣、帶在身上，等到實際進行儀式的時候，只要深深嗅聞它的香氣，我就能記起自己該說的咒語。像記憶女神祈禱，也能帶來幫助。對吟遊詩人和表演者來說，更是有用——撇除魔法效果不談，光是氣味本身，就能驅動記憶。儀式前喝一杯**迷迭香茶**，能清除思緒，讓頭腦更加專注。

自古至今，迷迭香都和去到死亡之島的入口有關。這或許是因為，人們總在喪葬時迷迭香，讓那香氣掩蓋屍體的腐臭，或許也因為，迷迭香是一種長青藥草，帶有永生的寓意。迷迭香是希臘和羅馬喪葬習俗中用到的藥草，人們會將迷迭香放在死者手中。在正式掩埋前，將迷迭香拋入墳墓的傳統一直延續了好幾百年。直到 20 世紀早期，在北歐的葬儀典禮上，死者交疊的手中，仍然會被放上一枝迷迭香。追悼的群眾也會帶著迷迭香，不僅象徵死亡，也代表對死者的悼念。迷迭香也可能在各種追思會、祭祖典禮上，被製成花環、被參加者帶在身上，或者用來燃燒。一個感動的追思儀式，是把迷迭香放在聖杯裡，每個人輪流喝一口，一邊分享自己和死者的故事。

迷迭香也被用來永誌愛情的誓約與婚姻。英國詩人羅伯特‧賀里克（Robert Herrick，1591–1674）就曾用迷迭香的雙關來作詩：「若不做我新娘，今日就是我的死期。」（Be't for my bridall, or my buriall.）[209]中世紀的歐洲新娘會戴著迷迭香頭冠，而新郎與賓客則會在身上別一枝迷迭香。迷迭香也可能出現在訂婚儀式的聖杯、花環或焚香當中，每位賓客會拿到一束綁著紅緞帶的迷迭香，讓它們記得這個愉快的宴會。

早在古代，人們就將迷迭香與愛情連結在一起，迷迭香出現在希臘愛神阿芙蘿狄忒（Aphrodite）的多種肖像畫中。希臘詩人希斯亞德（Hesiod）在長詩《神譜》（*Theogony*）中寫道，天神烏拉諾斯（Uranus）被兒子（Cronus）切下陽具，拋入海中，阿芙蘿狄忒於是便從那海的泡沫（aphros）中誕生。這個故事與迷迭香的連結在於，迷迭香的拉丁學稱 *ros maris*，就是「海之晨露」（dew of the sea）的意思，因為它在地中海沿岸總是被海水豐富的霧氣滋潤。迷迭香可以用來施法術、做成魔法香包或焚香，來促進愛與忠誠。

迷迭香也有眾所皆知的保護作用。西班牙人認為，它能不受巫術影響，因此人們將它掛在門口和窗邊，來保護住家安全；[210]此外，人們也帶著迷迭香枝，來避開惡魔之眼。迷迭香也特別被用來保護嬰孩，掛在搖籃上，可以防止妖精把孩子偷走。迷迭香是產房裡的鋪地香，迷迭香枝也被用來為洗禮杯進行攪拌。在搖籃上掛上一枝迷迭香，就可以為孩子帶來保護作用。迷迭香可以用來焚香，或清理空間（用**迷迭香煙燻棒**），雙倍濃的**迷迭香茶**可以用來清潔工作區域和魔法用具。把**迷迭香茶**加入洗澡水中，可以在進行儀式前達到淨化身體、氣場和心靈的效果。如要保戶住家不受負能

208. Fritz Graf and Sarah Iles Johnston, *Ritual Texts for the Afterlife: Orpheus and the Bacchic Gold Tablets* (Routlege, 2007).

209. Robert Herrick, *Hesperides: Or, The Works Both Humane and Divine of Robert Herrick* (1856) (ReInk Books, 2018).

210. "Goddess of the Pillar: The Mythology of Upright Rosemary," http://www.paghat.com/rosemary.html，擷取日期：2017年11月20日。

量與魔法的攻擊，可以將迷迭香花環懸掛在前門（你會發現，迷迭香的枝條其實非常柔軟可彎折，因此很容易做成花環，只要用銅線加以固定就可以了）。如果你覺得還需要額外加強保護，可以在窗邊掛幾個枝條。當你要去到可能有人以惡意攻擊你的地方，可以把迷迭香枝帶在身上，或把幾片葉子放進小袋子裡隨身攜帶。如果你經常做惡夢，可以像羅馬人一樣，在枕頭下放一個迷迭香枝。如果你感覺自己經常在爭鬥、緊張不安、又因為種種掙扎而疲憊不堪，可以服用**迷迭香花精**試試。迷迭香可以幫助你憶起生活中的美善與神聖，藉此找到內在的平靜。

除了阻擋惡靈與巫術之外，人們也相信迷迭香可以防治病害。現在我們都知道迷迭香有抗細菌的效果，所以這樣的說法也有科學根據。17世紀倫敦大瘟疫之時，人們會把迷迭香放在小袋子裡，讓那防護的香氣可以隨時被嗅吸。一直到第一次世界大戰，迷迭香的藥用特質仍持續受到法國醫院的青睞，當時，醫院會在病房裡焚燃迷迭香與杜松，來達到淨化空氣的效果。你也可以用**迷迭香茶**作為洗劑，擦拭病房的各個檯面，或者用杜松和迷迭香調製焚香粉，在疾病消除後清理任何殘餘的負能量。飲用**迷迭香茶**可以再感覺能量耗乾時，幫助恢復通靈能力，同時強化氣場。

最後，迷迭香是一種長青植物。那綠色的葉片，能耐過漫漫嚴冬。長青植物是永生的象徵，能抵抗死亡、耐過萬物枯朽的冬季，這也是為什麼，長青植物經常被用在喪禮，來代表靈魂的存續。德國人將迷迭香獻給老太婆女神霍勒太太（Frau Holle）。傳說，在耶誕夜的午夜時分，所有的水都會變成酒，而所有的樹都會變成迷迭香。[211]中世紀則有這樣的傳說，認為在耶誕節用迷迭香裝飾聖壇，可以帶來特別的祝福，並保護家人不受邪靈侵害。人們在祝酒碗（wassail bowl）裡放入迷迭香枝，意味著記起；而迷迭香也被用來裝飾耶誕大餐的野豬頭。把迷迭香用在冬至的焚香和裝飾當中，也可以用來做儀式淨身，或者用迷迭香枝來攪拌祝酒碗或儀式杯。

料理用途

我總是盡可能在料理中加入迷迭香。一方面是因為它優異的藥用價值，一方面

也因為它確實很美味，並且富含維生素與礦物質。它能搭配湯品、燉菜、焗烤，適量地加入蛋糕和餅乾也是宜人的組合。把幾枝迷迭香丟入橄欖油，浸泡幾週之後，就成了迷迭香油（用來料理或淋在沙拉上），或者，也可以把幾枝迷迭香浸入白醋或蘋果醋中，2週後就成了**迷迭香醋**，可以用來當作沙拉淋醬。

美容保養用途

光是聞到新鮮迷迭香葉壓碎的味道，就能提振精神，此外，迷迭香的香氣還能改善心情、清晰頭腦、解除壓力。[212]在古代還有一種迷信的說法，認為經常嗅聞迷迭香，能讓人永保青春。嗯，或許值得一試……

許多市售保養品和清潔用品中，都添加了迷迭香，這是因為它對頭髮有極佳的保養效果，並且能振奮肌膚、修復瑕疵，甚至還能抗老。

我經常在洗完頭髮後，用一杯**迷迭香茶**或一些**迷迭香醋**來做最後一次沖淋。這不僅讓頭髮更有光澤，也可以刺激頭髮生長，消除頭皮屑。另外，它還有額外的好處，可以漸漸地讓白頭髮恢復顏色。我會在髮尾抹上**迷迭香椰子油膏**來改善髮尾分岔，然後每個月一次塗滿整頭，靜置過夜或至少持續幾小時，然後在按一般程序洗淨。這麼做能帶來深度的滋養。

你也可以用**迷迭香浸泡油**作為深度保養油。取 3 到 4 大匙的油，輕輕按摩頭髮與頭皮，促進吸收。用溫暖的大毛巾把頭部包起來，留置至少 1 小時，然後按平常的做

211. 克利斯琛‧拉許（Christian Rätsch）和克勞蒂亞‧穆勒－埃貝靈（Claudia Müller-Ebeling），《泛神論者的耶誕節》（*Pagan Christmas*）（Vermont: Inner Traditions, 2006）。

212. Daniele G. Machado, "Antidepressant-like Effect of the Extract of *Rosmarinus officinalis in* Mice: Involvement of the Monoaminergic System," *Progress in Neuro-Psychopharmacology and Biological Psychiatry 33*, no. 4, (15 June 2009): 642–650.

法洗淨頭髮。迷迭香調理肌膚的最佳選擇，因為它有溫和收斂與殺菌防腐的作用。知名的**匈牙利皇后護膚水**就是以迷迭香作為主要材料，據傳，這是 14 世紀匈牙利伊莎貝拉女王（Queen Isabella of Hungary）使用的保養品。有些人認為，這是煉金術士為老去的女王準備的配方，而它恢復青春的效果是如此的好，即使年屆 70，依然得到 25 歲立陶宛大公的求婚請求！最古老的配方版本似乎只有迷迭香與白蘭地，和現在網路上流傳的各種配方版本一點關係也沒有。不過或許你也可以試試我在本章最後附上的爽膚水配方。

治療用途

作用：抗憂鬱、消炎、抗氧化、防腐、抗痙攣、收斂、滋補微血管、滋補心血管、消脹氣、促進膽汁分泌、激勵循環、發汗、幫助消化、利尿、保護肝臟、輕微止痛（表皮）、促進局部血液循環、鎮靜。

　　光是從植物學名來看，*officinalis* 這個字就意味著，迷迭香是名列於官方藥典中的藥草，而那想必是因為它有著眾所皆知的藥用效果。

　　新鮮迷迭香葉中的揮發油，有強大的消毒作用。**迷迭香茶**可以作為消毒的漱口水，幫助口腔潰瘍與潰瘍瘡（canker sores）恢復，同時可以清新口氣。因此，你可以將它用在皮膚上作為洗劑，修復小傷口、瘀傷、肌肉拉傷和腫塊。

　　迷迭香就像大部分的料理香草一樣，是藥草學家口中的祛風劑（carminative）——也就是說，它能調理腸胃，安撫消化系統。這對神經性緊張造成的胃弱格外有益。

　　迷迭香既是鬆弛劑，也是止痛劑。對於肩頸緊繃造成的偏頭痛和緊張性頭痛，特別有效果。當你感覺快要頭痛時，可以喝一杯**迷迭香茶**，或者在太陽穴、頸部和肩膀塗上**迷迭香浸泡油**。

迷迭香的消炎和止痛作用，可以幫助緩解關節炎、風濕痛與肌肉疼痛。它含有兩種強大的抗氧化劑與消炎化合物——鼠尾草酚（carnosol）與鼠尾草酸（carnosic acid），實驗已證明，這兩種成分能降低人體內促發炎的硝酸（nitric acid）濃度。[213]迷迭香的止痛效果，大部分是來自其中的水楊酸成分（salicylate），這個成分和阿斯匹靈有類似的作用。[214]在患部塗抹迷迭香浸泡油或**迷迭香油膏**，或者將新鮮採下的迷迭香枝（如果你喜歡，也可以加入甜馬鬱蘭與薰衣草枝）放進布袋，加入你的泡澡水中。這麼做可以舒緩身體疼痛。你也可以用雙倍濃的**迷迭香茶**製作熱敷包，敷在疼痛的位置。

請注意：以食用的量或藥用方式攝取迷迭香，對大部分的人來說都是安全的。然而，如果你正懷孕或正在哺乳，或者對阿斯匹靈過敏、有出血性疾病、正服用薄血類藥物、有癲癇症、高血壓、服用血管張力素，或者有胃潰瘍、克隆氏症（Crohn's disease）或潰瘍性大腸炎，請務必只以一般料理的量食用迷迭香。迷迭香有少許的降血糖作用，因此糖尿病患者在服用迷迭香時，需注意監測血糖值。過度大量的服用迷迭香，有可能令人噁心或嘔吐。

---

213. Daniel Poeckel et al., "Carnosic Acid and Carnosol Potently Inhibit Human 5-Lipoxygenase and Suppress Pro-Inflammatory Responses of Stimulated Human Polymorphonuclear Leukocytes," *Biochemical Pharmacology 76, no. 1* (1 July 2008): 91–97.

214. S. J. Preston, "Comparative Analgesic and Anti-Inflammatory Properties of Sodium Salicylate and Acetylsalicylic Acid (Aspirin) in Rheumatoid Arthritis," *British Journal of Clinical Pharmacology* (May 1989).[a]

配方

迷迭香茶 *Rosemary Tea*

250㎖（1杯）·····················清水
1小匙······························迷迭香

將水煮滾，加入迷迭香，然後離開火源，浸泡 5 分鐘。將茶液倒入杯中，加入蜂蜜調味。

迷迭香浸泡油 *Rosemary Infused Oil*

迷迭香葉
植物油

在消毒過的玻璃罐中，放進切碎的迷迭香葉。如果你使用的是新鮮的迷迭香葉，就放到 ³/₄ 滿的位置，如果用的是乾燥的迷迭香葉，就放到 ¹/₄ 滿。在罐中注滿植物油，確保葉片被完全覆蓋。蓋上蓋子，放在有日光照射的窗台邊，持續 2 週。2 週當中，每天拿起來搖晃一下。濾出油液，另外放進乾淨的玻璃罐中，貼上標籤。存放在陰涼無光照處，大約可以存放 1 年。

迷迭香醋 *Rosemary Vinegar*

迷迭香
蘋果醋

在罐子裡，放進輕輕搗過的新鮮迷迭香葉（如果有的話，也可以放入一些迷迭香花）至半滿處。或者，如果用乾燥的迷迭香，就放到 $1/4$ 滿的位置。在罐中注滿蘋果醋。靜置於無光照的陰涼處，持續 2 到 3 週。濾出醋液，裝進消毒過的罐子裡。用來沖淋頭髮，可以增添亮澤與滑順度；也可以作為沙拉醬；或者每天加 2 匙進溫水中飲用，可以增強記憶力。

迷迭香油膏 *Rosemary Salve*

迷迭香浸泡油··················（見前述配方）
磨碎的蜂蠟

將油稍微加熱，加入蜂蠟，比例大約是每 500 毫升的浸泡油（純油液的量，不含藥草），加入 2 大匙磨碎的蜂蠟。完成後倒入小罐子裡，靜置成形。

迷迭香花精 *Rosemary Flower Essence*

首先，採集一些盛開的迷迭香花朵，取一個小碗，放入 150 毫升的泉水，讓花朵漂浮在水面。放置在太陽底下 3 至 4 小時，期間注意維持陽光照射，不能有任何遮蔽。完成後，將花朵取出。將水液注入瓶子裡，再加入 150 毫升的白蘭地或伏特加酒。這就是你的母酊液。接著製作實際使用的花精。在 10 毫升的滴管瓶中，加入 7 滴母酊液，注入白蘭地或伏特加酒至滿，這就是你的花精原液。使用時，每次在一杯水裡滴入 4 滴花精原液，每天服用 4 次。製作花精很重要的一點，是不要用手觸碰花朵——水中要留下的是花朵的振動印記，可不是你的振動印記喔！

迷迭香椰子油膏 *Rosemary and Coconut Balm*

250㎖（1杯）⋯⋯⋯⋯⋯⋯椰子油（固體狀）
1把⋯⋯⋯⋯⋯⋯⋯⋯⋯⋯新鮮的迷迭香葉（去除莖桿，並切碎備用）

將上述材料放入隔水加熱鍋中，加熱 2 小時。濾出油液，放入乾淨的玻璃罐中。每次使用時，取少量在手心溶化（用量大約 1 小匙或多一些，視你的髮長而定），然後塗抹在頭髮上，用梳子梳勻。靜置過夜（或至少留置 2 小時），然後像平常一樣輕洗頭髮，就能讓秀髮充滿光澤。這個油膏也是很好的夜用護膚霜，此外也可以塗抹在關節炎的疼痛部位。存放在清涼陰暗處，可以保存2年。

迷迭香爽膚水 *Rosemary Skin Toner*

5小匙⋯⋯⋯⋯⋯⋯⋯⋯⋯迷迭香
50㎖（3大匙）⋯⋯⋯⋯⋯蒸餾的金縷梅純露

將迷迭香與金縷梅純露放進罐子裡。蓋上蓋子，在清涼陰暗處存放 2 週。每天拿起來搖晃一下。濾出汁液，在洗完臉後用來調理肌膚。這個爽膚水特別適合油性與一般性肌膚使用。

護髮水：迷迭香與鼠尾草
Rosemary and Sage Hair Tonic

1大匙⋯⋯⋯⋯⋯⋯⋯⋯⋯迷迭香葉
1大匙⋯⋯⋯⋯⋯⋯⋯⋯⋯新鮮的鼠尾草葉
250㎖（1杯）⋯⋯⋯⋯⋯滾水
250㎖（1杯）⋯⋯⋯⋯⋯蘋果醋

將藥草放進大碗裡，注入滾水。浸泡直到冷卻成微溫。濾出水液，藥草渣可以拋棄不用。在水液中加入蘋果醋。每當洗完頭髮後，可以將護髮水倒入頭髮上，或者裝

進噴瓶裡，在洗完頭後噴灑。你也可以再一次用乾淨的清水洗淨，或者讓護髮水自然風乾，像平常一樣梳理造型。放在冰箱冷藏，可以保存2天。

迷迭香煙燻棒 *Rosemary Smudge Stick*

新鮮的迷迭香莖葉枝條
天然棉線（請勿使用合成材料）

準備好枝條，然後稍微固定成一束。用棉線將枝條綁起來，綁得疏鬆一點（如此一來才能充分風乾，在使用時會燃燒得更順利）。綁好後，把鬆脫的枝葉修剪整齊。吊掛起來，用大約8週的時間自然風乾。使用時，把煙燻棒放在耐熱的盤子上，從尾端燒燃。用燃燒的煙氣淨化神聖空間與氣場，也可以用來清理病患的房間。

匈牙利皇后護膚水 *Queen of Hungary Water*

1份	玫瑰
1份	薰衣草
1份	迷迭香
1份	鼠尾草
1份	橙皮
1份	檸檬皮
2份	薄荷

蘋果醋
玫瑰純露

在罐子裡放入新鮮的藥草，注入蘋果醋，直到蓋過所有材料。放在陽光充足的窗邊，靜置2週，每天拿起來搖晃一下。2週後用咖啡濾紙濾出醋液，就完成了。存放在清涼陰暗處，大約可以保存1年。當作爽膚水使用時，以1:1的比例用玫瑰純露稀釋使用。

迷迭香灑水枝 *Rosemary Asperger*

3枝（10—20cm）⋯⋯⋯⋯⋯⋯迷迭香
1枝（10—20cm）⋯⋯⋯⋯⋯⋯鼠尾草
白線
1大匙⋯⋯⋯⋯⋯⋯⋯⋯⋯⋯⋯⋯鹽
500㎖（2杯）⋯⋯⋯⋯⋯⋯⋯清水

用白線把迷迭香和鼠尾草綁在一起。把鹽加入水中溶化。把這個迷迭香和鼠尾草「杖」浸入鹽水，將水灑在即將進行儀式的空間各處或工具上，或者可以用在需要清理、消除負能量的地方。

魔法焚香粉：婚約 *Handfasting Incense*

$^1/_4$ 份⋯⋯⋯⋯⋯⋯⋯⋯⋯⋯迷迭香葉
$^1/_4$ 份⋯⋯⋯⋯⋯⋯⋯⋯⋯⋯壓碎的荳蔻莢
$^1/_2$ 份⋯⋯⋯⋯⋯⋯⋯⋯⋯⋯肉桂粉
$^1/_8$ 份⋯⋯⋯⋯⋯⋯⋯⋯⋯⋯磨碎的丁香
$^1/_4$ 份⋯⋯⋯⋯⋯⋯⋯⋯⋯⋯壓碎的芫荽籽
$^1/_8$ 份⋯⋯⋯⋯⋯⋯⋯⋯⋯⋯蒔蘿葉
1撮⋯⋯⋯⋯⋯⋯⋯⋯⋯⋯⋯番紅花
4份⋯⋯⋯⋯⋯⋯⋯⋯⋯⋯⋯乳香樹脂

將材料混和在一起，放在碳片上燃燒。

鼠尾草 *Sage*

Salvia officinalis

掌管行星：木星。

代表元素：風元素。

相關神靈：羅馬收穫之神——康蘇斯（Consus）、羅馬眾神之王
——朱庇特（Jupiter）、希臘天神之王——宙斯（Zeus）、希臘英雄
——卡德摩斯（Cadmus）。

魔法屬性：療癒、保護、清理、淨化、智慧。

　　鼠尾草的屬名 Salvia 與英文俗名 sage，都是來自拉丁文中的 *salvia*，意思是「健康」（to be in good health）。種名 *officinalis* 表示鼠尾草是被收錄於官方藥典的植物。

　　羅馬人相信，鼠尾草可以治療所有疾病。祭司會在儀式裡，穿著白色長袍赤腳採下鼠尾草，再依典禮程序進行清洗。獻上麵包和酒之後，再以不含鐵的工具將鼠尾草切斷。羅馬人將鼠尾草獻給他們的主神——眾神之王朱庇特（Jupiter）。希臘人也相信，鼠尾草可以改善身心狀態，並將它獻給希臘人的主神——天神之王——宙斯（Zeus）。西元前 1 世紀，來自龐都（Pontus）的希臘地理學家史特拉伯（Strabo），將鼠尾草譽為自己花園裡最重要的藥草。[215]古希臘人每年都將鼠尾草葉獻給海神波賽頓的孫子——英雄卡德摩斯（Cadmus），以及他的父親尼羅河河神尼祿（Nilus）。據傳，尼羅河的治癒能力，最早就是由尼祿發現的。[216]

---

215. Strabo, *The Geographica*.

216. 戴安德莉亞（D'Andréa），《蓋蒂博物館花園裡的古老藥草》（*Ancient Herbs in the J. Paul Getty Museum Gardens*）。

中世紀時，人們用鼠尾草來治療從神經問題到癱瘓與發燒等，各式各樣的疾病。中世紀義大利色蘭諾醫學院（Salerno school of medicine）編纂的《色蘭尼坦養生集》（Regimen Sanitatis Salernitanum）當中就提到：「家裡種著鼠尾草的話，人怎麼可能會死呢？……鼠尾草能平穩神經、安撫手抖，還能幫助退燒……噢，鼠尾草真是人們的救星，是大自然的解藥！」[217]傑拉德（Gerard）在《藥草簡史》（Herbal）中同樣也寫道：「光是使用鼠尾草，就對頭部和腦部帶來幫助，它能讓感官敏銳、記憶鮮明，強化肌肉、補充癱瘓者的體力，還能讓患者不顫抖。」英文裡有句俗話說，「要想長命百歲，就要在五月吃鼠尾草。」（"He who would live for aye [ever] must eat sage in May."）路易十四時期的法國作家聖西蒙（Saint-Simon）有每晚喝鼠尾草茶的習慣，並認為自己之所以能夠長壽，都是拜這個習慣所賜。

人們也相信，鼠尾草能預防疾病，因此有時將它稱為 Salvia salvatrix（鼠尾草救星），用鼠尾草來預防瘟疫。鼠尾草也是**四神偷藥草醋**的材料之一，這是一種綜合藥草醋，傳說在黑死病盛行之時，就是它保住了一群馬賽強盜的命。當這些強盜被抓捕，他們便用這神祕的配方作為交換，保住小命一條。[218]當你感覺自己需要保護的時候，可以將一片鼠尾草帶在身上。

許多民間習俗與迷信，都和鼠尾草的使用、種植與生長狀態有關。人們認為，在自家種鼠尾草是不吉利的事，所以要請陌生人代勞。單獨種植鼠尾草也會帶來不祥，所以鼠尾草至少要和另外一種植物同栽。人們認為，要是鼠尾草生長繁茂，家業便會興隆，要是鼠尾草枯萎，就表示會衰敗。住家花園裡的鼠尾草若長得健壯豐茂，就表示這個家由強勢的女主人掌管。

217. J. Ordronaux (trans.), *Regimen Sanitatis Salerni* (Scuola Medica Salernitana), Lippincott, 1871.
218. Power and Sedgwick, *The New Sydenham Society's Lexicon of Medicine and the Allied Sciences*.

鼠尾草是淨化之草。在聖經裡，鼠尾草是所羅門用來淨化聖殿的藥草，而白鼠尾草（white sage，*Salvia apianais*）更是北美第一民族家喻戶曉的淨化藥草，在祈禱和儀式前用來淨化身心靈與神聖物件。你也可以用花園裡的鼠尾草來焚香，或做成鼠尾草煙燻棒淨化氣場、工作空間和魔法用具。**鼠尾草茶**或**鼠尾草淨化藥水**可以作為洗劑，清理魔法工具、加入淨身浴中，或加在清洗聖袍的水裡。禁食期間飲用**鼠尾草茶**，可以淨化身體和心靈。

Sage 這個字，在英文裡也有「智者」的意思，意味著從生命經驗中獲得洞見與智慧的人；鼠尾草本身和智慧有相當密切的關聯。英國民間傳說中提到，只要帶著一片鼠尾草葉，就可以變聰明。你可以透過藉由**鼠尾草茶**，連結鼠尾草的能量，或者在你空出時間靜心冥想時，使用**鼠尾草花精**，讓內在靈魂的低語更能被你聽見。透過這樣的方式和鼠尾草的能量一起工作，將幫助你校準心智和靈性面，喚醒內在對靈性的追尋，以及通靈的能力。當你到了某個時間點，開始提出這樣的探問：「生命是什麼？我為什麼活著？」當你試著從另一個角度來看待自己的人生，並試圖尋求答案的時候，鼠尾草的能量尤其能為你帶來幫助。飲用**鼠尾草茶**，或在水裡滴 4 滴**鼠尾草花精**服用。在冥想時，將**鼠尾草浸泡油**或**鼠尾草花精**塗在太陽神經叢，那裡是你內在力量的中心。在枕頭底下放一片鼠尾草，讓它的能量在夜裡支持你的睡眠，為你帶來療癒的夢境。

鼠尾草也可以用來焚燒，製作魔法香包，或磨成粉施做法術、儀式，這麼做可以吸引豐盛到來。

料理用途

料理時，用鼠尾草的葉與莖，來製作肉類料理、燉菜、湯品、起司、義大利麵、香草奶油和餡料。鼠尾草的葉子與花朵可以製成冰塊冷凍，加在消暑的飲料中。將乾燥的鼠尾草葉研磨成粉，混入粗海鹽，就可以為鹹味料理調味。

美容保養用途

鼠尾草可以長保牙齒清潔，試試鼠尾草潔牙粉配方，或用新鮮的鼠尾草葉抹擦牙齒，這麼做能讓牙齒更良白。

鼠尾草也是天然的抗感染劑與除臭劑。把新鮮的葉片放進棉布袋裡，或用雙倍濃的**鼠尾草茶**加入泡澡水中，都可以達到增強活力、消除異味的效果。也可以製作**鼠尾草除臭噴霧**使用。

鼠尾草含有鈣質與維生素 A，能保護肌膚不受自由基損傷，進而達到預防細紋和老化現象的效果。除了抗細菌與消炎之外，鼠尾草也能安撫肌膚爆痘、爆紅疹和受到刺激等情況。用**鼠尾草茶**當作爽膚水使用，就能達到調理的效果。此外，用鼠尾草蒸臉，可以緊實肌膚、縮小毛孔。

鼠尾草是傳統上用來改善落髮的良方。將**鼠尾草茶**或**鼠尾草浸泡油**按摩進頭皮，能促進局部血液循環、激勵毛髮生長。你也可以在把**鼠尾草浸泡油**按摩進頭皮與頭髮之後，用溫暖的浴巾包裹，靜置過夜或留置幾小時作為保養。或者，可以用雙倍濃的鼠尾草茶在洗完頭後沖淋頭髮。用鼠尾草沖淋頭髮，能讓頭髮更光澤亮麗。

治療用途

作用：收斂、防腐、散發芬芳、消脹氣、類雌激素、止汗、滋補身體、抗痙攣。

　　鼠尾草茶在咳嗽或感冒時特別好用，也可以用雙倍濃的**鼠尾草茶**作為漱口水，來緩解喉嚨痛、扁桃腺炎，或者改善牙齦發炎與口腔潰瘍。除此之外，也可以在感冒時吃一匙**鼠尾草蜜**。

　　鼠尾草茶可以幫助更年期女性改善熱潮紅、盜汗與其他更年期不適。煮一杯**鼠尾草茶**放在冰箱冷藏，在一天當中隨時喝幾口，或在熱潮紅發作時飲用。

　　鼠尾草有消毒殺菌的效果，可以摩擦在蚊蟲叮咬的地方，也可以用**鼠尾草茶**作為洗劑，緩解青春痘、濕疹、傷口、疥癬與蚊蟲叮咬。

請注意：以食用的量服用鼠尾草，或者在短時間內藥用，對大部分人來說都是安全的，但如果長期服用非常大量的鼠尾草，就有可能出現毒性。糖尿病患請注意血糖（鼠尾草有微微的降血糖效果），高血壓或低血壓患者也需要注意，因為有可能需要調整用藥。懷孕婦女或正在哺乳的母親，或罹患易受荷爾蒙波動影響的癌症、子宮內膜異位症、子宮肌瘤、癲癇症等患者，抑或是正在吃鎮定類藥物，或手術前兩週的患者，都請避免以藥用的量服用鼠尾草。

配方

鼠尾草漱口水 *Sage Mouth Wash*

250㎖（1杯）·······················滾水
2小匙·····························乾燥的鼠尾草
¹/₂小匙·····························海鹽

將滾水沖入鼠尾草中，浸泡 15 分鐘後濾出茶液。加入海鹽，冷卻至微溫即可使用。
每次在刷完牙時倒入口腔漱口。請在兩天內用完。此漱口水能幫助預防牙齦疾病。鼠
尾草和鹽都有消毒殺菌、減輕發炎、加速修復的作用。你也可以在喉嚨痛的時候使用
這個漱口水，一天使用數次。

鼠尾草蜜 *Sage Electuary*

將鼠尾草放入罐中，直到半滿，然後注入蜂蜜直到完全淹過——鼠尾草和蜂蜜都有抗
細菌的作用。靜置浸泡 2 到 3 天或更長。濾出蜂蜜，另外放入消毒過的罐子裡保存。
每當咳嗽、感冒或喉嚨痛時服用，一天 3 至 4 次，每次服用 1 匙。或者，也可以取一
大匙溶於一杯熱水中飲用。

鼠尾草潔牙粉 *Sage Tooth Powder*

2大匙⋯⋯⋯⋯⋯⋯⋯⋯⋯⋯	小蘇打粉
¹/₂小匙⋯⋯⋯⋯⋯⋯⋯⋯⋯	鹽
¹/₄小匙⋯⋯⋯⋯⋯⋯⋯⋯⋯	磨成細粉的乾燥鼠尾草葉
3滴⋯⋯⋯⋯⋯⋯⋯⋯⋯⋯⋯	胡椒薄荷精油

混和所有材料，放進密封罐中。按平常方式沾取刷牙，可以存放12個月。

鼠尾草醋蜜劑 *Sage Oxymel*

鼠尾草葉

蜂蜜

蘋果醋

在消毒過的罐子裡放入切碎的鼠尾草葉，直到 ¹/₄ 滿，接著注入蜂蜜至半滿處。將蘋果醋倒入鍋子裡徐徐加熱，直到用手觸碰會覺得燙──不可煮至沸騰或溫度過高。將醋液倒入鼠尾草蜂蜜中，直到注滿整個罐子。用非金屬材質的蓋子蓋上（醋會融蝕金屬，也會使醋蜜劑被金屬沾染），放在陰涼處2到3週。完成後，用棉布濾出醋蜜劑，另外裝進消毒過的玻璃罐中保存──稍微加熱一下會比較好操作。完成的醋蜜劑可放冰箱保存 1 年，或常溫保存 6 個月。每當咳嗽、感冒與喉嚨痛時，便視需要取 2 小匙溶於溫水中服用。

鼠尾草茶 *Sage Tea*

250ml（1杯）⋯⋯⋯⋯⋯⋯⋯	滾水
1小匙⋯⋯⋯⋯⋯⋯⋯⋯⋯⋯	乾燥鼠尾草（或2小匙新鮮的鼠尾草）

將滾水注入鼠尾草，蓋上蓋子浸泡 5 分鐘。濾出茶液飲用。可視個人喜好用蜂蜜調整甜度。一天當中隨時視需要飲用。

鼠尾草除臭噴霧 *Sage Deodorant Spray*

60mℓ（¼杯）·····················金縷梅純露
30mℓ（⅛杯）·····················鼠尾草酊劑（製作方式參考下一條目）
25滴·····························精油（例如檸檬或甜橙）

均勻混和上述材料，裝入噴霧瓶中。每次使用之前都先均勻搖晃。鼠尾草本身就是天然的除臭劑。

鼠尾草酊劑 *Sage Tincture*

在消毒過的玻璃罐中，放入切碎的新鮮鼠尾草葉，直到 ¾ 滿。注滿伏特加或白蘭地，確保葉片被完全覆蓋。放在陽光照射的窗邊，靜置 2 到 3 週，每天拿起來搖晃一下。濾出油液，另外放進乾淨的瓶中，貼上標籤保存。

四神偷藥草醋 *Four Thieves Vinegar*

500mℓ（2杯）·····················白酒醋
25枚·····························壓碎的丁香
3瓣·····························大蒜瓣（去皮壓碎備用）
1大匙·····························甜馬鬱蘭
1大匙·····························鼠尾草
1大匙·····························迷迭香

將所有材料放入玻璃容器中，靜置 15 天，每天搖晃一下。濾出醋液，另外裝進乾淨的瓶中。這是強大的殺菌消毒、消除感染劑，可以當作清潔劑使用，也可以在泡澡水裡加入2大匙，或點塗在刀切傷及蚊蟲叮咬處。

鼠尾草花精 *Sage Flower Essence*

首先，採集一些盛開的鼠尾草花朵。取一個小碗，放入 150 毫升的泉水，讓花朵漂浮在水面。放置在太陽底下 3 至 4 小時，期間注意維持陽光照射，不能有任何遮蔽。完成後，將花朵取出。將水液注入瓶子裡，再加入 150 毫升的白蘭地或伏特加酒。這就是你的母酊液。接著製作實際使用的花精。在 10 毫升的滴管瓶中，加入 7 滴母酊液，注入白蘭地或伏特加酒至滿，這就是你的花精原液。使用時，每次在一杯水裡滴入 4 滴花精原液，每天服用 4 次。

鼠尾草煙燻棒 *Sage Smudge Stick*

乾燥的鼠尾草葉細枝條
天然棉線（請勿使用合成材料）

準備好枝條，然後稍微固定成一束。用棉線將枝條綁起來，綁得疏鬆一點（如此一來才能充分風乾，在使用時會燃燒得更順利），用棉線綑成長形。綁好後，把鬆脫的枝葉修剪整齊。吊掛起來，用大約 8 週的時間自然風乾。使用時，把煙燻棒放在耐熱的盤子上，從尾端燒燃。用燃燒的煙氣淨化神聖空間與氣場，也可以用來清理病患的房間。

鼠尾草淨化藥水 *Sage Purification Potion*

500㎖（2杯）	滾水
3片	鼠尾草葉
7片	羅勒葉
3片	月桂葉
1小匙	迷迭香

將滾水注入藥草中，蓋上蓋子浸泡 20 分鐘。濾出茶液，用來清潔廟宇、工作空間與魔法工具。用新鮮的牛膝草或迷迭香枝灑在儀式空間各處。在泡澡水中倒入 250 毫升（1杯）的量，就可以去除身上的負能量。

鼠尾草浸泡油 *Sage Infused Oil*

在罐子裡放滿新鮮的鼠尾草葉，然後注滿植物油，確保葉片被完全覆蓋。放在有日光照射的窗台邊，持續 2 週。2 週當中，每天拿起來搖晃一下。濾出油液，另外放進乾淨的玻璃罐中保存。

百里香 *Thyme*

Thymus spp.

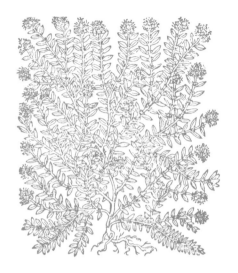

掌管行星：金星。

代表元素：水元素。

相關神靈：希臘戰神——阿瑞斯（Ares）、羅馬戰神——馬斯（Mars）、仙子／妖精（fairies）。

魔法屬性：淨化、妖精魔法、勇氣、喪祭、催情、保護。

　　在夏日清晨的薄霧裡，可以看到蜜蜂嗡嗡地在芬芳的百里香花朵周圍打轉。古希臘作家泰奧弗拉圖發現，每當百里香花開得茂盛，養蜂人便會迎來豐年。[219] 羅馬詩人奧維德則把百里香形容為「伊米托斯山的紫色丘陵」（purple hills of flowering Hymettos），當地盛產的野地百里香蜂蜜，被認為是世上最好的蜂蜜。[220] 這是為什麼，在古典時代，百里香總是和甜美密不可分。

　　一般認為，*thyme* 這個字來自希臘文中的焚香（*thymiama*）。在希臘文裡，*thymiaterion* 意味著焚香的容器，而 *thuo* 則是香氣的意思。在希臘和羅馬時代，人們焚燒百里香，並用那芬芳的煙氣來取悅眾神、驅走惡靈。百里香的香氣是如此芬芳宜人，因此人們用「有百里香的味道」（to smell of thyme），來形容成熟世故、堅定確信並有吸引力的人。百里香也有催情的效果，這是為什麼敘拉古統治者迪奧尼修斯（Dionysius of Syracuse）會在舉辦縱色享樂的宴會之前，在宮殿地板鋪滿野地百里香。[221]

219. 戴安德莉亞（D'Andréa），《蓋蒂博物館花園裡的古老藥草》（*Ancient Herbs in the J. Paul Getty Museum Gardens*）。

220. Ovid (*Ars Amutoriu*): *Est prope purpureos collis florentis Hymetti, Fons sacer et viridi caespite mollis humus.* "Near the purple hills of flowering Hymettos is a sacred spring and earth soft with green grass," quoted in Burr Thompson and Griswold, *Garden Lore of Ancient Athens*.

221. 戴安德莉亞（D'Andréa），《蓋蒂博物館花園裡的古老藥草》（*Ancient Herbs in the J. Paul Getty Museum Gardens*）。

後來的數百年間，歐洲女孩會在頭髮裡插上百里香枝，讓愛人對自己產生難以抗拒的情懷。百里香可以用來製作招桃花的藥水、焚香粉、魔法香包、香粉，塗擦**百里香浸泡油**也能帶來類似的效果。或者，可以和你的伴侶一起品嘗**蜂蜜藥草蘭姆酒**。

另有一說認為，thyme 這個字，是來自希臘文的 thymos 或 thumus，意思是勇氣或力量。[222]這是因為，百里香被壓斷或切斷時，不僅能夠存活，還能長得更加茂盛。百里香可以為戰士帶來活力，羅馬軍士會用百里香來泡浴，讓自己更有勇氣與活力。希臘運動員則會在參加比賽前，於胸口塗上百里香油。在中古歐洲，百里香象徵著勇敢、能量與活躍。女士們會為騎士獻上含有百里香葉的禮物，或在手帕繡上蜜蜂繞著百里香枝飛舞的圖樣，送給戰士。在蘇格蘭高地，人們用野地百里香做成能增強力量和勇氣的飲料。野地百里香也是德拉蒙家族（Drummond Clan）的象徵物。[223]對於那些想藉由成為戰士，來增強勇氣和意志的人們來說，百里香是格外重要的藥草。飲用**百里香茶**，或使用百里香花精（製作方式見本書第 31 頁），或者將雙倍濃的**百里香茶**加入儀式淨身水中，焚燒乾燥的百里香來幫助釋放壓力、紮根、收束個人能量，並找到內在的力量。

百里香也和死亡有關。古埃及人將它視作強效的抗菌防腐劑，用來製作木乃伊。[224]百里香也是埃及與伊特魯里亞文明（Etruscan）用來陪葬的殉葬用品。[225]人們也在葬禮時將百里香放在棺材上，作為燒燃的焚香。將百里香用在葬禮的習俗，一

---

222. 同上。

223. James Logan, *The Scottish Gael Or Celtic Manners as Preserved Among the Highlanders, Being an Historical and Descriptive Account of the Inhabitants, Antiquities and National Peculiarities of Scotland* (London: Smith, Elder and Comp., 1831).

224. S. S. Tawfik, M. I. Abbady, Ahmed M. Zahran, and A. M. K. Abouelalla, "Therapeutic Efficacy Attained with Thyme Essential Oil Supplementation Throughout -irradiated Rats," Egypt. J. Rad. Sci. Applic.19, no. 1 (2006): 1–22.

225. 布魯頓－席爾（Brunton-Seal）與席爾（Seal），《廚房之藥》（*Kitchen Medicine*）。

直持續好幾個世紀。在英國威爾斯地區，百里香是傳統的墓地植物之一。祕密共濟會（Order of Oddfellows）的成員，至今仍會在參加成員葬禮時帶上百里香，在葬禮上丟入墓地裡。你可以在心愛之人的墓地上種植百里香、在參加葬禮時帶上百里香，或者在葬禮和追思會上焚燒乾燥的百里香，或作為焚香粉的材料之一。

在英國，百里香則與仙子密不可分。在莎士比亞的《仲夏夜之夢》（*A Midsummer Night's Dream*）裡，仙王奧布朗（Oberon）就曾告訴帕克（Puck）：「我知道野百里香在哪個河畔遍地生長／也知道櫻草和隨風搖曳的三色堇開在何處，」因為，在夏至的午夜，仙王會和他的追隨者一起在遍地的野地百里香上跳舞。大約從 1600 年起，百里香就成為許多魔法藥水的材料，人們相信，用百里香製作的藥水能讓使用者見到仙子。只要從仙子出沒的山丘附近，蒐集野地百里香的枝條頂端，加上仙子王國附近取來的草葉浸泡成茶，就是一個簡單的百里香魔法。百里香也是製作仙子油膏的材料，把仙子油膏塗在剛出生的仙子寶寶眼睛上，孩子就能看見肉眼所未能見的事物。好幾個故事都曾提到，人類助產士不小心將油膏塗抹到自己的眼睛，而後就能看到仙子來去的身影。不過，要是被仙子發現，便會用燈芯草或樹枝把人的眼睛戳瞎。就像其他仙子類植物一樣，野地百里香並不適合帶入家中，人們認為這麼做並不吉利。野地百里香是最適合用來吸引仙子、與仙子等自然存有共同工作的藥草，可以用來獻祭、焚燒或施作魔法。當你想和自然存有連結，可以飲用**百里香茶**、使用百里香花精，或將**日月魔法油**塗抹在身上。你也可以用新鮮百里香、迷迭香和白玫瑰花瓣烤成蛋糕，搭配燕麥片、牛奶與蜂蜜，放在你的花園或神聖的地點，一邊說出以下祝禱詞，作為獻給在地神靈的祭品：「在地之靈啊，我將這些祭品獻給祢，榮耀你的存在；請為這片土地注入祢的力量、滋養它的生長，保護它，讓它永保神聖。」

百里香也是淨化和保護類藥草，只要泡製成茶，就可以用茶液為工作空間帶來清理。它也可以用來為儀式淨身，或用來製作淨化類的焚香。你可以把百里香掛在住家四周、放在枕頭底下，或製成香囊與魔法香包。身上戴著百里香可以防止惡意與惡靈侵害。把百里香枝放在枕頭底下，就不會做惡夢。

料理用途

百里香的品種多不勝數，包括常見百里香（也叫做花園百里香）（common or garden thyme，*Thymus vulgaris*）、野地百里香（也叫做鋪地百里香或母百里香）（wild thyme／creeping thyme／mother of thyme，*Thymus serpyllum*），以及種類繁多的檸檬百里香、香橙百里香與萊姆百里香（lemon thymes／orange thymes／lime thyme，*Thymus citriodorus*）。百里香葉可以乾燥保存，也可以浸泡在醋液或油液當中。

乾燥或新鮮的葉片，以及百里香的花朵，都可以用來加在燉菜、湯品、餡料、醃料、義大利麵醬汁、蛋料理和豆類料理中。

美容保養用途

百里香茶有抗細菌的效果，可以用來沖淋頭髮，達到抗頭皮屑、刺激頭髮生長的效果。你可以直接用雙倍濃的**百里香茶**，或試試**百里香抗頭皮屑調理水**。

將百里香用來蒸臉，或用**百里香茶**作為洗劑，調理斑點、青春痘，或作為油性肌膚的天然保養品。

把玫瑰純露或金縷梅純露加入**百里香茶**，就可以作為爽膚水，達到清潔和緊實肌膚的效果。

治療用途

作用：抗細菌、抗真菌、防腐、抗病毒、收斂、祛痰、促進呼吸道黏液流動、解痙攣。

　　百里香在古希臘與羅馬時代，無疑是用來治療疾病的藥草之一。它是希波克拉底在《藥物學》（*materia medica*）中記載的療癒藥草，普林尼記載的藥方當中，也有28項疾病能透過百里香獲得治療。

　　百里香的品種非常多，但大多數都可以互相取代。百里香含有的揮發油有強大的消毒抗菌效果，因此在抗生素問世之前，人們都是以百里香油作為繃帶上的基本藥底。[226]事實上，百里香當中含有的百里酚（thymol），效用可達石碳酸（carbolic）的二十倍。[227]你可以直接將新鮮的百里香葉搗成汁，塗擦在蚊蟲叮咬、刀切傷和小傷口上，或者，也可以用雙倍濃的**百里香茶**或**百里香消毒醋**作為皮膚洗劑，來達到清潔與消毒的作用。由於百里香有優異的消毒滅菌效果，因此也是許多市售漱口水的有效成分之一，例如李施德霖漱口水（Listerine）。[228]不過，只要咀嚼新鮮的百里香葉，或用氣味清新的**百里香茶**來漱口，就可以緩解牙齦發炎、牙齦疾病、牙齦炎、口腔潰瘍和喉嚨痛等現象。

　　百里香也是舒緩咳嗽、感冒、流感或支氣管炎的不二之選。百里香除了可以激勵免疫系統、強化肺部，也有祛痰與抗痙攣的作用。這意味著它能化解痰液，讓你

---

226. 葛利夫（Grieve），《當代藥草大全》（*A Modern Herbal*）。

227. 布魯頓－席爾（Brunton-Seal）與席爾（Seal），《廚房之藥》（*Kitchen Medicine*）。

228. Andrea Pierce, *American Pharmaceutical Association Practical Guide to Natural Medicines* (New York: Stonesong Press, 1999).

更容易把痰咳出來；同時也能解放肺部悶滯的感覺。[229]喝點**百里香檸檬茶**或**百里香醋蜜劑**，或者準備好**百里香蜜**，在冬天身體出毛病時，隨時取一匙來吃。你也可以把雙倍濃的**百里香茶**加入泡澡水，深深嗅聞那芬芳的熱水蒸氣。

百里香所含的揮發油也有抗真菌[230]的作用，並且經實驗證實能對抗多種經常造成腳趾感染的真菌種類。[231]治療灰指甲或香港腳（一種真菌感染，發生在腳趾、指頭或指甲上，患部有白色脫屑、紅腫與搔癢等徵狀），可以用**百里香抗真菌足浴劑**足浴 20 分鐘。完成後注意徹底擦乾雙腳，因為溼氣會讓真菌感染更為嚴重。雙腳完全乾燥後，再將**抗真菌足粉：百里香與奧勒岡**塗抹於患部。

百里香就像其他芳香藥草一樣，有很好的消脹效果，可以緩解消化不良、脹氣和腸躁症。生吃百里香可以幫助身體消化油膩的食物。喝一杯**百里香茶**，就可以達到緩解緊張性頭痛與宿醉的效果。

請注意：以一般飲食的量攝取百里香，對大部分人來說都是安全的，短期內以藥用方式攝取百里香，也沒有問題。安全起見，孕婦與正哺乳的母親只適合從飲食攝取百里香，不可藥用。若有出血性疾病、易受荷爾蒙波動影響的疾病（例如乳癌、子宮癌、卵巢癌、子宮內膜異位症或子宮肌瘤），或正使用抗凝血藥物，都不可以藥用的量攝取百里香。

229. Hoffman, Medical Herbalism.

230. 瓊恩（Chown）與瓦克（Walker），《手作藥房》（ *The Handmade Apothecary* ）。

231. Russel S. Ramsewak et al., "In Vitro Antagonistic Activity of Monoterpenes and Their Mixtures Against 'Toe Nail Fungus' Pathogens," Phytotherapy Research 17（April 2003）.

配方

百里香茶 *Thyme Tea*

¹/₂ 小匙·····················乾燥的百里香（或1小匙新鮮的百里香）
250㎖（1杯）·············滾水

將百里香在水中浸泡10分鐘，濾出茶液，根據個人口味調入蜂蜜飲用。

百里香檸檬茶 *Thyme and Lemon Tea*

250㎖（1杯）·············滾水
2小匙·····················新鮮的百里香葉
2小匙·····················蜂蜜
2小匙·····················檸檬汁

將滾水注入切碎的百里香葉，浸泡10分鐘。濾出茶液，加入蜂蜜與檸檬攪拌均勻。
非常適合在咳嗽、感冒與喉嚨痛時飲用。

百里香抗真菌足浴劑 *Thyme Antifungal Foot Soak*

300㎖（1¹/₄杯）···········蘋果醋
1ℓ（4¹/₄杯）·············溫水
250㎖（1杯）·············雙倍濃的百里香茶
2大匙·····················鹽

將上述材料加入足浴桶或大盆裡，泡腳20分鐘。仔細擦乾腳上水分，接著使用抗真
菌足粉：百里香與奧勒岡。

百里香醋蜜劑 *Thyme Oxymel*

百里香葉
蜂蜜
蘋果醋

在消毒過的罐子裡，放入切碎的新鮮百里香葉，直到 $1/4$ 滿，接著注入蜂蜜至半滿處。將蘋果醋倒入鍋子裡徐徐加熱，直到用手觸碰會覺得燙——不可煮至沸騰或溫度過高。將醋液倒入百里香蜂蜜中，直到注滿整個罐子。用非金屬材質的蓋子蓋上（醋會融蝕金屬，也會使醋蜜劑被金屬沾染），放在陰涼處2到3週。完成後，用棉布濾出醋蜜劑——稍微加熱一下會比較好操作。完成的醋蜜劑可放冰箱保存 1 年，或常溫保存6個月。每當咳嗽、感冒與喉嚨痛時，便視需要取2小匙溶於溫水中服用。

百里香蜜 *Thyme Electuary*

將新鮮的百里香葉放進玻璃罐中，注入蜂蜜直到完全蓋過藥草。在陰暗處放置 3 週。濾出蜂蜜，另外放入消毒過的罐子裡保存。視需要在咳嗽或感冒時，將 1 小匙百里香蜜調入薑茶中飲用。

蜂蜜藥草蘭姆酒 *Herby Honeyed Rum*

1 小匙	新鮮的百里香葉
1 大匙	新鮮的鼠尾草葉
1 大匙	新鮮的薄荷葉
450ml（2杯）	黑蘭姆酒
225g（$2/3$杯）	蜂蜜

將所有藥草切碎，放入乾淨的玻璃罐中，注入蘭姆酒直到淹過所有材料。蓋緊蓋子，靜置 10 天。濾出酒液，注入乾淨的罐子裡，加入蜂蜜，再靜置 1 週或 2 週後裝瓶。這同樣很適合在咳嗽與喉嚨痛時服用！

百里香抗頭皮屑調理水
Thyme Anti-Dandruff Hair Rinse

15g（7大匙）	⋯⋯⋯⋯⋯	乾燥的鼠尾草葉
15g（3大匙）	⋯⋯⋯⋯⋯	迷迭香葉
15g（3大匙）	⋯⋯⋯⋯⋯	乾燥的百里香
60㎖（1/4杯）	⋯⋯⋯⋯⋯	伏特加
500㎖（2杯）	⋯⋯⋯⋯⋯	蘋果醋

將所有藥草切碎，與伏特加和蘋果醋一同放入廣口瓶裡，靜置 2 週，期間每天拿起來搖晃一下。濾出汁液，放入乾淨的罐子裡。像平常一樣清洗頭髮，最後用 1 大匙調理水做最後的沖淋。

百里香浸泡油 *Thyme Infused Oil*

取一個消毒過的玻璃罐，放滿切碎的新鮮百里香葉。在罐中注滿植物油，確保葉片被完全覆蓋。放在有日光照射的窗台邊，持續 2 週。2 週當中，每天拿起來搖晃一下。濾出油液，另外放進乾淨的玻璃罐中保存。

百里香消毒醋 *Thyme Antiseptic Vinegar*

一把	⋯⋯⋯⋯⋯	百里香葉
一把	⋯⋯⋯⋯⋯	迷迭香葉
一把	⋯⋯⋯⋯⋯	鼠尾草葉

蘋果醋（或蒸餾的白醋）

大致把藥草切碎，放進大瓶子裡。注入足以蓋過所有材料的醋。放在清涼陰暗處，靜置 2 個月。2 個月後濾出醋液，放進噴霧瓶中。用此消毒醋來清潔工作檯面，或為小刀切傷、擦傷做傷口消毒。

抗真菌足粉：百里香與奧勒岡
Thyme and Oregano Antifungal Foot Powder

4 大匙	乾燥的百里香葉（研磨成粉）
4 大匙	乾燥的奧勒岡葉（研磨成粉）
$1/2$ 小匙	丁香（研磨成粉）
7 大匙	玉米澱粉（cornstarch）
7 大匙	小蘇打粉
20 滴	茶樹精油

用杵臼將藥草研磨成粉，加入玉米澱粉和小蘇打粉混和均勻。加入茶樹精油，用金屬湯匙的手柄尾端攪拌均勻。你也可以將粉末放入爽身粉的罐子，或一般用來裝鹽的調味罐中。每天早上、晚上與睡前灑在足部。丁香含抗真菌的丁香酚，奧勒岡和百里香則有另外兩個強大的抗真菌、抗細菌感染成分——香荊芥酚與百里酚，茶樹也是強效的抗真菌劑。

喉痛噴霧：百里香與胡椒薄荷
Thyme and Peppermint Sore Throat Spray

1 大匙	百里香酊劑或甘油溶液（使用食物級植物甘油）
1 大匙	胡椒薄荷酊劑或甘油溶液（使用食物級植物甘油）
1 大匙	植物甘油
1 大匙	蜂蜜
1 大匙	蘋果醋

將材料混和在一起，裝進噴霧瓶中。視需要噴在喉嚨深處。放在冰箱可保存6個月。

喉痛漱口水：百里香與鼠尾草
Thyme and Sage Sore Throat Gargle

250㎖（1杯）·······························滾水
2小匙·······································鼠尾草葉
2小匙·······································百里香葉
1小匙·······································鹽

將滾水沖入鼠尾草、百里香與鹽，浸泡 30 分鐘。用兩層棉布仔細地濾出汁液，作為喉嚨痛的漱口水。放在冰箱可保存2天。

日月魔法油 *Moon and Sun Oil*

在第一次盈月（從新月漸入滿月）時，取 13 片白色玫瑰花瓣放入玻璃罐中。注入甜杏仁油，直到蓋過所有花瓣。每到晚上，將罐子放在外頭，連續 3 天。注意不可讓罐子曬到陽光。3 天後，把油倒入另一個乾淨的罐子裡，將玫瑰花瓣埋在蘋果樹下。接著，在油裡放入 3 朵蜀葵花、3 朵金盞菊、3 片嫩榛葉和 9 枝百里香。將罐子放在太陽下，持續 3 天。注意不可讓罐子曬到月光。濾出油液，另外放入乾淨的罐子裡。將藥草埋在橡樹下。當你透過冥想連結仙子，或與仙子一同工作時，可以將日月魔法油點塗在兩眉之間的第三隻眼。

薑黃 *Turmeric*

Curcuma longa syn. *C. domestica*

掌管行星：太陽。

代表元素：火元素。

相關神靈：印度難近母——杜爾嘉女神（Durga）、印度黑天神——克里希那（Krishna）、印度時母——卡利女神（Kali）、印度象神——甘尼許（Ganesh）、印度太陽神——蘇利耶（Suryan）、印度母神——寇陀羅毗（Kottravai）。

魔法屬性：生育、豐饒、保護、淨化、祝福、好運、太陽、婚姻、出生、死亡、催情、驅魔。

在印度教與佛教中，薑黃都和生育、豐饒、好運與太陽有關。每年泰米爾地區（Tamil）慶祝豐收節（Pongal）時，人們會準備大量的新鮮薑黃，獻給太陽神蘇利耶（Suryan）。在印度祭典上，薑黃象徵內在的純淨與自尊，人們也用來塗在神像上。

tumeric 這個字在許多語言裡，都是黃色的意思，包括梵文。[232]在印度，黃色是神聖的顏色，傳統印度僧侶的僧袍，就是用薑黃染成的黃色。印度女人會把**薑黃膏**塗在臉上，來模仿女戰神難近母（Durga，也叫杜爾嘉女神）發光的黃色皮膚。難近母是守護母神的兇相，專與破壞平靜豐饒的惡勢力抗爭。薑黃也和克里希那（Krishna）的黃色衣袍有關，印度人甚至會用薑黃製作一種特別的象神甘尼許（Ganesh）神像，而薑黃水也是獻給女神時母（Kali）的祭品。在佛教，薑黃象徵純淨與豐饒，用來塗在神聖的圖畫上，也用來為僧侶「藏紅色」的衣袍染色。

由於薑黃與生育和好運有關，因此印度人經常將它用婚禮。例如，新娘可以在婚禮前將薑黃塗抹於皮膚，作為淨化的儀式；家人也可以為新人塗抹**薑黃膏**，作為

淨化與祝福。[233] 新娘可能披上以薑黃染色的外袍，人們也可能把薑黃潑灑在牆上。這樣的做法，能為新人帶來淨化，防止受到惡靈侵襲，促進彼此溝通交流，幫助早生貴子，同時帶來幸福美滿，此外也有促進情慾的隱喻。[234] 人們也用薑黃粉在新人腳上畫上卍字符號（印度教的好運符號）。泰米爾人舉行婚禮時，少不了用薑黃根做成的項鍊；而在西印度沿海地區，則會把薑黃塊串成的手鍊，綁在新人手腕上。[235]

薑黃也是知名的催情劑。馬貴斯群島（Marquesas）的青少年，會在狂歡典禮或其他性交場合，使用大量的薑黃。薑黃的氣味似乎能帶來振奮的效果。[236] 在印度穆里雅地區（Muria of India），人們則相信薑黃的黃能嚇走鬼魂。在中國，人們用薑黃來安撫惡靈，進而讓他們遠離住家。[237] 在東南亞地區和太平洋島國，薑黃則與作物生長有關。對當地人來說，顏色是至關重要的事。黃色在薩摩亞是神的顏色，因此，採集、處理薑黃根，本身就是一場神聖的典禮。人們用薑黃粉做為嬰兒的爽身粉，也用來安撫刺青的疼痛，或塗擦在紅腫的身體部位。

薑黃也和出生與死亡有關。在玻里尼西亞（Polynesian）的蒂蔻皮亞島（Tikopia），人們把薑黃塗在母親和嬰兒身上，作為榮耀的象徵，也用來為特別的對象與重要人士做出區隔的標記。[239] 在孟買，人們在切下臍帶後，會和薑黃一起埋進土中；在其他地區，母親會在產後七天持續塗抹薑黃，而往生的死者則放入罐中埋葬，罐子上纏繞著染上薑黃色的線。[240] 人們經常用薑黃做為送給孕婦的禮物，而喪家在治喪期間，則不可使用薑黃。在南印度，人們用乾燥的薑黃根莖製作防身符，不僅保護自己不受邪靈侵擾，也會讓身體安康、帶來好運。在葬禮上，大體會先塗

232. 西穆斯（Simoons），《植物之生，植物之死》（Plants of Life, Plants of Death）。

233. Brahma Prakesh Pandey, Sacred Plants of India（New Delhi: Shree Publishing House, 1989）.

234. 西穆斯（Simoons），《植物之生，植物之死》（Plants of Life, Plants of Death）。

235. 同上。

236. Robert C. Suggs, Marquesan Sexual Behaviour（Constable, 1966）.

237. 西穆斯（Simoons），《植物之生，植物之死》（Plants of Life, Plants of Death）。

239. Raymond Firth, Tikopia Ritual and Belief（Allen and Unwin, 1967）.

240. 西穆斯（Simoons），《植物之生，植物之死》（Plants of Life, Plants of Death）。

抹薑黃，才進行火化。印度女性若是決定輕生，會穿上染了薑黃色的衣物。當印度戰士民族拉吉普特人（Rajputs）即將奔赴勝算不大、難以生還的戰役時，就會以一身黃袍慷慨就義。[241]

　　薑黃也和好運、豐饒與生育有關。它可以用來焚香、製作香包，或者以薑黃粉的形式，為家庭和事業帶來好運。薑黃可以用在結婚與訂婚儀式，以焚香粉或聖油的形式使用，或者加入淨身水、食物，或作為場地布置的素材。把薑黃粉灑在門檻上，就可以驅趕邪靈、驅走負能量。

料理用途

　　薑黃也叫做印度藏紅花（Indian saffron），或是金黃女神（Golden Goddess）。它是來自薑科的多年生植物，原生於印度和南亞地區。薑黃傳入西方世界的時間，比其他香料都晚上許多。馬可波羅是最早見識到薑黃的西方人之一。他在 1280 年遊歷中國，用藏紅花來比喻薑黃的顏色與氣味。[242]沒錯，在法文裡，薑黃就叫做印度藏紅花（*safran d'Inde*）。

　　商業栽培的薑黃在採收時，會先挖起、清洗、滾煮，經過日曬風乾一週，才研磨成我們在商店裡買到的薑黃粉。薑黃粉對日光相當敏感，需要避光保存。

　　鮮黃色的薑黃粉可以用來烹煮咖哩，也是調製咖哩粉的材料之一。你可以透過把薑黃加在炒蛋、米飯、湯品和蔬果昔中，多多攝取這有益健康的食材。

---

241. 同上。
242. 布魯頓－席爾（Brunton-Seal）與席爾（Seal），《廚房之藥》（*Kitchen Medicine*）。

美容保養用途

　　數百年來，薑黃一直是印度女性保養肌膚的祕密武器。薑黃的消炎效果可以安撫肌膚、退紅消腫，它抗細菌的特質更可以消除皮膚疙瘩與青春痘。薑黃還可以增加膠原蛋白生成、改善肌膚彈性，刺激細胞新生、促進血液流動。薑黃的療癒效果，可以處理許多常見的皮膚問題。薑黃也是抗氧化劑，可以消除自由基，進而防止肌膚老化。它甚至還可以消除黑眼圈和斑塊。

　　薑黃粉可以調製成面膜，帶來清潔油性肌膚、調理痘痘和疙瘩的作用。把薑黃粉和杏仁粉加上液體調勻，就成了臉部去角質霜，可以用來為臉部按摩，然後洗淨。或者，也可以把薑黃粉調入優格與蜂蜜，做成**薑黃面膜**。

　　要小心的是：皮膚有可能暫時被薑黃染成黃色。不需要太過介意，多洗幾次就會消除了。

治療用途

作用：改變體質、驅蟲、抗生物、消炎、抗微生物、抗血小板聚集、抗氧化、收斂、消脹氣、促進膽汁分泌、激勵循環、降血脂。

　　薑黃在印度已有至少 4,000 年的使用歷史。在阿育吠陀療法中，它既能延年益壽，又能淨化全身。薑黃也是**黃金奶**的主要有效成分，黃金奶是阿育吠陀療法中的萬能靈藥。

　　在過去 50 年間，許多研究都曾探討過薑黃的效用和安全性，尤其針對其中最主要具有藥性的有效成分——薑黃素（curcumin）。近年來，藥廠紛紛推出一種新的消炎劑—— COX-2 抑制劑——它能帶來非類固醇消炎藥（NSAID）的效果，卻不會造

223

成那麼多的副作用；而薑黃素就是一種天然的 COX-2 抑制劑。[243]研究者已在許多炎症患者身上，見到極佳的作用反應：包括癌症、心血管疾病、關節炎、克隆氏症、潰瘍性大腸炎、腸躁症、熱帶性胰臟炎（tropical pancreatitis）、白癜風（vitiligo）、牛皮癬、動脈粥樣硬化與糖尿病。[244]

薑黃也是大自然中最強效的消炎劑。幾項實驗指出，針對關節炎或滑囊炎造成的關節僵硬與疼痛，薑黃的改善效果，堪比消炎藥布洛芬（ibuprofen）或可體松（cortisone）。[245]針對以上症狀，可以將**薑黃膏**或油膏塗抹在患部，或飲用**薑黃茶、黃金奶**，或吃點**薑黃消炎小球**。

薑黃也能有效降低 LDL 膽固醇，即使只攝取微量。[246] 薑黃就和它的近親薑一樣，有薄血的效果，可以降低血壓、預防血栓形成。在飲食中加入薑黃，可以預防動脈粥樣硬化。當脂肪（如膽固醇）堆積在血管中，造成血管壁肥厚，就可能形成動脈粥樣硬化，此前可能有數十年的時間，都不具任何徵兆。

薑黃抗氧化和消炎的特質，可以有效安撫濕疹、硬皮症、酒糟鼻和牛皮癬等肌膚炎症。[247]可以把薑黃加入飲食，或按上述外用方式，達到緩解的效果。

---

243. 同上。

244. Subash C. Gupta, Sridevi Patchva, and Bharat B. Aggarwal, "Therapeutic Roles of Curcumin: Lessons Learned from Clinical Trials," *The AAPS Journal15, no. 1* (2013): 195–218.

245. 凱索曼（Castleman），《藥草新論》（*The New Healing Herbs*）。

246. I. Alwi, T. Santoso, S. Suyono, B. Sutrisna, F. D. Suyatna, S. B. Kresno, et al. "The Effect of Curcumin on Lipid Level in Patients with Acute Coronary Syndrome," *Acta Med Indones 40*, no. 4 (2008): 201–210. K. B. Soni and R. Kuttan, "Effect of Oral Curcumin Administration on Serum Peroxides and Cholesterol Levels in Human Volunteers," *Indian J Physiol Pharmacol.* 36, no. 4 (1992): 273–275.

247. https://www.psoriasis.org/treating-psoriasis/complementary-and-alternative/herbal-remedies，擷取日期：2017年11月29日。

薑黃消毒殺菌與消炎的作用，可以有效處理小傷口。仔細清潔傷口後，灑上薑黃粉，再貼上 OK 繃；或者用水調製**薑黃膏**敷在傷口處。

　　薑黃也有抗真菌的作用，能有效改善香港腳與其他真菌感染的情況。把薑黃膏敷在患部，留置20分鐘後用水沖洗乾淨。

配方

薑黃蜜 *Turmeric Electuary*

3 大匙 ······························ 薑黃粉
1 罐 ······························ 450*g* 的蜂蜜（可流動的液態）

把薑黃粉攪入蜂蜜中，即可使用。薑黃與蜂蜜都是抗生素，可以用在刀切傷與任何小傷口上。若想抵禦感染，可以每天3次，每次取半小匙吞服。

薑黃膏 *Turmeric Paste*

30*g*（3 大匙）······························ 薑黃粉
150m*l*（ 杯）······························ 清水

將上述材料放於桌中，以非常小的火徐徐加熱成膏狀（注意不可煮至水滾）。

薑黃椰子油膏 *Turmeric and Coconut Balm*

250m*l*（1 杯）······························ 椰子油（固體狀）
2 大匙 ······························ 薑黃粉

把椰子油放入隔水加熱鍋中，加入薑黃粉。文火加溫 30 分鐘，倒入消毒過的矮罐。椰子油與薑黃都有消炎的特質，因此很適合用來緩解關節炎的症狀。用此油膏按摩患部，再以溫暖的大毛巾覆蓋。留置 30 分鐘後，以水沖淋。視個人喜好，可以在製作油膏時額外加入 1 大匙的薑粉，薑也是極佳的消炎劑。

黃金奶 *Golden Milk*

250㎖（1杯）⋯⋯⋯⋯⋯⋯⋯⋯⋯**椰奶**
1小匙⋯⋯⋯⋯⋯⋯⋯⋯⋯⋯⋯⋯**薑黃粉**
¹/₂小匙⋯⋯⋯⋯⋯⋯⋯⋯⋯⋯⋯**肉桂**
1撮⋯⋯⋯⋯⋯⋯⋯⋯⋯⋯⋯⋯⋯**乾薑粉**
1撮⋯⋯⋯⋯⋯⋯⋯⋯⋯⋯⋯⋯⋯**黑胡椒**
1小匙⋯⋯⋯⋯⋯⋯⋯⋯⋯⋯⋯⋯**蜂蜜**

將香料和牛奶放入鍋中，徐徐加溫但不煮至沸騰。離開火源，浸泡5到10分鐘。濾出牛奶，倒入馬克杯裡，攪入蜂蜜。黑胡椒能讓薑黃更容易被身體吸收。

薑黃茶 *Turmeric Tea*

250㎖（1杯）⋯⋯⋯⋯⋯⋯⋯⋯⋯**清水**
2小匙⋯⋯⋯⋯⋯⋯⋯⋯⋯⋯⋯⋯**薑黃粉**

將水放入鍋中，煮至沸騰。加入薑黃粉，續滾10分鐘。離開火源，靜置放涼。4小時內飲用完畢。

薑黃薑茶 *Turmeric and Ginger Tea*

250㎖（1杯）⋯⋯⋯⋯⋯⋯⋯⋯⋯**清水**
¹/₂小匙⋯⋯⋯⋯⋯⋯⋯⋯⋯⋯⋯**薑黃粉**
1吋⋯⋯⋯⋯⋯⋯⋯⋯⋯⋯⋯⋯⋯**生薑（去皮、磨成泥備用）**

將水放入鍋中，煮至沸騰。加入薑黃粉和生薑泥，小火續滾10分鐘。濾出茶液，用一點蜂蜜調味。薑就像薑黃一樣，也有很好的消炎作用。

227

薑黃喉痛漱口水 *Turmeric Sore Throat Gargle*

1/2 小匙	薑黃粉
1/2 小匙	鹽
250㎖（1杯）	滾水

將薑黃粉與鹽放入滾水中，濾出茶液，靜置放涼。用此漱口水，一天漱口數次，來對抗喉嚨痛。放在冰箱冷藏，可保存2天。

薑黃面膜 *Turmeric Face Mask*

1 小匙	薑黃
1 小匙	蜂蜜
1 小匙	橄欖油

均勻混合上述材料，塗抹在臉上。靜置20分鐘，用溫水洗淨。

薑黃消炎小球 *Anti-inflammatory Turmeric Bombs*

2 小匙	薑黃粉
1 大匙	蜂蜜（固態）
1/2 小匙	黑胡椒
1 小匙	椰子油
2 大匙	杏仁粒

混和上述材料，拌成膏泥狀。取適量調整形狀，塑成一顆顆小球，然後滾過堅果粉、種子或可可粉，均勻沾附在小球表面。冷藏在冰箱中，可保存4週。每天取1或2個食用。

魔法香包：好運 *Good Luck Charm Bag*

1片長形的橙色布料，或1個橙色小布袋

1小匙⋯⋯⋯⋯⋯⋯⋯⋯⋯⋯⋯⋯薑黃粉（或1公分乾燥的薑黃根）

1顆⋯⋯⋯⋯⋯⋯⋯⋯⋯⋯⋯⋯⋯完整的肉豆蔻

1小匙⋯⋯⋯⋯⋯⋯⋯⋯⋯⋯⋯⋯乾燥的奧勒岡

3片⋯⋯⋯⋯⋯⋯⋯⋯⋯⋯⋯⋯⋯乾燥的羅勒葉

把所有材料縫入橙色布袋中，一邊縫製，一邊專心持著你的意念。

CHAPTER
3.

其他藥草簡述

苜蓿芽 *ALFALFA*，*Medicago sativa*：治療用途——帶來營養、利尿、降低膽固醇、幫助消化、助瀉、滋補身體、消炎。請注意：如正服用藥物華法林（warfarin）或患有自體免疫疾病，請避免使用。魔法用途——紮根、金錢、豐饒、保護。由金星和土元素掌管。

多香果 *ALLSPICE*，*Pimenta dioica*：治療用途——抗細菌、降血壓、抗神經痛、止痛、抗腫瘤、消脹氣、激勵消化功能、散發芬芳、消炎、促進局部血液循環、消脹氣。請注意：手術前 2 週請避免使用。魔法用途——能量、療癒、好運、金錢、男子氣慨。由火星和火元素掌管。

杏仁 *ALMOND*，*Prunus dulcis* syn. *Prunus amygdalus/Amygdalus communis/Amygdalus dulcis*）：治療用途——降血糖、降低 LDL 膽固醇與整體膽固醇指數、激勵免疫、抗氧化、護肝。魔法用途——春分、再生、占卜、生育、愛情、好運、金錢。由水星、太陽與風元素掌管。相關的神靈有：希臘天神之王——宙斯（Zeus）、北歐愛神——弗雷雅（Freya）、希臘河神——菲里斯（Phyllis）、阿瑪卡斯（Amacas）、希臘神話人物——德摩豐（Demophoon）、希臘神母庫伯勒（Cybele）、希臘農神——阿提斯（Attis）、巴克特里雅（Bactria）女神——娜娜（Nana）、非洲女神——卡爾（Car）、希臘智慧女神——莫提斯（Metis）、羅馬生育女神——卡爾門塔（Carmenta），以及希臘神廟女像柱（Caryatids）。

莧菜 *AMARANTH*，*Amaranthus* spp.：治療用途——收斂、抗氧化、降低膽固醇。魔法用途——死亡、喪祭、療癒、永生、保護。相關的神靈有：希臘月亮女神——阿緹蜜斯（Artemis）和希臘農業女神狄蜜特（Demeter）。由土星和火元素掌管。

歐白芷 *ANGELICA*，*Angelica archangelica* syn. *Angelica officinalis*：治療用途——祛痰、消脹氣、苦性、消滅細菌、激勵循環、抗氧化。請注意：孕婦或正哺乳的母親，以及正服用藥物華法林（warfarin），請避免使用。魔法用途——五月節（Beltane）、夏至、療癒、保護、清理、驅魔、淨化、放逐、祝福、清晰透視、預

視、保衛、平靜。由太陽和火元素掌管。相關的神靈有：所有的太陽神，以及希臘愛與美的女神維納斯（Venus）。

洋茴香 *ANISE，Pimpinella anisum*：治療用途——幫助消化、消脹氣、散發芬芳、催乳、發汗。請注意：如有任何可能因雌激素而加劇的疾病，都請避免使用。魔法用途——清晰透視、放逐、占卜、驅魔、保護。由水星和風元素掌管。相關的神靈有：希臘太陽神——阿波羅（Apollo）、希臘商業之神——赫爾墨斯（Hermes），以及羅馬貿易之神——墨丘利（Mercury）。

蘋果 *APPLE，Malus* spp.：治療用途——抗氧化、降血脂、降血壓。魔法用途——生育、情慾、愛情、婚姻、永生、忠誠、豐收、起始、智慧。由太陽、金星和水元素掌管。相關的神靈有：希臘愛與美的女神阿芙蘿狄忒（Aphrodite）、希臘太陽神——阿波羅（Apollo）、巴比倫女神——柏爾（Bel）、凱里特自然女神——凱莉德溫（Ceridwen）、希臘農業女神狄蜜特（Demeter）、羅馬月亮女神——戴安娜（Diana）、夏娃（Eve）、羅馬花朵女神——芙蘿拉（Flora）、英國古代傳奇人物——戈蒂娃夫人（Godiva）、希臘大力神——海格力士（Herakles）、希臘金蘋果守園仙女——赫斯珀里得斯（Hesperides）、北歐青春女神——伊達納（Iduna）、蘇美戰爭女神——伊南娜（Inanna）、希臘冥后——戈萊（Kore）、凱爾特太陽神——魯格（Lugh）、希臘梣樹寧芙——莫利埃（Mêliae）、巫女莫甘娜（Morgana）、日耳曼母神——尼哈勒尼亞（Nehalennia）、威爾斯神話巨人女兒——奧爾文（Olwen）、希臘冥后——波瑟芬（Persephone）、古羅馬森林女神——波摩納（Pomona）、所有的太陽神、地球女神——提太雅（Titaea）、希臘愛與美的女神維納斯（Venus），以及希臘天神之王——宙斯（Zeus）。

杏桃 *APRICOT，Prunus armeniaca*：治療用途——杏桃果有溫和助瀉和清理的作用。魔法用途——愛情。由金星和水元素掌管。

葛根 *ARROWROOT，Maranta arundinaceae*：治療用途——緩和炎症、消炎、防腐。魔法用途——好運、豐饒。由木星和水元素掌管。

阿魏 *ASAFOETIDA*，*Ferula foetida*：治療用途——抗痙攣、祛痰、激勵、通經、驅蟯蟲、鎮靜、降血壓。請注意：兒童、孕婦或正哺乳的母親、出血性疾病患者，或有腸胃問題、血壓問題等族群，均不適合使用。魔法用途——驅魔、淨化、預知夢、生育。由土星（或火星），以及火元素掌管。

相關的神靈有：希臘智慧女神——雅典娜（Athene）、希臘生殖之神——普里阿普斯（Priapus）和羅馬農業之神——薩圖恩（Saturn）。

蘆筍 *ASPARAGUS*，*Asparagus officinalis*：治療用途——抗痙攣、輕瀉、強心、緩和炎症、發汗、利尿、鎮靜、滋補身體。魔法用途——生育、情慾、強效。由火星和木星、火元素、雙子座和處女座掌管。相關的神靈有：希臘天神之王——宙斯（Zeus）、希臘商業之神——赫爾墨斯（Hermes），以及羅馬貿易之神——墨丘利（Mercury）。

酪梨 *AVOCADO*，*Persea americana*：治療用途——帶來營養、降低膽固醇、抗氧化、抗微生物。魔法用途——幸福、財富、長壽、愛情、情慾。

大麥 *BARLEY*，*Hordeum vulgare*：治療用途——利尿、緩和炎症、祛痰、抑乳、緩和、健胃、幫助消化、潤膚、帶來營養、退燒、健胃。請注意：哺乳的母親最好避免使用，因為它會抑制乳汁。魔法用途——生育、起始、豐收、盧格納薩節（Lughnasa），以及秋分。相關的神靈有：希臘農業女神狄蜜特（Demeter）、羅馬穀神——刻瑞斯（Ceres）。

月桂 *BAY*，*Laurus nobilis*：治療用途——製作敷包，以緩和瘀傷和扭傷。請注意：孕婦避免使用。魔法用途——預言、占卜、療癒、為塔羅牌注入神聖能量、保護、消除負能量、清理、靈性淨化、預知夢、封印。由太陽和火元素掌管。相關的神靈有：所有的療癒之神、希臘植物之神——阿多尼斯（Adonis）、希臘太陽神——阿波羅（Apollo）、希臘醫神阿斯克拉庇斯（Aesculapius）、羅馬穀神——刻瑞斯（Ceres）、凱里特自然女神——凱莉德溫（Ceridwen）、羅馬愛神——丘比特（Cupid）、希臘寧

芙——達芙妮（Daphne）、希臘愛神——厄洛斯（Eros）、羅馬荒野之神——法烏納斯（Faunus）、埃及太陽神——拉（Ra）、印度三主神之一——毗濕奴（Vishnu）、羅馬戰神——馬斯（Mars）、希臘戰神——阿瑞斯（Ares），以及與太陽和黎明有關的眾神與女神。

香蜂薄荷 BERGAMOT, MONARDA，*Monarda didyma*：治療用途——驅蟲、消脹氣、利尿、祛痰、退燒、促進局部血液循環、激勵。請注意：孕婦或正哺乳的母親，請避免使用。魔法用途——保護、冥想。由水星和風元素掌管。

佛手柑 BERGAMOT, CITRUS，*Citrus bergamia*：治療用途——消脹氣、防腐、抗痙攣。魔法用途——金錢與成功。由水星和風元素掌管。

山桑子 BILBERRY，*Vaccinium myrtillus*：治療用途——抗氧化、利腸胃、消炎、止血、保護血管。魔法用途——破除魔法、保護、好運、金錢。由木星和火元素、水元素掌管。

黑莓 BLACKBERRY，*Rubus fructicosus*：治療用途——收斂、淨化、利尿、滋補身體、修復外傷。魔法用途——秋分、豐收、豐盛、死亡、為聖杯或釜鍋注入神聖能量。由金星和水元素掌管。相關的神靈有：愛爾蘭女神——布莉姬（Brighid／Brigantia）、仙子／妖精（fairies），以及與豐收有關的女神。

藍莓 BLUEBERRY，*Vaccinium corymbosum*：治療用途——帶來營養、抗氧化、收斂、消炎、激勵循環、降血壓。魔法用途——保護與破除魔法。由木星和水元素掌管。

蕎麥 BUCKWHEAT，*Fagopyrum esculentum*：治療用途——消炎、抗氧化、緩和炎症、利尿、帶來營養、滋補身體、血管舒張、抗組織胺。魔法用途——保護，不受

負能量、貧窮與惡靈侵害；吸引金錢與財富；秋分。由金星和土元素掌管。相關的神靈有：所有的豐收之神與豐收女神。

高麗菜 *CABBAGE*，*Brassica oleracea*：治療用途——外用作為清涼、緩和的敷料，可以改善皮膚發炎與皮膚刺激。魔法用途——好運。由月亮和水元素掌管。

長角豆 *CAROB*，*Ceratonia siliqua*：治療用途——溫和助瀉。魔法用途——健康、財富。由木星和火元素掌管。相關的神靈有：希臘天神之王——宙斯（Zeus）與羅馬眾神之王——朱庇特（Jupiter）。

櫻桃 *CHERRY*，*Prunus avium*：治療用途——收斂、利尿、滋補身體。魔法用途——幸福、愛情、占卜。

細香芹 *CHERVIL*，*Anthriscus cerefolium*：治療用途——滋補身體、幫助消化、利尿、祛痰、激勵。請注意：孕婦或正哺乳的母親，請避免使用。魔法用途——心智活動、清晰、薩溫節（Samhain）、起始、與高我連結。由木星和風元素、水元素掌管。相關的神靈有：凱里特自然女神——凱莉德溫（Ceridwen）。

菊苣 *CHICORY*，*Cichorium intybus*：治療用途——滋補肝臟、苦性、助瀉、溫和利尿、消炎。請注意：孕婦或正哺乳的母親，請避免以藥用方式使用。魔法用途——消除阻礙、隱形、盧格納薩節（Lughnasa）、秋分。由木星和風元素掌管。相關的神靈有：所有與豐收有關的神靈和女神。

快樂鼠尾草 *CLARY SAGE*，*Salvia sclarea*：治療用途——抗痙攣、開胃、散發芬芳、收斂、安撫舒緩、消脹氣、幫助肺部、滋補身體。請注意：如正使用鎮定劑水合氯醛（chloral hydrate）或環己巴比妥（hexobarbitone），請避免使用。魔法用途——預視、獲得靈視力、打開第三隻眼。由水星、月亮和風元素掌管。

椰子 *COCONUT*，*Cocos nucifera*：治療用途──抗病毒、抗細菌、抗真菌．魔法用途──好運、淨化、保護、貞潔。

穀物 *CORN*，所有的穀物都適用：魔法用途──豐盛、豐收、秋分、盧格納薩節（Lughnasa）。由太陽和火元素掌管。相關的神靈有：與豐收相關的神靈和女神，例如希臘農業女神狄蜜特（Demeter）和羅馬穀神──刻瑞斯（Ceres）。

小黃瓜 *CUCUMBER*，*Cucumis sativus*：治療用途──淨化、利尿、潤膚、通便、分解。魔法用途──貞潔、療癒、生育、星光體旅行。由月亮和水元素掌管。

海棗 *DATE PALM*，*Phoenix dactylifera*：治療用途──帶來營養、助瀉。魔法用途──再生、生育、重生。相關的神靈有：埃及主神阿蒙（Amun）、埃及女神艾希斯（Isis）、阿拉伯女天神拉特（Lat）、希臘農業女神狄蜜特（Demeter）、希臘泰坦女神勒托（Leto）、希臘勝利女神尼姬（Nike）、蘇美戰爭女神伊南娜（Inanna）以及埃及生育女神奈芙蒂斯（Nepthys）。

無花果 *FIG*，*Ficus carica*：治療用途──助瀉。魔法用途──愛情、生育。由木星和火元素掌管。相關的神靈有：希臘酒神戴歐尼修斯（Dionysus）、羅馬酒神巴克斯（Bacchus）、羅馬神話天后茱諾（Juno）、希臘牧神潘（Pan）以及埃及女神艾希斯（Isis）。

緬梔花 *FRANGIPANI*，*Plumeria* spp.：治療用途──解熱、抗生物。魔法用途──愛情、吸引力。

榛葉 *HAZEL*，*Corylus avellana*：治療用途──收斂、發汗、退燒、帶來營養、改善牙痛、健胃、滋補身體。魔法用途──秋分、智慧、靈感、製作權杖和為權杖注入神聖能量、靈擺、保護。由水星和風元素掌管。相關的神靈有：凱爾特青春

之神——安格斯（Aengus）、希臘月亮女神——阿緹蜜斯（Artemis）、羅馬月亮女神——戴安娜（Diana）、印度月神——占德拉（Chandra）、愛爾蘭神話人物——柯恩拉（Connla）、菲恩（Fionn）、希臘黑月女神——黑卡蒂（Hecate）、凱爾特太陽神——魯格（Lugh／Lleu）、愛爾蘭第一任國王——麥克‧柯羅（Mac Coll）、愛爾蘭海神——馬那南（Manannan）、羅馬貿易之神——墨丘利（Mercury）、凱爾特戰士之神——（Ogma）、威爾斯吟遊詩人之神——塔列辛（Taliesin）、北歐雷神——索爾（Thor）和愛爾蘭河流女神——波安（Boann）。

朱槿 *HIBISCUS*，*Hibiscus* spp.：治療用途——消炎、降血壓、降低 LDL 膽固醇、抗氧化、抗細菌、利尿。請注意：低血壓患者或孕婦或正哺乳的母親，請避免以藥用方式使用。魔法用途——愛情、情慾、占卜。

蛇麻草（啤酒花）*HOP*，*Humulus lupulus*：治療用途——催情、止痛、防腐、抗痙攣、鎮痛、收斂、苦性、利尿、退燒、催眠、鎮定神經、鎮靜、激勵、健胃、滋補身體、驅蟯蟲。魔法用途——盧格納薩節（Lughnasa）、冥府幻遊、狼圖騰。由火星和風元素掌管。相關的神靈有：愛爾蘭女神——布莉姬（Brighid）和希臘泰坦女神勒托（Leto）。

萊姆 *LIME*，*Citrus acida*：治療用途——帶來營養、抗壞血病、抗病毒、滋補身體、收斂、防腐、抗細菌。魔法用途——療癒、愛情、保護。由火元素掌管。

肉豆蔻 *NUTMEG*，*Myristica fragrans*：治療用途——鎮靜、消脹氣、散發芬芳、抗痙攣、抗微生物、止吐、降血壓。請注意：孕婦和正哺乳的母親避免使用。魔法用途——破除魔法、好運、正義、金錢、男子氣慨、催情、冬至節。由木星和風元素掌管。

橄欖 *OLIVE*，*Olea europaea*：治療用途——抗氧化、苦味滋補劑、降血壓。魔法用途——新開始、平靜、接續、驅除惡靈與負能量、注入神聖能量、淨化、祝福。

由太陽和火元素掌管。相關的神靈有：埃及眾神之王阿蒙拉（Amun Ra）、希臘太陽神——阿波羅（Apollo）、希臘月亮女神——阿緹蜜斯（Artemis）、希臘智慧女神——雅典娜（Athene）、希臘神話時序三女神（Auxesia Hera）、古阿哥斯春天女神——達米雅（Damia）、希臘農業女神狄蜜特（Demeter）、希臘特洛斯王子——加尼米德（Ganymede）、希臘大力神——海格力士（Hercules）、希臘商業之神——赫爾墨斯（Hermes）、印度神明——因陀羅（Indra）、埃及女神艾希斯（Isis）、羅馬神話天后茱諾（Juno）、羅馬眾神之王——朱庇特（Jupiter）、埃及星星之神——努特（Nut）、希臘海神——波賽頓（Poseidon）、所有的太陽神，以及希臘天神之王——宙斯（Zeus）。

洋蔥 *ONION*，*Allium cepa*：治療用途——抗微生物、抗生物、抗細菌、抗真菌、抗凝血、抗糖尿病、消炎、抗誘變。魔法用途——保護、驅除負能量 驅魔。由火星和火元素掌管。

甜橙 *ORANGE*，*Citrus × sinensis*：治療用途——抗氧化、開胃、收斂，清血。魔法用途——愛情、能量、喜悅。由太陽和火元素掌管。

梨子 *PEAR*，*Pyrus communis*：治療用途——消炎、抗氧化、帶來營養。魔法用途——愛情、婚姻、生育。由金星和水元素掌管。相關的神靈有：希臘天后——赫拉（Hera），以及羅馬神話天后茱諾（Juno）。

芸香 *RUE*，*Ruta graveolens*：治療用途——驅蟲、解毒、抗痙攣、消脹氣、催吐、通經、祛痰、止血、眼部相關、促進局部血液循環、強效激勵、溫和健胃、滋補子宮。請注意：以一般的量食用芸香並無安全疑慮，但不建議藥用。孕婦或正哺乳的母親，請避免使用。魔法用途——催情、內在視野、清晰透視、驅除負能量、驅魔、淨化。由太陽和火元素掌管。相關的神靈有：義大利女巫之后——阿拉迪雅（Aradia）、羅馬月亮女神——戴安娜（Diana）、希臘商業之神——赫爾墨斯（Hermes）、埃及法老守護神——荷魯斯（Horus）、羅馬戰神——馬斯（Mars）、埃及戰爭之神——蒙圖（Menthu）、羅馬貿易之神——墨丘利（Mercury），以及希臘英雄——奧德修斯（Odysseus）。

藏紅花 *SAFFRON*，*Crocus sativus*：治療用途——鎮痛、抗痙攣、催情、開胃、消脹氣、發汗、通經、祛痰、鎮靜、激勵。請注意：孕婦或正哺乳的母親、躁鬱症、心臟疾病或低血壓患者，請勿大量使用。魔法用途——愛情、婚姻、訂婚／婚約、振奮精神、占卜、催情、開始、黎明、力量、財富。雖然藏紅花因為有著金黃色的雄蕊，因此被占星藥草學家將歸為太陽掌管，在古代，它卻是與月亮女神有關的植物。由太陽和火元素掌管。相關的神靈有：埃及眾神之王阿蒙拉（Amun Ra）、腓尼基豐饒女神——阿施塔特（Ashtoreth）、希臘黎明女神——埃歐斯（Eos）、印度神明——因陀羅（Indra）、羅馬眾神之王——朱庇特（Jupiter），以及希臘天神之王——宙斯（Zeus）。

酸模 *SORREL*，*Rumex acetosa*：治療用途——緊縮、利尿、助瀉、冷卻。請注意：腎結石或腎病患者，以及懷孕和正哺乳的母親，請避免大量使用。兒童不可使用。魔法用途——愛情。由金星和土元素掌管。相關的神靈有：希臘愛與美的女神維納斯（Venus）與阿芙蘿狄忒（Aphrodite）。

八角茴香 *STAR ANISE*，*Illicium verum*：治療用途——抗病毒、抗真菌、抗細菌、抗氧化。魔法用途——通靈技巧、保護、豐饒、淨化儀式。由木星和風元素掌管。

草莓 *STRAWBERRY*，*Fragaria* spp.：治療用途——溫和收斂、利尿、助瀉、滋補身體。魔法用途——祝福、愛情、夏至、生育。由金星和土元素（或水元素）掌管。相關的神靈有：仙子／妖精（fairies）、北歐愛神——弗雷雅（Freya）、所有和愛情有關的女神，以及所有母神。

柑 *TANGERINE*，*Citrus tangerina*：治療用途——抗氧化、消炎、防腐、淨化、鎮靜、健胃、抗痙攣、滋補身體、幫助消化。魔法用途——能量、力量、法力。由太陽和火元素掌管。

茶樹 *TEA，Camellia sinensis*：治療用途——激勵、收斂、抗氧化。魔法用途——勇氣、力量、豐饒。由太陽和火元素掌管。

番茄 *TOMATO，Solanum lycopersicum*：治療用途——抗氧化、消炎。魔法用途——愛情、保護。

香草 *VANILLA，Vanilla planifolia*：治療用途——抗氧化、消炎。魔法用途——幸福、好運。

葡萄藤／葡萄 *VINE, GRAPE，Vitis vinafera*：治療用途——保護血管、滋補靜脈、抗氧化、收斂、穩定膠原蛋白。魔法用途——永生、迷醉於神、宗教致幻（entheogen）、去除小我、盧格納薩節（Lughnasa）和秋分。由太陽和火元素掌管。相關的神靈有：希臘植物之神——阿多尼斯（Adonis）、希臘太陽神——阿波羅（Apollo）、羅馬酒神——巴克斯（Bacchus）、希臘酒神——戴歐尼修斯（Dionysus）、羅馬花朵女神——芙蘿拉（Flora）、蘇美戰爭女神伊南娜（Inanna）、美索不達米亞愛神——伊絲塔（Ishtar）、古羅馬葡萄與酒神——利百得（Liber Pater）、希臘神話音樂家——奧菲斯（Orpheus）、埃及冥王——歐西里斯（Osiris），以及埃及太陽神——拉（Ra）。

核桃 *WALNUT，Juglans regia*：治療用途——抗結石、利尿、激勵。
魔法用途——生育、塗聖膏油、許願。由太陽和火元素掌管。相關的神靈有：希臘植物之神——阿多尼斯（Adonis）、希臘太陽神——阿波羅（Apollo），以及羅馬眾神之王——朱庇特（Jupiter）。

附錄一：廚房藥草的魔法用途

愛情

蘋果　杏桃　羅勒　月桂　藏茴香　荳蔻　肉桂　丁香　芫荽　小茴香　蒔蘿
葫蘆巴　薑　榛葉　檸檬　燕麥　甜橙　奧勒岡　罌粟籽　迷迭香　番紅花
百里香　香草

催情

藏茴香　荳蔻　肉桂　丁香　芫荽　小茴香　大蒜　薑　蛇麻草　甜馬鬱蘭
胡椒薄荷

訂婚、婚約

洋茴香　蘋果　荳蔻　肉桂　丁香　芫荽　蒔蘿　甜馬鬱蘭　迷迭香　芸香　番紅
花　酸模　草莓

忠誠

藏茴香　小茴香

喪葬與追思

羅勒　藏茴香　大蒜　甜馬鬱蘭　奧勒岡　歐芹　迷迭香　百里香

保護

阿魏　羅勒　月桂　黑胡椒　藏茴香　辣椒　肉桂　丁香　芫荽　蒔蘿　茴香　葫
蘆巴　大蒜　薑　檸檬　甜馬鬱蘭　洋蔥　奧勒岡　歐芹　迷迭香　芸香　鼠尾
草　百里香　薑黃

清理與淨化

洋茴香　羅勒　月桂　豆子　藏茴香　丁香　椰子　蒔蘿　茴香　大蒜　杜松　檸檬　薄荷　歐芹　胡椒薄荷　迷迭香　芸香　鼠尾草　百里香

消除負面影響

羅勒　黑胡椒　辣椒　丁香　蒔蘿　葫蘆巴　大蒜　檸檬

通靈能力

歐白芷　洋茴香　羅勒　月桂　辣椒　肉桂

氣場清理

歐白芷　豆子　迷迭香　鼠尾草

療癒

多香果　蘋果　羅勒　月桂　黑胡椒　肉桂　枸櫞　茴香　大蒜　杜松　萊姆　薄荷　胡椒薄荷　迷迭香　鼠尾草　綠薄荷　百里香

占卜

洋茴香　月桂　菊苣　肉桂　肉豆蔻皮　肉豆蔻

祝聖

月桂　藏茴香　菊苣　薄荷　橄欖　芸香

驅魔

阿魏　羅勒　豆子　黑胡椒　辣椒　丁香　小茴香　大蒜　杜松　薄荷　迷迭香　芸香

豐饒

多香果　杏仁　羅勒　肉桂　丁香　蒔蘿　葫蘆巴　薑　薄荷　肉豆蔻　燕麥　甜橙　米　薑黃　小麥

好運

羅勒　丁香　薑黃

留存

藏茴香　小茴香

土元素

苜蓿芽　大麥　蕎麥　大黃　鼠尾草　酸模　零陵香豆

風元素

杏仁　洋茴香　豆子　藏茴香　芹菜　細香芹　菊苣　蒔蘿

葫蘆巴　榛葉　蛇麻草　甜馬鬱蘭　薄荷　肉豆蔻　歐芹　鼠尾草

火元素

歐白芷　阿魏　羅勒　月桂　肉桂　丁香　芫荽　蒔蘿　茴香　大蒜　荊豆

辣根　杜松　芥末　橄欖　甜橙　迷迭香　芸香　番紅花　龍艾

葡萄藤（葡萄）　核桃

水元素

蘋果　荳蔻　瓜類　罌粟籽　百里香　香草

太陽

歐白芷　月桂　藏茴香　肉桂　枸櫞　丁香　葡萄　杜松　橄欖　甜橙

迷迭香　芸香　番紅花　核桃

月亮

檸檬　瓜類　罌粟籽

水星

杏仁　洋茴香　豆子　藏茴香　芹菜　蒔蘿　茴香　葫蘆巴　榛葉　甜馬鬱蘭

歐芹　胡椒薄荷　綠薄荷

金星

苜蓿芽　蘋果　黑莓　大麥　荳蔻　薄荷　酸模　草莓　百里香　香草

火星

多香果　阿魏　羅勒　黑胡椒　咖啡　芫荽　大高良薑　大蒜　薑　辣根　杜松　芥末　洋蔥　胡薄荷　芸香　龍艾

木星

龍芽草　細香芹　菊苣　丁香　肉豆蔻皮　肉豆蔻　鼠尾草　八角茴香

土星

阿魏　莧菜

附錄二：色彩對應意義

黑色 *Black*：放逐、驅除、死亡、結束、毀壞、停頓、長者、接觸祖先、虛空或母源、接納、投胎轉世、小我的抗拒、尚待知曉的可能性、薩溫節（Samhain）、老婆婆女神與和死亡相關的神靈、土星、天蠍座與巨蟹座。

藍色 *Blue*：寧靜、平靜、平穩、和諧、保護、療癒、靈性發展、教導、好運、秋分、靈性保護、喉輪、月亮、水之靈、木星、水元素、處女座與水瓶座。

棕色 *Brown*：紮根、穩定、大地、性、實際、環境意識、地球、秋分、大地之母與自然神靈。

金色 *Gold*：幸福、回春、靈性力量、靈性熱情、為他人服務、友誼、療癒、能量、靈性能量、力量、生命力、太陽神經叢、太陽與穀物相關的神靈、夏至、太陽。

綠色 *Green*：生育、生長、豐饒、財富、金錢、創造力、愛情、吸引力、藝術、音樂、改變與平衡、五月節（Beltane）、冬至節（Yule）、大地魔法、慈悲、心輪、大地母親、仙子／妖精、樹精、植物相關神靈、金星、土元素、女神維納斯（Venus）、巨蟹座、摩羯座。

灰色 *Grey*：溝通、學習、教導、占卜、水星。

靛藍色 *Indigo*：觀點、願景、直覺、洞見、第三隻眼、金牛座。

洋紅色 *Magenta*：願景、創造力、洞見、靈感、創造的活力、海底輪。

橙色 *Orange*：樂觀主義、成功、勇氣、勇敢、能量、野心、好運、職業、司法事務、自尊、臍輪、薩溫節（Samhain）、盧格納薩節（Lughnasa）、太陽、獅子座。

粉紅色 *Pink*：愛情、浪漫愛、友誼、幸福、和諧、平靜、慈悲、訂婚與婚約、美麗、心輪、愛情相關的女神、天秤座。

紫色 *Purple*：力氣、駕馭、力量、神祕學法力、保護、雙魚座、老婆婆女神。

紅色 *Red*：生命、活力、能量、性慾、熱情、情慾、衝突、競爭、勇氣、力量、健康、海底輪、冬至節、夏至、火之靈、母神、戰神、火星、火元素。

銀色 *Silver*：直覺、真實、悟道、農業、家、醫學、通靈能力、驅除負能量、溝通、個人啟發、月亮相關的儀式、月亮女神。

土耳其藍 *Turquoise*：發明、概念、哲學、創造力、溝通、喉輪。

紫羅蘭色 *Violet*：靈性療癒、駕馭、典禮、靈性、自我尊重、靈性成長、靈性實現、自尊、第三隻眼、頂輪、射手座。

白色 *White*：平靜、清理、防禦類型魔法、保護、純淨、和諧、靈、通靈、靈力發展、驅除負能量、淨化、寧靜、聖燭節（Imbolc）、少女女神、盈月、頂輪。

黃色 *Yellow*：智力發展、心智力、學、學習、口才、喜悅、風之靈、願景、太陽神經叢、水星、風元素、春分、獅子座。

附錄三：常見不適的藥草選擇

關節炎（Arthritis）：羅勒、黑胡椒、荳蔻、辣椒、肉桂、丁香、芫荽、葫蘆巴、薑、檸檬、奧勒岡、歐芹、迷迭香、薑黃。

動脈硬化（Arteriosclerosis）：檸檬。

香港腳（Athlete's Foot）：大蒜、百里香、薑黃。

口臭（Bad Breath）：荳蔻、丁香、蒔蘿、胡椒薄荷、歐芹。

眼瞼炎（Blepharitis）：茴香。

腹脹（Bloating）：黑胡椒、藏茴香、肉桂、芫荽、蒔蘿、胡椒薄荷。

膿腫（Boils, skin）：藏茴香、大蒜。

支氣管炎（Bronchitis）：奧勒岡、百里香。

瘀傷（Bruises）：藏茴香、迷迭香。

滑囊炎（Bursitis）：薑、薑黃。

白色念珠菌感染（Candida albicans）：大蒜。

口瘡（Cankers）：迷迭香。

胸腔積痰／上呼吸道發炎（Chest congestion, catarrh）：藏茴香、茴香、奧勒岡。

凍瘡（Chilblains）：大蒜。

高膽固醇（Cholesterol, high）：肉桂、芫荽、大蒜、檸檬、燕麥、薑黃。

感冒（Colds）：黑胡椒、藏茴香、辣椒、肉桂、小茴香、大蒜、薑、檸檬、奧勒岡、鼠尾草、百里香。

結膜炎（Conjunctivitis）：芫荽、茴香。

便祕（Constipation）：荳蔻、葫蘆巴。

咳嗽（Coughs）：黑胡椒、肉桂、丁香、小茴香、茴香、大蒜、檸檬、奧勒岡、鼠尾草、百里香。

刀切傷（Cuts）：羅勒、肉桂、百里香。

膀胱炎（Cystitis）：檸檬。

憂鬱（Depression）：羅勒、奧勒岡。

皮膚炎（Dermatitis）：荳蔻。

腹瀉（Diarrhoea）：肉桂、大蒜、薑。

胃弱（Dyspepsia）：黑胡椒、藏茴香、荳蔻、肉桂、芫荽、小茴香、蒔蘿、茴香、薑、檸檬、胡椒薄荷、迷迭香、百里香。

耳朵感染（Ear infection）：大蒜。

濕疹（Eczema）：羅勒、燕麥、鼠尾草、薑黃。

纖維肌痛症（Fibromyalgia）：辣椒。

脹氣（Flatulence）：黑胡椒、藏茴香、肉桂、芫荽、蒔蘿、茴香、大蒜、薑、百里香。

流行性感冒（Flu）：黑胡椒、辣椒、薑、胡椒薄荷、奧勒岡、百里香。

真菌感染（Fungal infections）：荳蔻、奧勒岡、百里香。

牙齦炎（Gingivitis）：丁香、百里香。

痛風（Gout）：檸檬、歐芹。

牙齦發炎（Gums, inflamed）：鼠尾草、百里香。

宿醉（Hangover）：茴香、檸檬、百里香。

竇性頭痛（Headache, sinus）：辣椒。

緊張性頭痛（Headache, tension）：蒔蘿、迷迭香、百里香。

胃灼熱／火燒心（Heartburn）：黑胡椒、茴香。

打嗝（Hiccups）：藏茴香、蒔蘿。

高血壓（High Blood Pressure）：肉桂、大蒜。

腸躁症（IBS）：荳蔻、茴香、薑、百里香。

消化不良（Indigestion）：黑胡椒、藏茴香、荳蔻、肉桂、芫荽、小茴香、蒔蘿、茴香、薑、檸檬、胡椒薄荷、迷迭香、百里香。

蚊蟲叮咬（Insect Bites）：大蒜、胡椒薄荷、歐芹、鼠尾草、百里香。

失眠（Insomnia）：羅勒、蒔蘿、燕麥。

喉嚨發炎（Laryngitis, hoarseness）：藏茴香、茴香、葫蘆巴。

更年期（Menopause）：茴香、葫蘆巴、鼠尾草。

經痛（Menstrual cramps）：肉桂、薑。

偏頭痛（Migraine）：迷迭香。

暈車／暈船／暈機（Motion Sickness）：薑。

肌肉疼痛（Muscle Pain）：黑胡椒、荳蔻、辣椒、肉桂、丁香、薑、迷迭香。

肌肉痙攣（Muscle Spasm）：荳蔻。

噁心想吐（Nausea）：肉桂、薑、胡椒薄荷。

肥胖（Obesity）：黑胡椒、茴香。

牙周病（Periodontitis）：丁香。

周邊神經病變（Peripheral Neuropathy）：辣椒。

牛皮癬（Psoriasis）：薑黃。

紅疹（Rashes）：藏茴香、胡椒薄荷。

風濕症（Rheumatism）：荳蔻、芫荽、葫蘆巴、檸檬、奧勒岡、歐芹、迷迭香。

輪癬（Ringworm）：大蒜。

酒糟鼻（Rosacea）：薑黃。

硬皮症（Scleroderma）：薑黃。

帶狀疱疹（Shingles）：辣椒。

喉嚨痛（Sore Throat）：荳蔻、茴香、葫蘆巴、胡椒薄荷、奧勒岡、鼠尾草、百里香。

扭傷（Sprains）：薑、迷迭香。

壓力（Stress）：羅勒、胡椒薄荷。

肌腱炎（Tendonitis）：薑。

口腔念珠菌感染（Thrush, oral）：羅勒、丁香。

陰道念珠菌感染（Thrush, vaginal）：奧勒岡。

扁桃腺炎（Tonsillitis）：鼠尾草。

牙痛（Toothache）：丁香、黑胡椒、胡椒薄荷。

口腔潰瘍（Ulcer, mouth）：荳蔻、芫荽、迷迭香、鼠尾草、百里香。

皮膚潰瘍（Ulcers, skin）：羅勒。

尿道感染（Urinary Tract Infections）：蒔蘿、大蒜、歐芹。

靜脈曲張（Varicose Veins）：檸檬。

疣（Warts）：大蒜。

黃蜂螫傷（Wasp Sting）：檸檬。

小傷口（Wounds, small）：羅勒、肉桂、大蒜、迷迭香、鼠尾草、百里香、薑黃。

附錄四：藥草名詞解釋

促流產（Abortifacient）：造成流產。

適應原（Adaptogens）：幫助調適壓力的藥草。這些藥草透過支持腎上腺、內分泌系統，調整整體情況，以全方位的方式運作於整個人的各個層面。

輔佐藥效（Adjuvant）：協助藥劑的作用。

體質調理（Alterative）：能透過幫助排出新陳代謝的毒素，來改變長期身體狀況的藥草。過去，這類藥草又被稱為「清血劑」（blood cleansers），能增進淋巴循環、刺激免疫，幫助消除慢性症狀，尤其是皮膚疾病。

消滅阿米巴（Amoebicidal）：能治療阿米巴原蟲造成的疾病，例如阿米巴痢疾。

麻醉（Anaesthetics）：透過壓制神經功能，令人失去知覺或失去意識。

強身（Analeptic）：對中樞系統帶來恢復或激勵的作用。

止痛（Analgesic）：紓解疼痛。

抑制情慾（Anaphrodisiac）：降低性慾。

鎮痛（Anodyne）：紓解疼痛。

抑制胃酸（Antacid）：中和多餘胃酸。

驅蟲（Anthelmintic）：消滅或驅除腸道蠕蟲。

抗貧血（Antianaemic）：預防或治癒貧血。

抗細菌（Antibacterial）：消滅或阻止細菌生長。

抗嘔（Antibilious）：消除嘔吐感。

抗生物（Antibiotic）：抑制病菌、細菌和有害的微生物生長。

上呼吸道消炎（Anticatarrh）：緩和頭部與喉部的黏膜發炎情況。

抗憂鬱（Antidepressant）：預防、治癒或紓解心理憂鬱。

抗糖尿病（Antidiabetic）：降低血糖。

止瀉（Antidiarrhoeal）：預防或治療腹瀉。

止吐（Antiemetic）：消除嘔吐感。

抗癲癇（Antiepileptic）：消除癲癇發作的抽搐與抖動。

抗真菌（Antifungal）：消滅或抑制真菌生長。

抗出血（Antiheamorrhagic）：控制出血或流血狀況。

抗感染（Anti-infectious）：消滅感染。

消炎（Anti-inflammatory）：控制受傷或感染造成的發炎情況。

抗結石（Antilithic）：消滅腎結石或膽結石形成。

抗瘧疾（Antimalarial）：預防或紓解瘧疾。

抗微生物（Antimicrobial）：消滅微生物。

抗氧化（Antioxidant）：預防或抑制氧化作用。

抗週期性復發（Antiperiodic）：預防疾病的週期性復發。

消炎（Antiphlogistic）：消除炎症。

止癢（Antipruritic）：預防或消除搔癢感。

解熱劑（Antipyretic）：降低發燒程度（退燒）。

解熱（Antipyretic）：退燒。

抗風濕（Antirheumatic）：緩解風濕疼痛，以及關節、肌肉的發炎情況。

抗壞血病（Antiscorbutic）：預防或治療壞血病。

防腐（Antiseptic）：防止腐壞或化膿。

抗痙攣（Antispasmodic）：預防或解除非自主性的肌肉痙攣與抽筋。

止咳（Antitussive）：控制或預防咳嗽。

解毒（Antivenomous）：抵抗來自動物的有毒物質。

抗病毒（Antiviral）：抵抗病毒活動。

制酵（Antizymotic）：能消滅造成疾病的有機體。

通便（Aperient）：非常溫和的助瀉劑。

開胃（Aperitive）：激勵食慾。

催情（Aphrodisiac）：提高性慾的物質。

開胃（Appetizer）：激勵食慾。

芳香植物（Aromatic）：氣味芬芳宜人的藥草，嚐起來有辛辣味。

無菌（Asepsis）：經過消毒，因此不含有病菌、感染或任何生物。

收斂（Astringent）：造成肌膚、血管和其他組織局部收縮，因此阻止血液和黏膜等物質排出。

香油膏（Balsamic）：療癒或舒緩的物質。

苦性（Bitter）：刺激食慾或消化功能。

安撫（Calmative）：有舒緩或鎮定效果的藥草。

強心（Cardiac Stimulant）：在心臟虛弱的情況下，能促進循環的藥草。

滋補心血管（Cardiotonic）：增強心臟的強度與質地（回到正常的張力，或對刺激原有所反應）。

消脹氣／祛風劑（Carminative）：能排出腸胃道的氣體。

上呼吸道發炎症適用（Catarrhal）：適用於頭部或喉嚨的黏膜發炎情況。

通便（Cathartic）：有效的腸道淨化劑，能促進腸道蠕動。

利膽（Cholagogue）：增加來自膽囊的膽汁流動。

幫助組織癒合（Cicatrizant）：幫助結疤與傷口癒合。

反刺激（Counterirritant）：造成發炎反應，以影響其他關連區域。

解充血（Decongestant）：緩解充血。

緩和炎症（Demulcent）：帶來舒緩炎症的作用。

淨化劑（Depurative）：淨化和清理血液。

消毒（Detergent）：清理膿腫、潰瘍與傷口等。

發汗（Diaphoretic）：促進排汗。

幫助消化（Digestives）：協助腸胃正常消化。

消散（Discutient）：幫助消解或消散，例如讓腫瘤消失。

消除感染（Disinfectant）：摧毀病菌。

利尿（Diuretic）：增加排尿量。

強瀉藥（Drastic）：猛烈的淨化劑。

催生（Ecbolic）：幫助子宮收縮，協助孩子出生。

催吐（Emetic）：促使嘔吐。

通經（Emmenagogue）：促進經血排出。

潤膚（Emollient）：軟化並舒緩肌膚。

吸出劑（Epispastic）：局部使用於肌膚。

促噴嚏（Errhine）：令人打噴嚏，促進黏液通過鼻腔。

腐蝕（Escharotic）：一種腐蝕性的物質，會摧毀組織，使皮膚腐壞。

可食用（Esculent）：可以吃。

歡快（Euphoriant）：暫時為身體帶來舒服的感受，通常會令人上癮。

發疹（Exanthematous）：用在皮膚爆發的情況，例如麻疹。

興奮劑（Exhilarant）：為心靈帶來活力與歡快感。

祛痰（Expectorant）：促進黏液排出或從肺部、支氣管與氣管滲出。

退燒（Febrifuge）：降低發燒或解除發燒。

催乳（Galactogogue）：增加乳汁分泌。

滅菌（Germicide）：消滅病菌和蠕蟲。

除菌（Germifuge）：消除病菌。

通血（Hemagogue）：促進血流。

止血（Hemostatic）：控制或阻止血流。

利肝（Hepatic）：影響肝臟狀態。

升血壓（Hypertensive）：提高血壓。

催眠（Hypnotic）：引人入睡。

降血糖（Hypoglycemant）：降低血糖。

降血壓（Hypotensive）：降低血壓。

退乳（Lactifuge）：抑制乳汁分泌。

助瀉（Laxative）：鬆弛腸道內容物。

碎石（Lithotriptic）：分解或消滅膀胱或腎裡的結石。

咀嚼劑（Masticatory）：透過咀嚼增加唾液。

化膿（Maturating）：促進膿腫化為膿液。

分泌黏液（Mucilaginous）：對發炎的黏膜有舒緩的效果。

致幻（Narcotic）：帶來昏沉、減輕疼痛的效果。

嘔吐劑（Nauseant）：造成噁心嘔吐。

鎮定神經（Nervine）：滋補神經。

促雌激素（Oestrogenic）：致使雌激素生成。

眼藥（Opthalmicum）：治療眼部疾病。

殺寄生蟲（Parasiticide）：消滅寄生蟲。

分娩（Parturient/Parturifaciant）：催生或幫助生產。

辛辣（Pungent）：一種鮮明的氣味或味道。

通便（Purgative）：促進腸道有力運作。

冷卻（Refrigerant）：降低體溫。

鬆弛（Relaxant）：紓解張力，尤其是肌肉緊繃。

再吸收（Resorbent）：幫助從瘀傷的血液再次被吸收。

促進局部血液循環（Rubefacient）：增加局部供血，使皮膚發紅。

鎮靜（Sedative）：為身體帶來平靜效果。

催涎（Sialagogue）：促進唾液流動。

催眠（Soporific）：促進睡意。

激勵（Stimulant）：暫時提高身體或器官功能。

健胃（Stomachic）：幫助胃部與消化作用。

止血（Styptic）：促進靜脈收縮，降低出血與流血情況。

發汗（Sudorific）：增進排汗。

滋補身體（Tonic）：增強力量與體質。

消蠕蟲（Vermicide）：消滅腸道蟲體。

驅蠕蟲（Vermifuge）：排出腸道蟲體或寄生物。

發泡（Vesicant）：促進水泡生成。

修復外傷（Vulnerary）：在第一時間治療刀切傷與外傷。

附錄五：美容保養的藥草選擇

青春痘（Acne）：黑胡椒、丁香、茴香、大蒜、檸檬、奧勒岡、迷迭香、百里香、薑黃。

老人斑（Age Spots／liver spots）：小茴香、檸檬、歐芹。

抗細菌（Antibacterial）：羅勒、黑胡椒、荳蔻、肉桂、葫蘆巴、檸檬、奧勒岡、歐芹、百里香、薑黃。

抗真菌（Antifungal）：荳蔻、奧勒岡。

消炎（Anti-inflammatory）：荳蔻、葫蘆巴、燕麥、薑黃。

抗氧化（Antioxidant）：羅勒、藏茴香、肉桂、芫荽、小茴香、薑、奧勒岡、歐芹。

收斂（Astringent）：檸檬、迷迭香、鼠尾草、百里香。

皮膚疙瘩與粉刺（Blemishes and pimples）：檸檬、奧勒岡、迷迭香、百里香、薑黃。

橘皮組織（Cellulite）：茴香、大蒜。

刺激膠原蛋白生成（Collagen stimulatant）：肉桂、薑黃。

頭皮屑（Dandruff）：荳蔻、茴香、大蒜、檸檬、迷迭香、百里香。

體香劑（Deodorant）：薄荷、鼠尾草。

去角質（Exfoliating）：黑胡椒、茴香、葫蘆巴、薄荷。

眼睛浮腫（Eyes, puffy）：茴香、歐芹。

掉髮（Hair loss）：大蒜、迷迭香。

加深髮色（Hair, darken）：鼠尾草。

頭髮粗糙（Hair, frizzy）：薄荷。

淡化髮色（Hair, lighten）：檸檬。

油性髮質（Hair, oily）：檸檬。

增加頭髮亮澤（Hair, shine）：葫蘆巴、薄荷、迷迭香、鼠尾草。

刺激頭髮生長（Hair, stimulate）：荳蔻、肉桂、葫蘆巴、大蒜、迷迭香、百里香。

毛孔粗大（Pores, enlarged）：茴香。

頭皮乾燥（Scalp, dry）：荳蔻。

敏感性頭皮（Scalp, irritated）：荳蔻、茴香、奧勒岡。

均勻膚質（Skin tone, even）：羅勒、大蒜、歐芹、薑黃。

皮膚暗沉（Skin, dull）：檸檬、燕麥、歐芹。

油性肌膚（Skin, oily）：檸檬、薄荷、百里香。

豐盈肌膚（Skin, plump up）：肉桂。

皮膚回春（Skin, rejuvenate）：羅勒、葫蘆巴、檸檬、燕麥、迷迭香、薑黃。

修復肌膚（Skin, repair）：葫蘆巴。

肌膚粗糙（Skin, rough）：檸檬。

軟化肌膚（Skin, soften）：茴香、葫蘆巴、檸檬、薄荷。

刺激皮膚血液循環（Skin, stimulate circulation）：大蒜、薑黃。

緊實肌膚（Skin, tighten）：羅勒、肉桂、芫荽、小茴香、蒔蘿、茴香、大蒜、燕麥、百里香。

牙齒亮白（Teeth, whiten）：鼠尾草。

皺紋（Wrinkles）：芫荽、茴香、葫蘆巴、檸檬、燕麥、薑黃。

附錄六：計量換算表

體積換算（液體）

公制（㎖）	美式（杯）
15㎖	1大匙
30㎖	2大匙
60㎖	$1/4$杯
75㎖	$1/3$杯
120㎖	$1/2$杯
150㎖	$2/3$杯
180㎖	$3/4$杯
250㎖	1杯
310㎖	$1^{1}/_{4}$杯
620㎖	$2^{1}/_{2}$杯

參考文獻

巴特蘭（Bartram），《巴特蘭的藥草百科》（*Bartram's Encyclopaedia of Herbal Medicine*）。
Bartram, Thomas. *Bartram's Encyclopaedia of Herbal Medicine*. London: Constable and Robinson, 1998.

Beyerl, Paul. *The Master Book of Herbalism*. Washington: Phoenix Publishing, 1984.

Bingen, Hildegard von. *Causae et Curae*. Translated by Manfred Pawlik and Patrick Madigan. Collegeville, MN: Liturgical Press, 1994.

Boxer, Arabella, and Philippa Back. *The Herb Book*. London: Octopus Books, 1980.

Bremness, Lesley. *The Complete Book of Herbs: A Practical Guide to Growing and Using Herbs*. New York: Viking, 1994.

Brown, Deni. *Encyclopedia of Herbs and Their Uses*. New York: Dorling Kindersley, 1995.

布魯頓－席爾（Brunton-Seal）與席爾（Seal），《廚房之藥》（*Kitchen Medicine*）。
Brunton-Seal, Julie, and Matthew Seal. *Kitchen Medicine*. London: Merlin Unwin Books, 2010.

Buhner, Stephen Harrod. *Sacred and Herbal Healing Beers*. Boulder, CO: Siris Books, 1998.

Burr Thompson, Dorothy, and Ralph E. *Griswold. Garden Lore of Ancient Athens*. Princeton, NJ: American School of Classical Studies at Athens, 1963.

凱索曼（Castleman），《藥草新論》（*The New Healing Herbs*）。
Castleman, Michael. *The Healing Herbs. Emmaus*, PA: Rodale Press, 1991.
———. The New Healing Herbs. New York: Rodale, 2001.

Chevalier, Andrew. *The Encyclopaedia of Medicinal Plants*. London: Dorling Kindersley, 1996.

瓊恩（Chown）與瓦克（Walker），《手作藥房》（*The Handmade Apothecary*）。
Chown, Vicky, and Kim Walker. *The Handmade Apothecary*. London: Kyle Books, 2017.

卡爾佩伯，《卡爾佩伯的藥草大全》（*Culpeper's Complete Herbal*）。
Culpeper, Nicholas. *Culpeper's Complete Herbal*. London: W. Foulsham and Co.

戴安德莉亞（D'Andréa），《蓋蒂博物館花園裡的古老藥草》（Ancient Herbs in the J. Paul Getty Museum Gardens）。
D'Andréa, Jeanne. *Ancient Herbs in the J. Paul Getty Museum Gardens*. New York: The J. Paul Getty Museum, 1982.
Down, Deni. *The Royal Horticultural Society Encyclopaedia of Herbs and Their Uses*. London: Dorling Kindersley, 1997.

260

Easley, Thomas, and Steven Horne. *The Modern Herbal Dispensatory*. Berkeley, CA: North Atlantic Books, 2016.

Edwards, Gail Faith. *Opening Our Wild Hearts to the Healing Herbs*. Woodstock, NY: Ash Tree Publishing, 2000.

Elworthy, Frederick Thomas. *The Evil Eye: An Account of This Ancient and Widespread Superstition*. London: John Murray, 1895.

法爾（Farrar），《古世界裡的花園與園丁》（*Gardens and Gardeners of the Ancient World*）。
Farrar, Linda. *Gardens and Gardeners of the Ancient World: History, Myth and Archaeology*. Windgather Press, 2016.

佛卡德（Folkard），《植物的傳說、故事與傳唱詞》（*Plant Lore, Legends, and Lyrics*）。
Folkard, Richard. *Plant Lore, Legends, and Lyrics: Embracing the Myths, Traditions, Superstitions, and Folk-Lore of the Plant Kingdom*. CreateSpace Independent Publishing Platform, 2017.

Franklin, Anna, and Sue Lavender. *Herb Craft*. Chieveley: Capall Bann, 1995.

Franklin, Anna. *Hearth Witch*. Earl Shilton: Lear Books, 2004.
———. *Working with Fairies*. Career Press, 2006.

Gahlin, Lucia. *Gods and Myths of Ancient Egypt*. Southwater, 2014.

Genders, Roy. *Natural Beauty*. Lucerne: EMB Services, 1992.

傑拉德（Gerard），《藥草簡史》（Herbal）。
Gerard, John. *Gerard's Herbal*. London: Senate, 1994.

Gladstar, Rosemary. *Family Herbal*. North Adams, MA: Storey Publishing, 2001.

Goff, Barbara. *Citizen Bacchae: Women's Ritual Practice in Ancient Greece*. University of California Press, 2004.

Gordon, Lesley. *A Country Herbal*. London: Peerage Books, 1980.

Green, James. *The Herbal Medicine Maker's Handbook*. Berkeley: Crossing Press, 2002.

Green, M. *Gods of the Celts*. Gloucester: Allan Sutton, 1986.

葛利夫（Grieve），《當代藥草大全》（*A Modern Herbal*）。
Grieve, Mrs. M. *A Modern Herbal*. London: Johnathon Cape, 1931. New York: Dover, 1981.

Griggs, Barbara. Green Pharmacy: *A History of Herbal Medicine*. New York: Viking Press, 1982.

Guyton, Anita. *The Book of Natural Beauty*. London: Stanley Paul and Co. Ltd., 1981.

Hemphill, Rosemary. *Herbs for All Seasons*. London: Penguin, 1975.

希羅多德（Herodotus），《歷史》（*The History of Herodotus*）。
Herodotus. *The History of Herodotus*. Translated by G. C. Macaulay. London: Macmillan, 1890.

Hesiod. Theogony. Online at http://www.perseus.tufts.edu/hopper
/text?doc=Perseus%3Atext%3A1999.01.0130%3Acard%3D1（擷取日期：2017年12月14日）。

Hoffman, David. *The Holistic Herbal*. Shaftsbury: Element Books, 1986.

———. *Medical Herbalism*. Rochester: Healing Arts Press, 2003.

Holmes, Peter. *The Energetics of Western Herbs*. Boulder, CO: Artemis Press, 1989.

Homer. *The Odyssey*. Translated by E. V. Rieu. New York: Penguin Classics, 2003.

奈普（Knapp），《克里希納的化身與祂的神蹟》（*Krishna Deities and Their Miracles*）。
Knapp, Stephen. *Krishna Deities and Their Miracles*. Prabhat Prakashan, 2011.

賴維（Levy）與賴維佐瓦特（Levy Zumwalt），《塞法迪猶太女性的醫療儀式傳說》（*Ritual Medical Lore of Sephardic Women*）。
Levy, Isaac Jack, and Rosemary Levy Zumwalt. *Ritual Medical Lore of Sephardic Women: Sweetening the Spirits, Healing the Sick*. University of Illinois Press, 2002.

Little, Kitty. *Kitty Little's Book of Herbal Beauty*. Harmondsworth: Penguin Books, 1981.

Lust, John. *The Herb Book*. Bantam Books, 1974.

Mabey, Richard. *Flora Britannica*. London: Sinclair-Stevenson, 1996.

Moore, A. W. *The Folk-Lore of the Isle of Man*. London: D. Nutt, 1891.

Nilsson, Martin P. *Greek Popular Religion*. New York: Columbia University Press, 1940.

Ody, Penelope. *The Complete Medicinal Herbal*. London: Dorling Kindersley, 1993.

Passebecq, Andre. *Aromatherapy*. Wellingborough: Thorsons, 1979.

Peter, Holmes. *The Energetics of Western Herbs*. Boulder, CO: Snow Lotus Press, 1997.

佩特羅波洛斯（Petropoulos），《希臘魔法：古代、中世紀和現代》（ *Greek Magic, Ancient, Medieval and Modern* ）。
Petropoulos, John, ed. *Greek Magic: Ancient, Medieval and Modern.* Routledge, 2008.

老普林尼（Pliny the Elder），《博物誌》（ *The Natural History* ）。
Pliny the Elder. *The Natural History.* Translated by H. Rackham. Loeb Classical Library 370, 1945.

Power, Henry and Leonard William Sedgwick. *The New Sydenham Society's Lexicon of Medicine and the Allied Sciences (Based on Mayne's Lexicon).* New Sydenham Society, 1881.

Pughe, John, translator. *The Physicians of Myddfai.* Felinach: The Welsh Mss. Society, facsimile reprint Llanerch Publishers, 1993.

拉許（Rätsch）和穆勒－埃貝靈（Müller-Ebeling），《催情百科》（ *The Encyclopedia of Aphrodisiacs* ）
Rätsch, Christian, and Claudia Müller-Ebeling. *The Encyclopedia of Aphrodisiacs: Psychoactive Substances for Use in Sexual Practices.* Park Street Press, 2013.

Raven, J. E. *Plants and Plant Lore in Ancient Greece.* Oxford: Leopard's Head Press, 2000.

Sarton, George. *Introduction to the History of Science. vol. 1: From Homer to Omar Khayyam.* Baltimore, MD: William and Wilkins, 1927.

Segal, Charles. *Dionysiac Poetics and Euripides' Bacchae.* Princeton University Press, 1997.

Sesha, T. R. Iyengar. *Dravidian India.* Asian Educational Services, 2000.

莎爾瑪（Sharma），《喜瑪拉雅西部廟宇紀錄》（ *Western Himalayan Temple Records* ）。
Sharma, Mahesh. *Western Himalayan Temple Records: State, Pilgrimage, Ritual and Legality in Chamba.* Brill, 2009.

西穆斯（Simoons），《植物之生，植物之死》（ *Plants of Life, Plants of Death* ）。
Simoons, Frederick J. *Plants of Life, Plants of Death.* The University of Wisconsin Press, 1998.

Smith, Frederick M. *The Self Possessed: Deity and Spirit Possession in South Asian Literature and Civilization.* Columbia University Press, 2012.

Stapley, Christina. *Herbcraft Naturally.* Chichester: Heartsease Books, 1994.

Steel, Susannah, editor. *Healing Foods: Neal's Yard Remedies.* London: Dorling Kindersley, 2013.

———. *Neal's Yard Remedies.* London: Dorling Kindersley, 2010.

Strabo, Walafrid. *On the Cultivation of Gardens*. Translated by James Mitchell. San Francisco: Ithuriel's Spear, 2008.

Strabo. *The Geographica*. Translated by H. C. Hamilton and W. Falconer, 1903. Online at http://www.perseus.tufts.edu/hopper/

史瓦恩（Swahn），《香料知識大全》（*The Lore of Spices*）。
Swahn, J. O. *The Lore of Spices*. London: Grange Books, 1991.

泰奧弗拉圖（Theophrastus），《植物史》（*Enquiry into Plants*）。
Theophrastus. *Enquiry Into Plants, volume 1: books 1–5*. Translated by Arthur F. Hort. Loeb Classical Library 70, 1916.

Vickery, Roy. *Oxford Dictionary of Plant Lore*. Oxford: Oxford UP, 1995.

Virgil. Eclogues. Georgics. *Aenid: books 1–6*. Translated by H. Rushton Fairclough. Loeb Classical Library, revised edition. Harvard UP, 1999.

Watts, D. C. *Elsevier's Dictionary of Plant Lore*. London: Academic Press, 2007.

Weed, Susun S. *Healing Wise*. Woodstock, NY: Ash Tree Publishing, 1989.

Wong, James. *Grow Your Own Drugs*. London: HarperCollins, 2009.